Bijan Adl-Amini

Nachtstunden des Lebens

Bijan Adl-Amini

Nachtstunden des Lebens

Krisen verstehen – Krisen bestehen

Herder Freiburg · Basel · Wien

Mit Zeichnungen von Ralph Müller

Umschlagfoto: © TCL-BAVARIA

Satz: Typobauer, Ostfildern
Druck und Bindung: J. Ebner Ulm
ISBN 3-451-22842-4

Inhalt

»Des Menschen Seele
Gleicht dem Wasser:
Vom Himmel kommt es,
Zum Himmel steigt es,
Und wieder nieder
Zur Erde muß es,
Ewig wechselnd.«

Goethe: Werke ... Band 1, S. 143

Denen ich eine Krise verdanke
oder zugefügt habe

Einführung

„So setzt das Einatmen schon das Ausatmen voraus und umgekehrt, so jede Systole ihre Diastole. Es ist die ewige Formel des Lebens, die sich auch hier äußert.“

Johann Wolfgang von Goethe:
Werke ... Band 13, S. 337

Das vorliegende Buch will seine Leserinnen und Leser für Lebenskrisen sensibilisieren, – hoffentlich bevor sie sich ereignet haben. Denn zum Schwimmenlernen ist es zu spät, wenn das Kind ins Wasser gefallen ist.

Den Umgang mit Lebenskrisen können wir lernen, und es ist die Absicht des vorliegenden Buches, diesen Lernprozeß zu fördern. Das Vorhaben ist nicht *therapeutisch*, sondern *pädagogisch* motiviert. Während Therapeuten im akuten Notfall gleichsam wie Rettungsschwimmer einspringen, wollen Pädagogen auf den Ernstfall *vorbereiten.* Sie leisten Hilfe zur Selbsthilfe. Ob ihr Plan im realen Leben dann auch aufgeht, muß sich von Fall zu Fall zeigen. Auch ein guter Schwimmer kann im rauhen Ozean untergehen. Trotzdem hat er bessere Überlebenschancen als hundert Nichtschwimmer.

Niemand bleibt in seinem Leben von Krisen verschont. Arbeitslosigkeit oder Krankheit, Unfall oder Straffälligkeit, Mißerfolg oder Scheitern, der Tod eines nahestehenden Menschen oder die Auflösung einer verwurzelten Partnerbeziehung, eine ungewollte Schwangerschaft oder die Geburt eines körperlich bzw. geistig behinderten Kindes sind nur einige Beispiele für krisenhafte Lebensereignisse. Die Krisenforschung kann auf eine beachtliche Anzahl von Therapieansätzen und typischen Krisenanalysen zurückgreifen.

Das vorliegende Konzept legt den Akzent weniger auf besondere oder typische *Kriseninhalte*, wie sie in einer Reihe von hervorragenden Werken bereits behandelt worden sind.[1] Es verfolgt auch nicht in erster Linie das Ziel, *Informationen* über die verschiedenen psychologischen, therapeutischen oder interaktionistischen Ansätze zur Krisenintervention und Krisentherapie systematisch zusammenzutragen. Auch das liegt bereits mehrfach vor.[2] Unser Interesse gilt vielmehr der *Entfaltung eines ganzheitlichen Rahmens für das Verstehen und Überstehen von Lebenskrisen.* Wir betrachten die Krisen nicht isoliert für sich, sondern als die Hälfte eines polar strukturierten Ganzen. Alles Polare besteht aus zwei Hälften, die sich ergänzen, indem sie sich wechselseitig hervorbringen. Es sind gleichsam zwei Hälften, die erst zusammen *ein Ganzes* und *ganz Eines* ergeben.

Ordnen wir die *Krise* in diesen ganzheitlichen Kon-

1 Vgl. Erich Lindemann: Jenseits von Trauer. Beiträge zur Krisenbewältigung und Krisenvorbeugung. Göttingen 1985 (behandelt u. a. folgende Inhalte als Krise: Umzug, Krankheit, Sucht). Diana Everstine/Louis Everstine: Krisentherapie. Stuttgart 1985 (behandelt u.a.: Einweisung in eine Klinik; gewalttätige Auseinandersetzungen in der Familie; die geprügelte Ehefrau; das mißhandelte Kind). Verena Kast: Der schöpferische Sprung. Olten 1987 (behandelt u.a.: Trauer; Krankheit; natürliche Krisen; schleichende Krisen). Sigrun-Heide Filipp, u.a. (Hrsg.): Formen der Auseinandersetzung mit schweren körperlichen Erkrankungen als Prototyp kritischer Lebensereignisse. Trier 1983.

2 Einen guten Überblick vermitteln folgende Werke: Dieter Ulich: Krise und Entwicklung. Zur Psychologie der seelischen Gesundheit. Weinheim und München 1987. Marita Rosch Inglehart: Kritische Lebensereignisse – Eine sozialpsychologische Analyse. Stuttgart 1988. Charles Zwingmann: Zur Psychologie der Lebenskrisen. Frankfurt a.M. 1962. Sigrun-Heide Filipp (Hrsg.): Kritische Lebensereignisse. München 1981.

text ein, so stellt sie sich als die polare Gegenhälfte zur *Entwicklung* heraus. Es ist unbestreitbar und unbestritten, daß Krisen zur Entwicklung und Reifung des Menschen einen erheblichen Beitrag leisten können.[3]

Hinweise zum Aufbau des Buches und zur Lektüre

Im *ersten* Kapitel werden fünf *Grundfragen* entfaltet, die zum Verstehen der Krise von zentraler Bedeutung sind. Hier werden die Hauptaspekte der ganzheitlichen Krisenbewältigung angesprochen und in verständlicher Sprache dargestellt. Dieses Kapitel dient zur raschen Orientierung; es vertieft allerdings nicht die einzelnen Aspekte.

Im *zweiten* Kapitel wird der Zusammenhang von Bewußtsein und Krise dargestellt und begründet. Dieses Kapitel mußte auf philosophisches Gedankengut zurückgreifen. Insofern stellt es entsprechend hohe Ansprüche an die Leserinnen und Leser. Wer sich für diese Zusammenhänge nicht interessiert, kann das Kapitel durchaus überspringen und es bei Bedarf später nachlesen.

Im *dritten* Kapitel werden exemplarische *Wege aus der Krise* aufgezeigt. Sie sind besonders geeignet, um die eigenen Einstellungen zu Lebenskrisen zu überprüfen. An solchen Musterwegen können wir lernen, uns für das Verstehen von Lebenskrisen und deren Botschaften zu sensibilisieren.

Im *vierten* Kapitel über *Ganzheit und Krise* laufen schließlich alle Gedanken zusammen. Zentrale Einsich-

3 Erhard Meueler: Wie aus Schwäche Stärke wird. Vom Umgang mit Lebenskrisen. Reinbek 1987. Bernhard Lievegoed: Lebenskrisen – Lebenschancen. Die Entwicklung des Menschen zwischen Kindheit und Alter. München 1979. U. Schönpflug: Krise. In: Joachim Ritter/Karlfried Gründer (Hrsg.): Historisches Wörterbuch der Philosophie. Basel und Stuttgart, Band 4, 1976, Spalte 1240–1245.

ten werden zusammengefaßt und in einen ganzheitlichen Rahmen eingeordnet.

Im *Anhang* werden Sie über drei großartige wissenschaftliche Krisen- bzw. Entwicklungstheorien, die zu den bedeutsamsten Errungenschaften das 20. Jahrhunderts zählen, informiert, nämlich die *Anthroposophie* Rudolf Steiners, die *Psychoanalyse* Sigmund Freuds und Erik H. Eriksons und die *Genetische Epistemologie* Jean Piagets. Diese drei revolutionären Sichtweisen des Menschen und der Welt werden hier nicht vollständig und um ihrer selbst willen dargestellt, sondern jeweils zum Zwecke der Erhellung des Zusammenhangs von Krise und Entwicklung exemplarisch beleuchtet.

Mit den Kastentexten und vor allem den *mind maps*, die Ralph Müller für die ersten zwei Kapitel angefertigt hat, hoffen wir, auch zur didaktischen Vermittlung des vorliegenden *pädagogischen* Krisenbewältigungskonzepts einen Beitrag geleistet zu haben.

Grundfragen

„Der Sinn des Lebens liegt in der Gestaltung, in der Entwicklung.
... Jedes Leben hat einen eigenen Sinn."

Wilhelm Dilthey: Gesammelte Schriften ...
Band 7, S. 199.

Das vorliegende Kapitel beschäftigt sich mit fünf Fragen, die für das Verstehen und Bestehen der Krisen von grundlegender Bedeutung sind. Sie lauten:

1. Was ist eine Krise?
2. Gibt es auch angenehme Krisen?
3. Wo ereignen sich Krisen?
4. Wie verlaufen Krisen?
5. Haben Krisen einen Sinn?

Die Lektüre der Ausführungen zu diesen fünf Fragen soll einen Überblick über den ganzheitlichen Ansatz, der in diesem Buch vertreten wird, vermitteln. Dabei ist zu beachten, daß nicht alle Gedanken gleich hier im Detail ausgeführt werden können und sollen. Das ist Aufgabe der nachfolgenden drei Kapitel. Dort werden die Gedanken aufgenommen und zunehmend vertieft. Die didaktische Zielsetzung des Eingangskapitels besteht darin, den Leserinnen und Lesern einen raschen Einstieg in das vorliegende Konzept des Krisenverstehens zu ermöglichen.

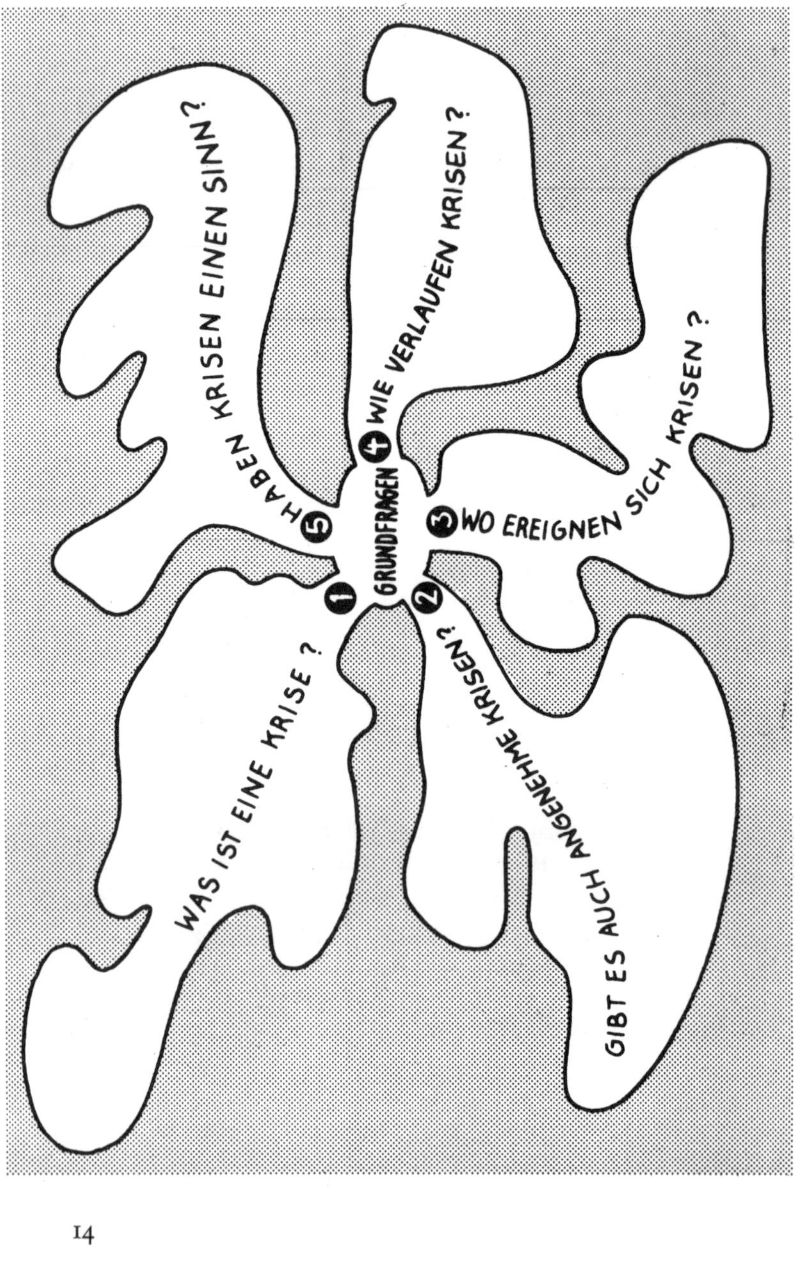
GRUNDFRAGEN
1 WAS IST EINE KRISE ?
2 GIBT ES AUCH ANGENEHME KRISEN?
3 WO EREIGNEN SICH KRISEN ?
4 WIE VERLAUFEN KRISEN ?
5 HABEN KRISEN EINEN SINN?

1. Was ist eine Krise?

Unter *Krise* verstehen wir einen *Bruch* im normalen Lebensverlauf eines Menschen. Das Krisenereignis verursacht zunächst eine abrupte Unterbrechung der Lebensnormalität. Anstelle der gewohnten Ordnung herrscht nun Chaos. Durch den Schock gerät der Lebensgang aus dem Rhythmus. Nicht Leid, sondern Konfusion und Orientierungslosigkeit sind die ersten Auswirkungen eines Kriseneinschlages.

Der Bruch hat unmittelbare Folgen für den Körper, für die Psyche und den Geist. Physiologische Funktionen (Herz, Kreislauf, Verdauung, Atmung usw.) werden beeinträchtigt, das Selbstwertgefühl sinkt, die geistige Konzentration fällt schwer. Das bisherige psychosoziale Gleichgewicht erfährt eine unvorstellbare Störung. Mit einem Wort: Von *Kontinuität* und *Normalität* des Lebensverlaufs kann keine Rede mehr sein. Der Mensch steht hier vor einem Wendepunkt, bisweilen sogar vor dem Ende.

Eines scheint sicher: Unter dem Druck solcher Lebensereignisse neigt der Mensch zur Einkehr, zur Selbstbesinnung, zur Frage nach dem Sinn. Wie immer wir die Krise betrachten mögen, – offenbar setzt sie in uns ungewöhnliche Veränderungen in Gang. Unter *normalen* Umständen würden sich Veränderungen von solchem Ausmaß wohl kaum vollziehen. Kein Zweifel: Hier hat das Leben oder das Schicksal gesprochen. Grund genug, um über die Krise, ihre Funktion und ihren Sinn zu reflektieren.

Das Wort *Krise* stammt aus dem Griechischen *krisis*. Es hatte die Bedeutung *Entscheidung* oder *entscheidende Wendung*. Gebraucht wurde es dort, wo zugespitzte Alternativen eine Entscheidung abnötigten, eine Entscheidung über Leben und Tod, Erfolg oder Scheitern, Heil oder Verdammnis usw.

Das 16. Jahrhundert kennt das Wort nur im medizinischen Bereich, „gleichsam fakultätsgebunden".[1] Man sprach von *Krise*, wenn sich der Zustand eines Patienten plötzlich verschlechterte. Erst im 18. Jahrhundert vollzog sich die Bedeutungsübertragung auch auf andere Wissenschaftsbereiche und schließlich auf alle Lebenssituationen. Heute, im Ausgang des 20. Jahrhunderts, lautet die Bestandsaufnahme: „Der inflationäre Wortgebrauch hat fast alle Lebensbereiche erfaßt: Innen- und Außenpolitik, Kultur, Wirtschaft, Kirchen und Religionen, alle Geistes- und Sozialwissenschaften und ebenso die Naturwissenschaften, Technik und Industrie".[2]

Demnach hat sich das Phänomen *Krise* auf sämtliche Lebensbereiche ausgeweitet, so daß wir heute, nicht mehr wie im 16. Jahrhundert, von einer „entscheidenden Wendung" sprechen können. Heute gehört die Krise fast zum täglichen Leben. Diese Tendenz ist bemerkenswert. Sie zwingt uns zu lernen, mit dem Phänomen der Krise zu leben. Insofern ist die Entwicklung einer Krisenpädagogik, die den Umgang mit Krisen im schulischen und familiären Bereich verankert und lehrt, überfällig.

Wo liegen die möglichen Gründe für die Expansion des Phänomens *Krise*? Wir vermuten u. a. folgende:

- Die Unmöglichkeit, heute einen Beruf zu erlernen und für den Rest des Lebens auch auszuüben, bringt das Individuum in eine Situation des lebenslangen Lernens und Umlernens. In Verbindung damit entstehen nicht nur Karriereprobleme, sondern auch ernsthafte Unsicherheit und Zukunftsangst. Solche Probleme kannte ein Schustergeselle oder -meister vor 150

1 Reinhart Koselleck: Krise. In: Otto Brunner u.a. (Hrsg.): Geschichtliche Grundbegriffe. Band 3. Stuttgart 1982, S. 617–650, Zitat: S. 617.

2 Reinhart Koselleck: Einige Fragen an die Begriffsgeschichte von „Krise". In: Krzysztof Michalski (Hrsg.): Über die Krise. Castelgondolfo-Gespräche 1985. Stuttgart 1986, S. 64–77, Zitat: S. 64.

Jahren nicht. Er lernte sein Handwerk und übte es sein Leben lang aus.

- Im 16. Jahrhundert hatten wissenschaftliche Erkenntnisse eine recht lange Geltungsdauer. Diese nimmt von Jahrhundert zu Jahrhundert ab. Heute veraltet das Wissen recht schnell. In vielen Bereichen (z.B. in der Medizin, Computertechnik oder in den Naturwissenschaften) kann manche wissenschaftliche Erkenntnis schon kurz nach ihrer Publikation teilweise oder sogar ganz überholt sein. Was bedeutet das für die Tätigkeit von heutigen Wissenschaftlern und für die Menschen, die Nutznießer oder Opfer von Wissenschaft und Technik sind?
- Das rapide Ansteigen von Ehescheidungen und die damit verbundenen individuellen Lebenskrisen verweisen auf eine tiefgreifende Wandlung im Verständnis von Familie und Ehe. Vor hundert Jahren wären alleinerziehende Väter oder Mütter undenkbar gewesen. Solche Menschen wären als eine seltene Ausnahme aufgefallen. Heute werden Alleinerziehende zunehmend als normal angesehen.

Was läßt sich diesen Hinweisen entnehmen? Und welche Konsequenzen können wir aus ihnen ziehen? Sollen wir etwa in einen Romantizismus verfallen, der die Parole „Zurück zur Natur!“ oder „Weniger Fortschritt!“ ausgibt? Grobe Vereinfachungen dieser Art haben selten genutzt, weder auf globaler Ebene noch in individueller Hinsicht. In diesem Buch wird der Standpunkt vertreten, daß jeder Mann und jede Frau bei sich selbst anfangen sollte. Es ist bescheidener und realistischer, sich selbst zu verändern als die Welt zu bekehren. Daher richten wir unsere Aufmerksamkeit auf die individuellen Entwicklungschancen, die in den Lebenskrisen stekken. Damit verweisen wir das Individuum nicht auf die Gesellschaft, sondern auf die eigene Kraft, der Krise Sinn abzugewinnen, d.h. ihre Botschaft individuell zu ermitteln.

Darin liegt aber ein Problem. Wer in einer Krise steckt, sieht meist nur die Krise, also nur die eine Hälfte des Ganzen. Die aktuelle Krisensituation macht es ihm schwer, die polare Gegenhälfte der Krise mit zu berücksichtigen. Und genau dafür will das vorliegende Buch sensibilisieren, sowohl in theoretisch-philosophischen Erwägungen als auch in praktischen Beispielen und literarischen Analysen und Interpretationen. Im ganzheitlichen Kontext hat jede Erscheinung ihre polare Gegenseite, jeder Part seinen polaren Gegenpart, jedes Teil sein polares Gegenteil. Die Philosophie der Polarität lehrt, daß Teil und Gegenteil, Satz und Gegensatz, Stück und Gegenstück ursprünglich zusammengehören. Da sie einstmals eins waren, wollen sie auch wieder eins werden. Es ist sozusagen in ihrer Natur angelegt, ihre *Doppelthalbheit* zu überwinden und wieder *ganz* zu werden. Schauen wir nun aus dieser Sicht auf das Phänomen *Krise.*

Die andere Polaritätshälfte der *Krise* heißt *Entwicklung.* Keine Krise kann von ihrem Wesensgrund her wirklich verstanden, geschweige denn bestanden werden, wenn es uns nicht gelingt, sie als Teil oder Gegen-Teil eines Ganzen zu begreifen. Stellen wir die Krise in diesen ganzheitlichen Kontext, so läßt sich ihre oben angedeutete Expansion begreifen, und zwar als logische Konsequenz und konsequente Logik der raschen Wandlung und Entwicklung in allen gesellschaftlichen Bereichen. Hier sehen wir das Charakteristische der Polarität deutlich: Teil und Gegenteil gehen zusammen. Sie neutralisieren sich nicht, heben sich nicht auf, sondern dynamisieren sich und schaukeln sich wechselseitig hoch. Entwicklungsprozesse gehen also immer mit Krisenprozessen einher, und zwar sowohl auf gesellschaftlicher als auch auf individueller Ebene. Wir wenden den Blick, wie gesagt, dem Individuum zu, weil wir nicht gesellschaftliche Krisen, sondern Lebenskrisen, also schicksalhafte Ereignisse, zu begreifen suchen. Wir werden beispielsweise sehen, daß der Verlauf einer individuellen Krise gesetzmäßige Phasen aufweist (vgl.

Grundfrage 4). Offenbar hat das Chaos selbst eine Ordnung. Auch hier bewahrheitet und bestätigt sich das allgemeine Gesetz der Polarität.

Was ist *Polarität*? Wir werden diesen Begriff leitmotivisch verfolgen und immer wieder thematisieren. An dieser Stelle sei soviel angemerkt, daß Polarität immer auf die *Zwei* verweist, genauer gesagt: auf Zweihälftigkeit. Teil und Gegenteil gehören zusammen und bilden gemeinsam ein *Ganzes* oder ganz *Eines*. Im Grunde handelt es sich um zwei Halbe, die zusammengesetzt Eines ergeben – eine Eins, die ein Ganzes ist. Nur so überwindet die Halbheit ihre Spaltung und Zweiheit. Dieses universale Lebensgesetz werden wir speziell auf die Polarität *Krise/Entwicklung* anwenden, um den Lebenskrisen Sinn abzugewinnen.

In der chinesischen Sprache heißt *Krise* übrigens „wei-ji", wobei „wei" Gefahr und „ji" Chance bedeutet.[3] Die Chance scheint also immer mit der Gefahr verknüpft zu sein. Die eine können wir nicht getrennt von der anderen haben. Und das ist es, was das Wesen der Polarität ausmacht. Aus der Chance entsteht die Gefahr, und in jeder Gefahr liegt wiederum die Chance. Bei der Polarität *Krise/Entwicklung* verhält es sich ebenso: Ohne *Krise* keine *Entwicklung*, und ohne *Entwicklung* keine *Krise*! Die wissenschaftliche Forschung von Lebenskrisen hat daher die These aufgestellt, *Krise* sei eine Art „Katalysator persönlicher und sozialer Entwicklung, wobei alte Gewohnheiten zerstört, neue Reaktionen hervorgerufen und neue Entwicklungen gebahnt werden".[4]

3 Vgl. Erhard Meueler: Wie aus Schwäche Stärke wird. Vom Umgang mit Lebenskrisen. Reinbek 1987, S. 15.

4 Vgl. Thomas Hobbes, zitiert in: Dieter Ulich: Krise und Entwicklung. Zur Psychologie der seelischen Gesundheit. München 1987, S. 6f.

Krise und *Entwicklung* bilden somit zwei Aspekte einer Ganzheit. Und dieses Ganze oder Eine ist der eigentliche Kontext, in dem wir Krisen *als* Entwicklung betrachten und ihnen Sinn abzugewinnen hoffen. In der Entwicklungspsychologie spricht man inzwischen von „Entwicklungskrisen", „Wachstumskrisen" oder „natürlichen Krisen".[5] In solchen Wortpaarungen kommt der polare Charakter von *Krise* und *Entwicklung* besonders deutlich zum Ausdruck. Daher werden wir die These vertreten, daß es nötig ist, den Sinn von individuellen Lebenskrisen zu begreifen. Denn darin können wir mental reifen. Entweder wir lernen, ganzheitlich zu denken, oder wir leiden an der sinnlos erscheinenden *einen* Hälfte, der Krise.

Wer die Krise isoliert von der Entwicklung betrachtet, vergibt sich die Chance, noch in und aus der Verzweiflung Sinn zu schöpfen. Jede Krise durchbricht zwar den normalen Verlauf unseres Lebens. Aber jede Krise geht auch aus einer Entwicklung hervor und mündet in eine Entwicklung ein. Mit anderen Worten: Wir dürfen das Krisenereignis keineswegs als ein lineares Geschehen betrachten, sondern müssen es vielmehr als eine Schwingung im Wechselspiel der Polarität *Entwicklung/Krise* verstehen lernen. Dieser Schwingung folgt das Leben in allen seinen Erscheinungen. Das ganze Leben stellt eine einzige Schwingung zwischen polaren Erscheinungen dar. Sie alle verweisen auf das *Eine*, das sie waren und wieder werden wollen, auf die *Ganzheit*.

5 Etwa: Robert Kegan: Die Entwicklungsstufen des Selbst. Fortschritte und Krisen im menschlichen Leben. München 1986. Charles Zwingmann: Zur Psychologie der Lebenskrisen. Frankfurt a.M. 1962.

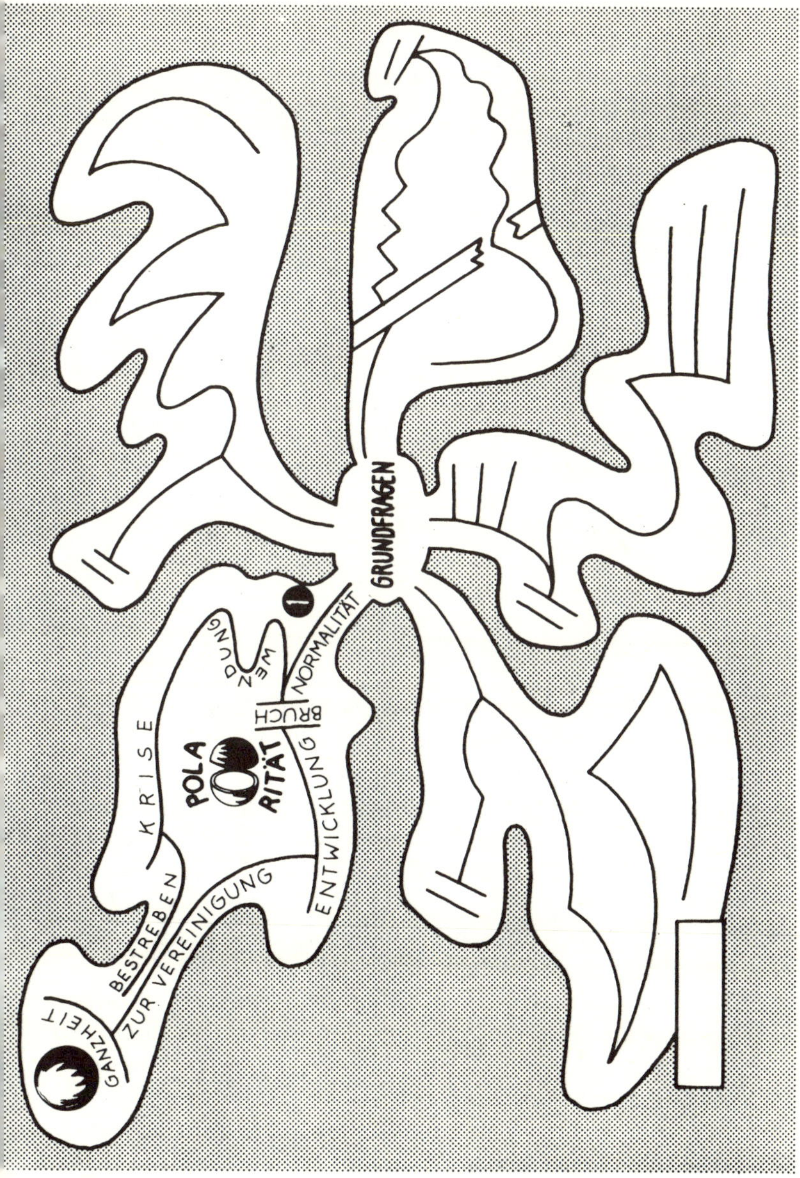
GRUNDFRAGEN
1
WENDUNG
NORMALITÄT
BRUCH
ENTWICKLUNG
POLA
RITÄT
KRISE
BESTREBEN
ZUR VEREINIGUNG
GANZHEIT

Unter einer Krise *verstehen wir einen Bruch in der Normalität und Kontinuität des Lebensverlaufs. Die Ausbreitung des Begriffs* Krise *auf alle Lebensbereiche hängt mit den raschen Entwicklungen zusammen, denen unser Lebensprozeß insgesamt unterliegt. Krisenerscheinungen, die Häufigkeit ihres Auftretens in einem Lebensbereich und ihre Ausbreitung auf alle Bereiche des privaten und öffentlichen Lebens gehen mit jenen Entwicklungsprozessen einher. Wo immer Entwicklungen stattfinden, bleiben auch Krisen nicht aus.* Entwicklung *und* Krise *bilden eine Polarität, eine Einheit oder Ganzheit, die aus zwei Hälften besteht. Keine Hälfte läßt sich aus dem polaren Zusammenhang isolieren. Daher müssen wir lernen, Krisen stets in einem ganzheitlichen Kontext zu betrachten.*

2. Gibt es auch angenehme Krisen?

Wann können wir von einem *Bruch* im normalen und kontinuierlichen Lebensverlauf sprechen? Das ist zweifellos der Fall, wenn wir beispielsweise einen geliebten Menschen verlieren. Ein solcher Verlust stellt einen Bruch in unserem normalen Lebensverlauf dar. Aber wie steht es mit einem Millionengewinn in Lotto? Kann das Leben nach diesem „Glück" bruchlos wie bisher weitergehen? Natürlich verändert sich das Leben eines berufstätigen Menschen mit einem durchschnittlichen Einkommen nach einem Millionengewinn. Der Gedanke, daß allein die Zinserträge monatlich ein Mehrfaches des bisherigen Gehalts übersteigen, relativiert den Zwang zur Fortsetzung der bisherigen Berufstätigkeit. Mancher Traum rückt zum Greifen nahe; fast alle Wünsche scheinen erfüllbar. Auch hier erleidet die Kontinuität des Lebensweges einen Bruch, wenn auch einen durchaus angenehmen und willkommenen.

Auf den ersten Blick würden wir den ersten Bruch als einen unangenehmen, den zweiten als einen angenehmen und erwünschten bezeichnen. Doch in beiden Fällen haben wir es zunächst mit einer *krisis*, also einer entscheidenden Wende in unserem Leben, zu tun. In beiden Fällen geschieht logisch folgendes: Ein bis dato aufgebautes Gleichgewicht zwischen Person und Umwelt wird grundlegend zerstört, so daß der Aufbau eines neuen Gleichgewichts nunmehr unumgänglich ist.[6] In beiden Fällen zwingt uns das schicksalhafte Krisenereignis, einen neuen Lebensweg einzuschlagen. Im allgemeinen bringt jede Krise uns die Botschaft: *Du befindest dich an einem Wendepunkt und solltest dein Leben ändern.*

Was nun die Folgen des Kriseninhalts anbetrifft, so können wir im voraus nie wissen, ob der Lottogewinn nicht gerade der angenehme Beginn eines schrecklichen Endes ist. Das Leben kann aus den Fugen geraten und nach einigen Höhenflügen und dem Erwerb eines schikken Sportwagens mit einem Unfall enden, der den Gewinner für den Rest seines Lebens an einen Rollstuhl fesselt. Umgekehrt kann der Verlust eines Partners nach anfänglichen Depressionen und verzweifelter Einsamkeit den Weg für ein neues, möglicherweise sinnerfüllteres Leben freimachen.

Aus diesen Überlegungen heraus können wir nun in bezug auf die Frage, ob die Krise immer etwas Unangenehmes ist, folgende Rückschlüsse ziehen:

6 Sigrun-Heide Filipp definiert die Krise als „Stadien des relativen Ungleichgewichts in dem bis dato aufgebauten Passungsgefüge zwischen Person und Umwelt". Vgl. S.-H. Filipp: Ein allgemeines Modell für die Analyse kritischer Lebensereignisse. In: Filipp (Hrsg.): Kritische Lebensereignisse. München 1981, S. 3–52, Zitat: S. 24.

- Zunächst müssen wir zwischen dem *Krisenauslöser* (dem Inhalt einer Krise) und den *Krisenfolgen* (den Entwicklungschancen) unterscheiden. Ein positiv eingestufter Krisenauslöser wie „Lottogewinn" muß nicht unbedingt auch zu positiven Krisenfolgen (etwa Glück, sorgenfreies Leben usw.) führen. Wäre es so, müßten alle Lottomillionäre glückliche Menschen sein, was keineswegs der Fall ist.

- Umgekehrt muß ein negativ eingestufter Krisenauslöser wie „Scheidung" oder „Partnertod" nicht zwangsweise auch zu negativen Krisenfolgen führen.

Fazit: *Als Menschen vermögen wir den Zusammenhang zwischen dem Krisenauslöser und den Krisenfolgen niemals zu durchschauen.*

Wir alle sind mehr oder weniger Opfer oder Nutznießer von unvorhersehbaren Lebensereignissen. Das vorliegende Buch geht von der Voraussetzung aus, daß es sinnvoll ist, solche Ereignisse gleichsam als Schicksalsboten zu betrachten. Den Ereignis*inhalt* können und dürfen wir uns nicht aussuchen. Was wir aber ihrer *Botschaft* für die Gestaltung unseres Lebens entnehmen, das ist *unsere* Sache und *unsere* Chance. Sie hängt, wie wir im nächsten Kapitel näher ausführen werden, von unserem *Bewußtsein* ab. *Krisenbewältigung beginnt also mit der Bereitschaft, sich so schnell wie möglich von den Fesseln des Kriseninhalts zu lösen und sich geistig auf die Krisenfolgen zu konzentrieren.*

Das ist der Weg, den krisengeschüttelte Menschen zu gehen haben. Man kann ihn beschreiben als eine Entwicklung von der Frage *Warum*? zur Frage *Wozu*? Zu Beginn steht die Frage: „Warum gerade ich...?" Sie ist stets rückwärtsgewandt. Im Umkreis dieser Frage blickt der Mensch in die Vergangenheit zurück. Strukturell ist die Warum-Frage also darauf angelegt, Vergangenes fortzuschreiben – ein Unterfangen, das am Ende zum Scheitern verurteilt ist. *Festhalten*, so lautet wohl kaum die Aufforderung des Lebens, wenn alles Bisherige zu Bruch gegangen ist.

Die Wozu-Frage hingegen ist vorwärtsgerichtet. Im Umkreis dieser Frage schaut der Mensch in die Zukunft. Die Wozu-Frage hat projektiven Charakter. Sie hilft, einen Plan zu entwerfen, um die Zukunft neu zu gestalten. Die Wozu-Frage hilft uns loszulassen, um neue Chancen auszuloten und neue Perspektiven zu erschließen. Daher ist sie der erste entscheidende Schritt zur Krisenbewältigung und Neuorientierung.[7] Indem wir uns nach einer Krise die Wozu-Frage vorlegen, nehmen wir den Wink des Schicksals zur Einkehr oder Wende an. Wir fragen nach dem *Sinn*, den wir in und nach diesem Ereignis zu erfüllen haben. Wer so nach Sinn sucht, findet auch einen. Die Wozu-Frage führt uns über kurz oder lang auf einen Weg, an dessen Anfang der *Bruch*, an dessen Ende aber der *Durchbruch* steht. Mit Hilfe dieser Frage können wir jeden Bruch in einen Aufbruch verwandeln, d.h. jeder Krise einen Sinn abgewinnen. Denn: *Das Leben wird vorwärts gelebt und rückwärts verstanden.*

Wie schaffen wir es nun, die Krise als einen Schicksalsboten zu betrachten? Dazu zwei Beispiele:

Erster Fall

Eine Wohnungstür fällt zu. Draußen steht die Mutter und in der Wohnung ihr kleines Kind. Außerdem steht Milch auf der Herdplatte. Eine alltägliche Krise dieser Art kann uns allen passieren. Zweifellos empfinden wir in diesem Krisenauslöser einen Bruch in der Kontinuität und Normalität eines Lebenstages. Aber der Bruch ist in diesem Fall keineswegs unabänderlich. Hier kann man nicht eigentlich von einem *Schicksalsschlag* sprechen. Der Bruch läßt sich mit einem relativ geringen Aufwand beheben, die gewohnte Normalität des Lebensalltags rasch wiederherstellen. Solche Art von Krisen stehen *nicht* im Mittelpunkt dieses Buches.

7 Vgl. Elisabeth Lukas: Die magische Frage „Wozu". Freiburg 1991.

Zweiter Fall
Ein Mensch, den wir lieben, stirbt infolge eines tragischen Unfalls. Der Verlust ist unwiederbringlich. Insofern muß das äußere Ereignis als *unabänderlich* hingenommen werden. Hier darf man von einem schicksalhaften Ereignis sprechen. Der Krisenauslöser führt zu einem tiefgreifenden Bruch des bisherigen Lebensverlaufs und erzwingt den Neuaufbau einer Ich-Welt-Beziehung. *Solche Krisenauslöser stehen im Mittelpunkt dieses Buches.* Die Warum-Frage führt hier in eine Sackgasse, weil sie den Toten nicht wieder lebendig werden lassen kann. Die Wozu-Frage hingegen sucht nach dem *Sinn*, den wir als Betroffene in diesem unabänderlichen Ereignis zu suchen und zu erfüllen haben. Sie hilft, daß wir uns vom Leben oder Schicksal nach dem zu erfüllenden Sinn befragen lassen. Ohne die Wozu-Frage kommt der Mensch aus einer solchen Krise nicht heraus. Sie ist der erste Schritt zum sinnvollen Umgang mit dieser und jeder anderen schicksalhaften Krise. Denn sie veranlaßt den Menschen, nach einer Perspektive zu suchen, unter der die Krise zu begreifen ist. Und gerade darin liegt der Krisenbeitrag zum Reifungsprozeß. Er bringt mehr als ein bloßes *Überstehen* der Krise, er bedeutet vielmehr das *Verstehen der Sinnbotschaft* der Krise und das *Bestehen einer Schicksalsprüfung und Lebensaufgabe.* Wer seine Krisen versteht, versteht auch sein eigenes Handeln, seinen Lebenssinn, sein Selbst. Dadurch erschließen sich ihm neue Lebensperspektiven.

Wie aber können wir die Sinnbotschaft der Krise ermitteln? In allgemeiner Form lautet die Krisenbotschaft:

> „...da ist keine Stelle,
> die dich nicht sieht. Du mußt dein Leben ändern!“[8]

Jede Botschaft, die an einen Menschen gerichtet ist, hat einen *individuellen Sinn.* Diesen zu begreifen, – darin liegt gerade die Krisenarbeit. Sie bedeutet Entwicklung,

8 Rainer Maria Rilke: Der archaische Torso Apollos. In: Sämtliche Werke, Band 2. Frankfurt a.M. 1975, S. 557.

daher muß sie auch von dem oder der Betroffenen selbst geleistet werden. Es liegt also an uns selbst, welchen Sinn wir aus der allgemeinen Botschaft für unsere spezielle Situation herauszuhören imstande sind. *Diese Fähigkeit zur einfühlsamen Entschlüsselung der rätselhaften Krisenbotschaft ist erlernbar*, nicht als Rezept, versteht sich, wohl aber im angedeuteten Rahmen des ganzheitlichen Denkens und Lebens. Dafür können wir uns an theoretischen Analysen schulen und an ausgesuchten Beispielen sensibilisieren. Dies zu leisten, ist Aufgabe einer Krisenpädagogik.

Worum handelt es sich bei dieser Sensibilität für die Entschlüsselung der Sinnbotschaft von Lebenskrisen? Es geht im wesentlichen um eine Theorie der Bewußtseinsentwicklung einerseits und um eine Existenzphilosophie andererseits. Für die erste Richtung (Bewußtseinsentwicklung) wird Gedankengut aus der Hegelschen Philosophie verwertet; für die zweite Richtung (Existenzphilosophie) werden zentrale Einsichten der Franklschen Logotherapie (sinnzentrierte Heilung) herangezogen. Diese beiden großartigen Konzepte werden aufeinander bezogen und miteinander verbunden (vgl. nächstes Kapitel). In der Verknüpfung von *Bewußtsein* und *Sinn* offenbart sich eine Polarität, die den Kern des vorliegenden ganzheitlichen Konzepts zum Verstehen und Bestehen von Lebenskrisen ausmacht.

Es wird sich zeigen, daß wir in unserem Bemühen, den Sinn der eigenen Krisen zu verstehen, diese kritischen Wendepunkte unseres Lebens auch überstehen. Mehr noch: Wer seiner Krise Sinn abgewinnen konnte, hat das Gefühl, sich erfolgreich einer Lebensprüfung unterzogen und sie bestanden zu haben. Darin liegt der mentale Reifungsprozeß, der sich ohne Krise, wie man nachträglich weiß, wohl kaum vollzogen hätte. *In der Krise bewährt sich der Charakter*. Das will sagen: In der Krise zeigt der Mensch seine wahre Reife und Würde.

So betrachtet, werden Krisen zu markanten Anlässen für mentale (geistig-psychische) Entwicklung.

Um möglichen Mißverständnissen vorzubeugen, soll an dieser Stelle daran erinnert werden, daß die genannte Existenzphilosophie von Viktor E. Frankl keiner vorgegebenen Norm oder Ideologie folgt. Sie ist vielmehr dem individuellen Gewissen zur wahrhaften Suche nach dem Sinn des eigenen Lebens verpflichtet. Für diese Sinnsuche und Sinnerfüllung machen uns die Krisensituationen besonders empfänglich. Wir übernehmen Frankls Konzept und projizieren es im Anschluß an Hegels Philosophie auf die polare Sicht und ganzheitliche Denkweise. *Der Sinn, den wir zu suchen und zu erfüllen aufgefordert sind, führt uns also nicht zu einem von außen gesetzten Ziel, sondern ausschließlich zu der Einsicht, daß der Lebensweg ein Weg der Entwicklung ist und daß Krisen polar dazugehören.*

Wohin sich ein Individuum zu entwickeln hat, muß es selbst durch Sinnsuche und Sinnerfüllung herausfinden. Eine Botschaft, die in Form einer Krise an ein bestimmtes Individuum adressiert ist, muß von der betroffenen Person selbst entschlüsselt werden. *Niemand kann einem anderen Menschen Sinn geben.* Gleichwohl ist es durchaus möglich, das Bewußtsein an allgemeinen, parallelen oder ähnlichen Sinndeutungsmustern zu schulen und es dadurch für künftige ähnliche Situationen zu sensibilisieren.

Je weiter der Mensch sein Bewußtsein (in Richtung Geist) entwickelt, und zwar durch Sinnsuche und Sinnerfüllung, um so höher steigert er seine Sensibilität für die Botschaften von Lebensereignissen. Die Stufen der Entwicklung sind: Erkenntnis, Selbsterkenntnis und Geistes- oder Gotteserkenntnis (vgl. Kapitel „Bewußtsein und Krise"). *Gott* soll hier der Name für die Ganzheit, Allheit oder Einheit von allen und allem sein, und nicht die Gottesvorstellung einer bestimmten Religion, einer Sekte oder dergleichen. Diese Ganzheit offenbart sich uns Menschen nur in der Form von zwei Halbheiten. Wenn wir das polare Zusammenwirken dieser beiden Hälften begreifen, bekommen wir auch eine Ahnung von dem *Einen Geist*, auf den sie verweisen. *In der All-Eins ruhen alle polaren Erscheinungen.* Von der All-Eins beziehen sie ihre Spannung und Dynamik (vgl. Kapitel „Ganzheit und Krise") und zurück in die All-Eins drängt es sie vorwärts. Die Krise, deren Sinnbotschaft wir zu suchen aufgefordert sind, führt uns früher oder später zu diesem Zentralsinn aller Polarität: zur *Einung oder Vereinung alles Polaren.*

Wenn es uns bei allem Schmerz und aller Trauer am Ende dann doch gelingt, einer unabänderlichen Krise, die uns heimgesucht hat, individuell derart Sinn abzugewinnen, daß sich unser Leben nach eigener Überzeugung zum Besseren entwickelt, werden wir auf diese Krise dankbar zurückschauen und feststellen: *Sie war nicht unangenehm, sie schien nur so.* Wir werden sie im nachhinein sozusagen als eine heilsame Spritze betrachten, die uns der Arzt in helfender Absicht geben mußte. Schmerz und Trauer können nur dann als Reifungsprozeß erlebt werden, wenn wir ihren Sinn begreifen. Ohne diese Einsicht in ihren Beitrag zur geistigen Entwicklung wären Krisen nur sinnlose Brüche.

Die parallel gezogenen Linien täuschen nicht. Der Unterschied zwischen der Bereitschaft für eine Injektion und der Annahme einer Krise liegt lediglich in unserem Bewußtsein. Hätten wir ein klares Bewußtsein davon, wozu die Krise gut ist, d.h., könnten wir uns in die Zukunft versetzen und von dort zurückschauend *einsehen*, welche wertvollen Entwicklungsprozesse der gegenwärtige Kriseninhalt in unserem Leben ausgelöst hat, würden wir den Schmerz und die Trauer bereitwillig akzeptieren. Erscheint uns nicht jedes gelöste Rätsel im nachhinein simpel? Aus einem Rätsel, dessen Lösung wir durch bloßes Umblättern finden könnten, lernen wir nichts Tiefes oder Wesentliches. So gesehen, rücken nicht die Krisen*auslöser*, sondern die Krisen*folgen* in den Vordergrund. Nicht das Warum, sondern das Wozu, nicht der Grund, sondern der Zweck ist für die geistige Entwicklung bedeutsam.

Das Schicksal tut, so scheint es, gut daran, uns des Rätsels Lösung leidend finden zu lassen! Gerade darin liegen die Aufgabe, der Zweck und die Chance. Welche Chance? Die Chance, z.B. Bewegung in ein zu früh erstarrtes Leben zu bringen, neue Wege zu gehen, um das Bewußtsein in Richtung Geist zu bewegen. Worin diese Chance inhaltlich und im Einzelfall besteht, läßt sich, wie bereits mehrfach erwähnt, nicht dogmatisch verallgemeinern und per Rezept verordnen. Einem Krisengeschüttelten kann deshalb letztlich nur Hilfe zur Selbsthilfe (Bewußtseinsentwicklung, Selbsterkenntnis) gegeben werden. *Die Lösung des Rätsels, den Sinn der Krise für die individuelle Entwicklung, muß aber jeder Mensch selbst finden.* Das Beste, was wir *in*, besser *vor* und *nach* einer Krise tun können, liegt in der Sensibilisierung unseres Bewußtseins für die Entwicklungschancen und Reifungsmöglichkeiten, die in jeder kleinen und großen Krise stecken.

Solange unser Bewußtsein kein Licht in das sinnlos erscheinende Krisendunkel gebracht hat, bleibt uns der Sinn der Krise verborgen. Das aber bedeutet nicht, daß die Krise keinen Sinn hat, sondern lediglich, daß unser Bewußtsein noch nicht in der Lage gewesen ist, die Krisenbotschaft sinnvoll zu entschlüsseln. Jeder Krise können wir die allgemeine Botschaft entnehmen: *Komm und löse mein Rätsel, und du wirst eine neue Welt gewinnen*! Sich auf dieses Sinngeheimnis einzulassen, bedeutet schon Bewußtseinsentwicklung. Es mag paradox erscheinen, daß eine solche Entwicklung, die ja eine Art mentaler Bewegung darstellt, durch die Bremswirkung

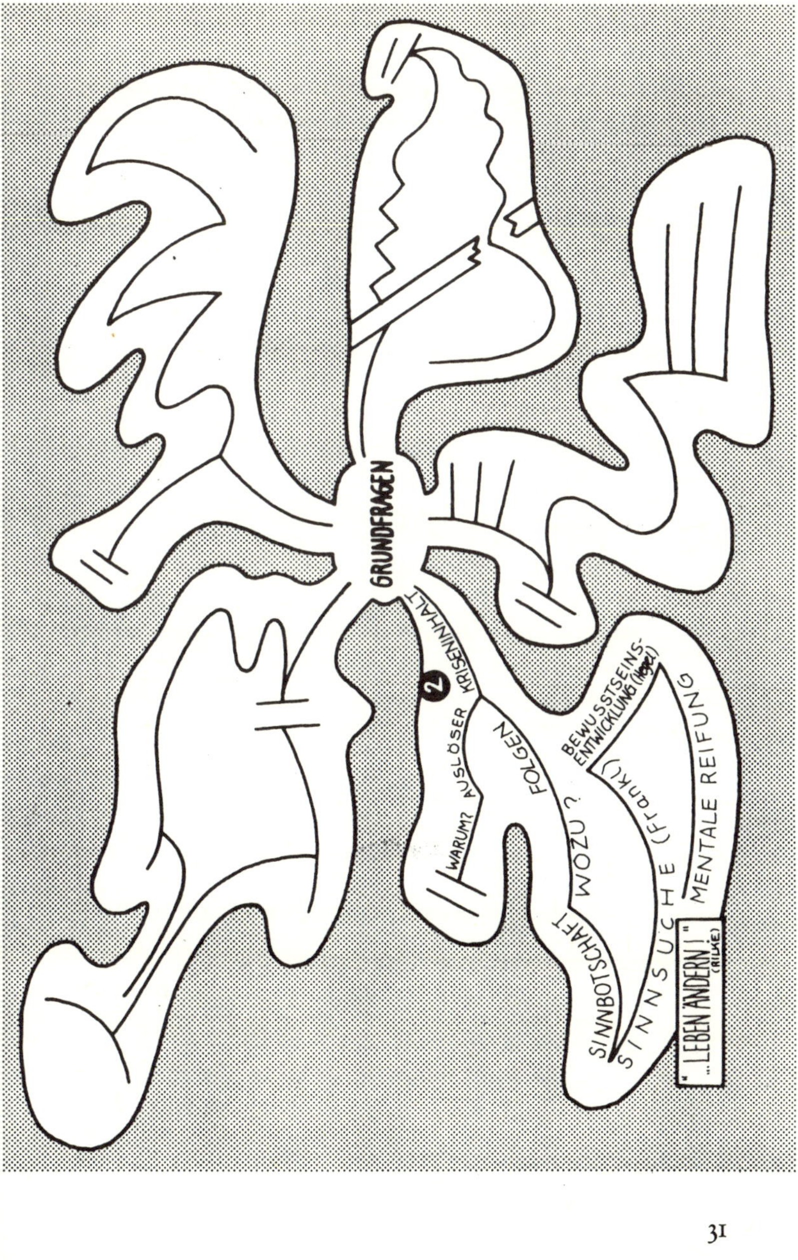
GRUNDFRAGEN
KRISENINHALT
2
WARUM? AUSLÖSER
FOLGEN
WOZU?
SINNBOTSCHAFT
SINNSUCHE (Frankl)
BEWUSSTSEINS-ENTWICKLUNG (Hegel)
MENTALE REIFUNG
"...LEBEN ÄNDERN!" (RILKE)

einer Krise erzwungen wird. Doch es handelt sich hier weder um eine Paradoxie noch um einen Widerspruch, sondern wieder um die immanente Logik der Polarität.

> *Ein Bruch kann angenehm oder unangenehm sein. In jedem Fall leitet er eine Wende in unserem Leben ein, die ebenso positiv wie negativ ausfallen kann. Für die Krisenbewältigung empfiehlt es sich, den Blick von dem Krisenauslöser abzuwenden und sich auf die Krisenfolgen zu konzentrieren. Nicht die Warum-Frage bietet einen Ausweg, sondern die Wozu-Frage. Wer nach dem Wozu einer Krise für sein persönliches Leben fragt, findet in ihr eine individuelle Botschaft. Der Suchprozeß geht mit mentaler Reifung einher.*

3. Wo ereignen sich Krisen?

Wo vollzieht sich der *Bruch*, als den wir das Krisenereignis erleben, außerhalb oder innerhalb der Person? Um diese Frage zu beantworten, soll von einem Beispiel ausgegangen werden. Es handelt sich um eine Kindheitserinnerung.

Der verlorene Teddy
„Mein größter Kinderwunsch war ein Teddybär. Als ich vier Jahre alt war, schenkte mir eine Nachbarin, die in einer Spielzeugwerkstatt arbeitete, einen kleinen braunen Teddybär mit weißer Nase. Ich war überglücklich und spielte den ganzen Tag mit diesem Teddy. Am Abend gab es, wie üblich, Fliegeralarm. Wir mußten aus der Wohnung zum Bunker, der unter dem U-Bahnschacht lag. Ich nahm meinen Teddy in den Arm, dazu einen kleinen Koffer, den ich immer selbst zum Bunker tragen mußte. Was darin war, weiß ich nicht. Wir mußten uns beeilen, es waren ein paar Straßen zu überqueren und auf den Treppen, die zum Bunker hinabführten, herrschte ein großes Gedränge. Endlich waren wir in dem Raum, den man uns

zugewiesen hatte. Auf einem Feldbett verstaute meine Mutter unsere Sachen. Als sie mir den kleinen Koffer abnahm, bemerkte ich, daß der kleine Teddy nicht mehr unter meinem Arm klemmte. Ich hatte ihn im Gewühl verloren. Ich wollte gleich zurück, um ihn zu suchen, aber es war nicht erlaubt, die Schutzräume vor der Entwarnung zu verlassen. Als endlich der Angriff vorüber war, ging ich mit meiner Mutter alle Wege ab, die wir gekommen waren. Wieder herrschte ein schreckliches Gedränge, und es war völlig aussichtslos, meinen Teddy jemals wiederzufinden. Ich war tagelang sehr unglücklich, verfluchte meine Unachtsamkeit, weinte über den Krieg und über alles. Ich habe nie wieder einen Teddy besessen und wollte auch keinen anderen als den verlorenen. Das war mein erstes bewußtes Erlebnis von Verlust und Trauer. Es war eine echte Krise, denn ich wagte eine Zeitlang nicht, mein Herz an irgend etwas zu hängen, aus Furcht, es könnte mir wieder verlorengehen, und ich müßte diese schmerzhafte Trauer und ohnmächtige Wut wieder empfinden."

Dieser Text wurde im Rahmen meines Seminars über „Krisen verstehen lernen" im WS 1990/91 von Doris Weinstein, einer Teilnehmerin, geschrieben. Wir wollen ihn näher analysieren, um Hinweise auf die oben gestellte Frage zu erhalten.

Auf den ersten Blick möchte man den Verlust des Teddys für die Krise des Kindes verantwortlich machen. Doch diese Vermutung stellt sich als unhaltbar heraus. Denn wäre es so, müßte sich die Krise durch die Wiederbeschaffung eines zweiten Teddys aus derselben Produktionsserie beheben lassen. Aber es geht dem Kind offenbar nicht um Ersatz oder Wiederbeschaffung. Das Kind will *diesen* Teddy, und keinen anderen – ein Phänomen, das man bei Kindern oft beobachten kann.

Die Antwort auf diese Frage werden wir nicht in den Dingen selbst finden. Wäre das möglich, müßten alle Subjekte dieselben Gefühle gegenüber denselben äußeren Objekten empfinden. Auf den Verlust eines Teddys müßten dann alle Kinder in gleicher Weise reagieren.

Die *Bindung* der kleinen Doris an ihren Teddy muß anders erklärt werden. Denn sie ist einzigartig, und das, obwohl der Teddy aus einer Serienproduktion stammt. Als Objekt wäre der Teddy durchaus ersetzbar gewesen, aber im Bewußtsein des Kindes gibt es nur einen einzigen Teddy, nur diesen und sonst keinen. Dem Kind einen Ersatz anzubieten, würde in etwa bedeuten, einem erwachsenen Menschen, der sein Kind verloren hat, ein anderes Kind als Ersatz anzusinnen.

Der eigentliche Grund für diese Bindung liegt also im Subjekt; in diesem Fall im *Bewußtsein* der kleinen Doris. Das Kind weigert sich, mit einem anderen Teddy dieselbe „Bindung“ einzugehen, und zwar aus Angst, den Trennungsschmerz womöglich erneut auf sich nehmen zu müssen. Und diese Angst überträgt es verallgemeinernd auf jedwede Bindung überhaupt. Die zu den Objekten aufgebaute Bindung prägt das gegenwärtige Bewußtsein so nachhaltig, daß auch künftige Handlungen, Erlebnisse und Erkenntnisse in Mitleidenschaft gezogen werden. Jede Erfahrung, die das Bewußtsein einmal macht, formt nicht nur das derzeitige Bewußtsein, sondern hat zugleich auch Auswirkungen auf künftige Erfahrungen. Darum sind Kindheitserinnerungen unvergeßlich und – nicht selten – lebensbestimmend.

Die gestellte Frage, wo sich die Krise eigentlich ereignet, läßt sich nun folgendermaßen beantworten: Die Krise geschieht nicht *außerhalb*, sondern *innerhalb* des Individuums, genauer: *in seinem Bewußtsein.* Der Verlust eines geliebten Gegenstandes ist lediglich der äußere Auslöser. Was aber dieser Verlust für die gegenwärtigen wie künftigen Empfindungen, Urteile, Handlungen, Gedanken, Erfahrungen usw. (kurz: für die Weltsicht) der Person bedeutet, wird im Bewußtsein entschieden und festgelegt. Alle äußeren Objekte erhalten erst im Bewußtsein der Person ihre eigentliche Bedeutung, ihren Wert und ihren Sinn. Es ist unser Bewußtsein, das den äußeren Dingen, Ereignissen und Personen Sinn zuspricht. *Krisen sind somit immer Krisen des Bewußtseins.* Und da sich das Bewußtsein stets verändert und entwickelt, können wir sagen: *Krisen stellen Brüche innerhalb des Bewußtseins dar, genauer: innerhalb einer bestimmten individuellen Bewußtseinslage.*

Was ist *Bewußtsein*? Wie sieht dieser *Ort* des Kriseneinschlages aus? Handelt es sich hier um eine rein rationale bzw. intellektuelle Angelegenheit oder um ein ganzheitlich organisiertes System, das für unsere Weltsicht – also für unsere Erkenntnisse, Handlungen, Erlebnisse, Empfindungen, Gedanken usw. – verantwortlich ist?

Unter *Bewußtsein* soll die ganzheitliche Wahrnehmung und Bewertung der Welt durch das Subjekt verstanden werden. Der Begriff *Bewußtsein* soll nicht nur dann verwendet werden, wenn es um rationales Erkennen oder Handeln geht. *Bewußtsein* umfaßt vielmehr auch Emotionen und Einstellungen, Vorurteile und Werturteile, damit also auch Wahrnehmungen, Handlungen und Erlebnisse, mit einem Wort: *die Einheit von Denken, Fühlen, Wollen, Wahrnehmen, Erleben und Handeln.* Wir haben gesehen, daß der Teddyverlust für das Kind keineswegs eine rationale Angelegenheit gewesen ist. Hier wird das Kind in seinem Denken, Fühlen, Wollen, Erleben und Handeln insgesamt in Mitleidenschaft gezogen. Das Bewußtsein ist also ein recht umfassendes System, dem wir uns noch ausführlicher zuwenden müssen (nähere Ausführungen dazu im Kapitel „Bewußtsein und Krise“).

Unser Bewußtsein weist zwei Komponenten auf, eine individuelle und eine kulturelle Komponente. Jedes Individuum hat zum einen seine eigene und eigentümliche Sicht der Dinge und der Welt, die es mit niemandem teilt, und zum anderen ein mit anderen Mitgliedern der Kulturgemeinschaft deckungsgleiches Wahrnehmen,

Empfinden, Urteilen usw. Wie verhalten sich diese beiden Komponenten zueinander?

Die individuelle Komponente läßt sich zwar kulturell beeinflussen und prägen, aber nie gänzlich auflösen. Darin liegt die Unverwechselbarkeit und Einzigartigkeit jedes Individuums. Die kulturelle Komponente wurzelt in der Sozialgeschichte in weitestem Sinne, d.h. in einer gemeinsam getragenen und geteilten Weltsicht. Indem wir die kulturell geprägte Weltsicht unserer Eltern (Großeltern und Ahnen) übernehmen, lernen wir, die Welt so wahrzunehmen, zu erleben und zu erkennen, wie sie bereits durch das kollektive Bewußtsein unserer Kulturgemeinschaft wahrgenommen, erlebt und erkannt worden ist. Und indem wir in einzigartiger Weise von dieser gemeinsamen Sicht abweichen, interpretieren wir die Welt individuell.

Ein Beispiel:
Die Einstellung eines Menschen zum Tod ist eine Angelegenheit, die vom kulturellen Bewußtsein beeinflußt wird. Glaubt die Kulturgemeinschaft an die Wiedergeburt, so freuen sich die Menschen sogar für den Verstorbenen, der ein gewisses Quantum an Leid und Erfahrung in diesem Leben hinter sich gebracht hat und damit seiner Erlösung oder Erleuchtung eine Stufe näher gekommen ist. Die kulturelle Komponente des Bewußtseins läßt die Menschen den Tod hier anders erleben und bewerten als in einer anderen Kulturgemeinschaft, in der die Menschen nicht an die Reinkarnation glauben. Trotzdem kann ein Mensch, der an die Wiedergeburt glaubt, persönlich um den Tod seines Kindes trauern und ungeachtet seiner religiösen Überzeugung unter hohem Verlustschmerz leiden.

Das Beispiel verdeutlicht, daß das Bewußtsein letztlich als die *individuelle Deutung und Gestaltung* der kulturellen Weltsicht (Normen, Werte, Bräuche usw.) aufzufassen ist. Die Formulierung *individuelle Deutung und Gestaltung* soll zum Ausdruck bringen, daß sich das Bewußtsein nicht gänzlich in den Wertvorstellungen der

Kulturgemeinschaft auflösen läßt. Das individuelle Bewußtsein stellt vielmehr eine besondere Interpretationsleistung der kulturellen Werte dar. Aufgrund der unterschiedlichen Ausgangsbedingungen interpretiert jedes Individuum seine Teilhabe am kulturellen Kollektivbewußtsein anders.

Fazit: *Das Bewußtsein des Menschen wurzelt zwar in der Kulturgemeinschaft, trägt aber entscheidende individuelle Ausprägungen.*

Was wir als *Wirklichkeit* oder gar *objektive Wahrheit* zu erkennen meinen, entpuppt sich damit als eine Widerspiegelung der Außenwelt in unserem Bewußtsein. Nicht also die Ereignisse als solche können angenehm oder unangenehm sein, sondern ihre Widerspiegelung in unserem Bewußtsein. Wenn sich ein Ereignis in unserem derzeitigen Bewußtseinsstand als Katastrophe widerspiegelt, bedeutet dies keineswegs, daß es auch in unserem künftigen Bewußtseinsstand als Katastrophe erhalten bleiben muß. Mit der Entwicklung des Bewußtseins verändern sich auch unser Denken, Fühlen, Wollen, Wahrnehmen, Bewerten, Erleben und Handeln. *Was wir mithin als objektive Realität wahrnehmen, ist lediglich eine temporäre Projektion, die unserem derzeitigen Bewußtseinsstand entspricht. Ändert sich unser Bewußtsein, so erleben wir auch eine andere Realität.*

Was können wir aus dieser Erkenntnis für das Verstehen von Lebenskrisen übernehmen? Dies, *daß wir eine Krise so lange nicht bestehen, so lange wir ihre Botschaft nicht verstanden haben.* Solange also unser Bewußtsein im Krisenauslöser keinen Anlaß zur Veränderung sehen kann, wird es die Krise als Bruch und Katastrophe betrachten.

Was wir nicht ändern können, ist die äußere Realität, also zum Beispiel den Krisenauslöser. Er läßt sich nicht ungeschehen machen. Was wir aber ändern können und müssen, ist unser *Bewußtsein* davon, d.h. unsere Einstel-

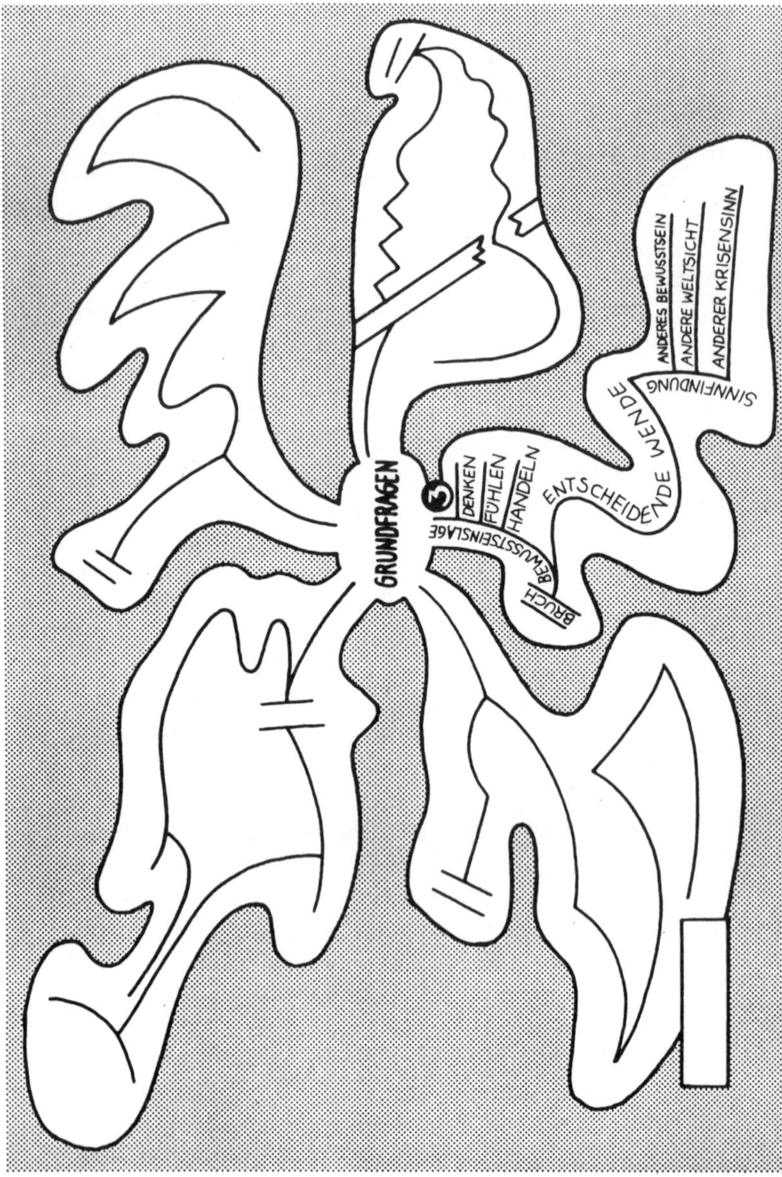
GRUNDFRAGEN
3
DENKEN
FÜHLEN
HANDELN
BEWUSSTSEINSLAGE
BRUCH
ENTSCHEIDENDE WENDE
SINNFINDUNG
ANDERES BEWUSSTSEIN
ANDERE WELTSICHT
ANDERER KRISENSINN

lung, unsere bisherige Wahrnehmung, unsere Urteile, auch Vorurteile und Wertvorstellungen. *Anders als durch Verstehen läßt sich keine Krise bestehen.* Das ist die Grundthese dieses Buches. Wer nach dem Tode seines Vaters von einem Bewußtsein beherrscht ist, das die Alternative diktiert: *entweder der Vater wird lebendig, oder ich sterbe auch*, der wird konsequenterweise sterben müssen. Die „entscheidende Wende" (krisis) findet also nirgendwo anders statt als in unserem Bewußtsein.

> *Eine Krise läßt sich nicht über das Objekt (über das äußere Ereignis, den äußeren Anlaß oder den Krisenauslöser) bestimmen. Sie ist somit kein objektiver Sachverhalt. Ein Krisenauslöser wie „Vatertod" bedeutet nicht als solcher schon eine für alle Menschen gleichschwere Krise. Die Krise entsteht vielmehr im Bewußtsein des Individuums. Es ist das Bewußtsein, das darüber entscheidet, welche äußeren Ereignisse als glückliche und welche als traurige Brüche zu bewerten sind. Jede Krise ist daher ein Bruch innerhalb einer bestimmten individuellen Bewußtseinslage. Eine Krise zu verstehen, heißt ihre Botschaft zu vernehmen, ihre erschütternde Energie in individuelle Bewußtseinsentwicklung umzulenken. Im veränderten Bewußtsein spiegelt sich die Krise nicht mehr als* Bruch, *sondern als* Aufbruch *zum neuen Sinn wider.*

4. Wie verlaufen Krisen?

So unterschiedlich verschiedene Krisen auch inhaltlich sein mögen, – offensichtlich verlaufen sie alle mehr oder weniger nach einem bestimmten Muster, das eine gewisse Logik aufweist. John Bowlby hat beispielsweise ein Stufenmodell entwickelt, das drei Phasen aufweist. In der ersten Phase dominiert – nach einem Schockzustand – das Bemühen der Betroffenen, den Vorkrisenzustand irgendwie wiederherzustellen, in der zweiten Phase wird die Person von Wut und Protest beherrscht und in der dritten beginnt die Loslösung vom Verlust und die Reorganisation des Lebens.[9]

Eine solche Logik des Krisenverlaufs erlaubt Rückschlüsse auf die stattgefundenen Veränderungen im Bewußtsein der Betroffenen. Die wissenschaftliche Analyse der *Phasen* des Krisenverlaufs hat diese Gesetzmäßigkeit als Stufen der Krisenverarbeitung aufgefaßt. Phasenmodelle sind recht aufschlußreich und bedeutsam, sowohl für die betroffenen als auch für die betreuenden Personen, und zwar aus folgenden Gründen:

- Zu wissen, daß Krisen im allgemeinen nach einem bestimmten Muster verlaufen, hilft den Betroffenen zunächst, das eigene Leid zu relativieren. Solche *Relativierung* nimmt dem Schmerz die Spitze und der Trauer die Zeitlosigkeit. Die individuelle Situation wird nicht länger verabsolutiert. Das verhindert Verzweiflung und Hoffnungslosigkeit.
- Zu wissen, daß auch andere Menschen ähnliche Gefühlszustände erlebt haben oder gerade erleben, macht es den Betroffenen möglich, mit anderen Betroffenen oder Nicht-Betroffenen über ihre Krise zu sprechen. Durch diese *Kommunikation* wird das individuelle Leid menschlich mit-teilbar.

9 John Bowlby: Attachment and Loss. New York 1980. Auch Verena Kast unterscheidet in ihrem Buch: Der schöpferische Sprung. Olten 1987, vier Phasen, die sie „Phasen kreativer Prozesse“ nennt, nämlich: 1. Vorbereitungs-, 2. Inkubations-, 3. Einsichts- und 4. Verifikationsphase.

• Die Relativierung des Leides und die Kommunikation darüber führen die Betroffenen aus der *Isolation* heraus. Wenn Bewußtseinsveränderung für Krisenbewältigung unabdingbar ist, dann gilt es, so rasch wie möglich aus der bewußtseinsfixierenden Isolation herauszukommen.

Im folgenden werden wir auf zwei Phasen-Modelle des Krisenverlaufs näher eingehen, zunächst auf das Modell von Elisabeth Kübler-Ross und dann auf das von Erika Schuchardt. Beide Modelle versuchen, den typischen Verlauf einer Krise zu ermitteln. An ihnen wollen wir die oben aufgestellte These, daß das Verstehen und Bestehen von Lebenskrisen eine Angelegenheit des Bewußtseins ist (vgl. Grundfrage 3), überprüfen und erhärten. Denn die Gesetzmäßigkeit des Krisenverlaufs läßt sich in der Tat als eine Widerspiegelung der Entwicklungsvorgänge im Bewußtsein auffassen. Solche Gesetzmäßigkeiten stellen die Spuren der Krisenerfahrung in unserem Reifeprozeß dar.

Die gebürtige Schweizerin Kübler-Ross ist Ärztin und Psychiaterin. Sie hat viele Menschen – Erwachsene und Kinder – in den Tod begleitet und hat nach eigenen Aussagen dabei unermeßlich Wertvolles gelernt. International berühmt geworden ist sie durch ihre Berichte über sterbende Menschen, ihre Widerstände, Erkenntnisse und Wandlungen angesichts des Todes. Eines ihrer bekanntesten Werke ist das Buch: „Interviews mit Sterbenden“[10], in dem das von ihr entwickelte Phasen-Modell der Krisenverarbeitung dargestellt ist. Kübler-Ross unterscheidet fünf typische Phasen in jeder Lebenskrise (Zitate aus diesem Werk werden im folgenden nur mit der Angabe der Seitenzahl in Klammern ausgewiesen).

10 Elisabeth Kübler-Ross: Interviews mit Sterbenden. Stuttgart 1969. Im folgenden wird aus der gekürzten Taschenbuchausgabe, Gütersloh, 15. Auflage, 1990, zitiert.

Die erste Phase: Nichtwahrhabenwollen

197 von 200 interviewten Patientinnen und Patienten reagierten auf die Nachricht, daß ihre Erkrankung als unheilbar gilt, spontan mit Bemerkungen wie: „Das kann nicht sein! Es muß ein Irrtum vorliegen. Ich doch nicht!" oder ähnlichem. Bemerkenswert ist, daß diese Reaktion des „Nichtwahrhabenwollens" unabhängig davon erfolgt, ob der Arzt den Patienten unvermittelt und unverhüllt oder allmählich und schonend von der Tatsache der bösartigen Erkrankung in Kenntnis setzt. Die erste Phase tritt also – wie alle anderen – gesetzmäßig auf. Menschlich gesehen, erscheint sie durchaus verständlich. Die Betroffenen wollen unbewußt Zeit zum Nachdenken und Verarbeiten des Schocks gewinnen. „Das Nichtwahrhabenwollen schiebt sich wie ein Puffer zwischen den Kranken und sein Entsetzen über die Diagnose; er kann sich wieder fangen und andere, weniger radikale Wege zur inneren Verteidigung suchen." (S. 17).

Wenn unsere Hauptthese richtig ist, daß sich die Krise im Bewußtsein des Individuums ereignet, dann stellt diese erste Phase gleichsam eine *Verweigerung des Bewußtseins* dar, das Wahrgenommene auch wahrzu*nehmen.* Das Bewußtsein, dieser aktive Motor der Wahrnehmung und Erkenntnis, will nicht erkennen oder aufnehmen, was es im Grunde schon erkannt und in sich aufgenommen hat. Der anfängliche *Widerstand* gegen die Annahme der Krise ist nichts anderes als ein *Selbstwiderstand des Bewußtseins.* Denn die Wahrheit hat bereits Eingang ins Bewußtsein gefunden und ist insofern schon ein Teil des Bewußtseins geworden. Das Bestreben der Betroffenen, diesen Teil ihrer selbst abzuspalten und auszustoßen, offenbart sich in der Reaktion des Nichtwahrhabenwollens ihres Bewußtseins. Man steckt lieber den Kopf in den Sand, als der Todesgefahr ins Auge zu schauen.

Der *Selbstwiderstand* ist wegen innerer Widersprüchlichkeit zum Scheitern verurteilt. Niemand kann ein erworbenes Wissen oder Können aus seinem Bewußtsein ausschließen. Ein Schwimmer etwa kann nicht absichtlich ertrinken. Wer rechnen kann, kann diese Fähigkeit nicht verleugnen. Und wer eine Fremdsprache kennt, kann sich nicht taub oder stumm stellen. Man kann das zwar anderen gegenüber vortäuschen, nicht aber dem eigenen Selbst.

Die Auswertung der Interviews bestätigt diese Deutung in vollem Umfang. Eine der drei Patientinnen, die bis zu ihrem Tode ihre Krankheit nicht wahrhaben wollten, wird von Frau Kübler-Ross folgendermaßen beschrieben:

„Die dritte Patientin, wie die beiden anderen eine unverheiratete Frau in mittleren Jahren, hatte offensichtlich ihr Leben lang die unangenehmen Dinge verdrängt. Sie weigerte sich standhaft, ihre sichtbare, geschwürige Brustkrebsgeschwulst behandeln zu lassen. Bis zur letzten Stunde bewahrte sie sich ihren Glauben; sie gehörte zur Christian Science. Ein Teil von ihr muß trotz der beharrlichen Leugnung aber doch die Realität anerkannt haben, denn kurz vor ihrem Tode war sie mit Einweisung in die Klinik und Behandlung einverstanden. Als ich sie vor dem geplanten Eingriff besuchte, sprach sie davon, daß man ihr ‚einen Teil der Wunde ausschneiden' wolle, ‚damit sie besser heilt'. Bei wiederholten Besuchen wurde mir klar, daß sie sich vor allen Äußerungen von Ärzten und Pflegepersonal fürchtete, die ihr das Nichtwahrhabenwollen unmöglich gemacht hätten; sie wollte also nichts über Krebs hören. Je schwächer sie wurde, um so grotesker machte sie sich zurecht. Der sonst diskret verwendete Lippenstift wurde dick aufgetragen, sie wählte immer leuchtenderes Rot, bis sie schließlich wie ein Clown wirkte. Ebenso leuchtend und farbenfroh wurde auch ihre Kleidung. Sie vermied es zuletzt, in den Spiegel zu blicken, versuchte aber immer noch, mit bunter Maskerade den Verfall und die Verzweiflung zu verdecken." (S. 18).

Interessant ist die Beobachtung, daß der Widerstand des

Bewußtseins von außen noch verstärkt werden kann. Er kann durch bestätigende Aussagen von Personen, die mit der Krise, in diesem Fall also mit Tod und Sterben, nichts anzufangen wissen, Auftrieb bekommen. So stellt Kübler-Ross fest, daß manche Patienten, die auf dem Wege waren, ihr Nichtwahrhabenwollen aufzugeben, in Gesprächen mit Krankenschwestern, die zum Thema Tod und Sterben keinen rechten Zugang hatten, eher rückfällig reagierten. Sie machten sich selbst also wieder etwas vor. In Gesprächen mit anderen hingegen zeigten sie Realitätssinn. Eine achtundzwanzigjährige Katholikin, Mutter zweier Kinder, die an einer bösartigen Lebererkrankung litt, ging nach einigem Hin und Her schließlich zu einer Gesundbeterin und versicherte, daß sie sich sofort wunderbar fühlte. Kübler-Ross bezeichnet dieses für die erste Phase des Krisenverlaufs typische Verhalten als einen Versuch, „dem Bewußtsein ihrer Krankheit" auszuweichen (S. 18).

Schließlich hebt Kübler-Ross einen Aspekt hervor, den man bei der Krisenbewältigung wenig beachtet. Was lernt die Umwelt von der Krisenverarbeitung eines todkranken Menschen? Zu welchen Einsichten können begleitende Personen gelangen? „Wer im Krankenhaus arbeitet – Arzt, Schwester, Geistlicher –, ahnt gar nicht, um was er sich selbst bringt, wenn er solchen Patienten aus dem Wege geht. Wenn er sich überhaupt für menschliches Verhalten interessiert, für Anpassung oder Abwehr, mit denen sich der Mensch in solchem Elend zu helfen versucht, dann ist hier der Platz, wo er lernen kann, wenn er sich nur ruhig dazusetzt und zuhört." (S. 22).

Die zweite Phase: Zorn

Auf das Nichtwahrhabenwollen folgt in aller Regel Wut, Zorn, Aggression. Wenn sich das Bewußtsein nicht länger gegen seine Wahrnehmung wehren kann, reagiert der Mensch mit Wutausbrüchen, mit Groll und Neid. Der Zorn richtet sich gegen alle Menschen, gegen Gott und die Welt gleichermaßen. Er „ergießt sich ohne sichtbaren Anlaß in alle Richtungen: Die Ärzte taugen einfach nichts, sie wissen nicht, welche Untersuchungen sie vornehmen und welche Diät sie verschreiben sollen; sie halten die Patienten im Krankenhaus fest und nehmen keine Rücksicht auf Sonderwünsche; sie lassen es zu, daß man einen hinfälligen Zimmergenossen bekommt, obwohl man so viel Geld für ein klein wenig Ruhe und Ungestörtheit ausgibt – und so geht es weiter." (S. 26).

Der Zorn ist ein emotional notwendiger Bestandteil der Krisenverarbeitung. Wer in dieser Phase helfend zur Seite steht, benötigt mehr als nur Geduld oder Güte. Man muß verstehen, was die Wutausbrüche *eigentlich* ausdrücken wollen und darf sie dem Patienten nicht verübeln. Auch Vorwürfe und Anschuldigungen gehören zur Phase des Zornes – unnötig zu sagen, daß man sie als Begleiter(in) nicht persönlich nehmen darf. Der Zorn ist der letzte, verzweifelte „Schrei der Unreife". Noch ist der Blick des Patienten rückwärts in die Vergangenheit gerichtet; noch ist die Einsicht nicht herangereift, eine Blickwendung vorzunehmen. Mit unbeholfener Pauschalwut wird die Krise als das Ende betrachtet, und nicht als Wende – noch nicht. Tod als Wende? Das mag befremden; doch er ist in der Tat *die* Wende schlechthin (vgl. den Abschnitt „Der Tod als Weg und Wegweiser" im Kapitel „Wege aus der Krise").

Die Betroffenen stellen in dieser Phase typische Warum-Fragen, unbeantwortbar und eindringlich: *Warum gerade ich, und nicht ein anderer? Was habe ich denn getan, daß ich so hart bestraft werden muß?* So wird mehr geklagt als gefragt, mehr festgestellt und gleich fixiert als gesucht. Ersatzwünsche tauchen auf, hypothetische Situationen werden konstruiert:

„Da ist zum Beispiel ein Mann, den ich seit meiner Kindheit kenne, er ist zweiundzwanzig und, soweit es ein Sterblicher beurteilen kann, zu nichts in der Welt mehr nütze – rheumatisch, verkrüppelt, schmutzig, keiner möchte an seiner Stelle sein. Und ich mußte mir immer wieder sagen: ‚Warum trifft es denn nicht den alten George?'" (S. 26).

Das ist – nach einem Ausdruck von Adorno – ein „Ausbruch in den Spiegel".[11] Noch meinen die Betroffenen, *nur* getroffen worden zu sein. Das Bewußtsein muß noch reifen, um die Krise als eine an die betroffene Person selbst adressierte Botschaft zu begreifen. Dazu geben die unleugbaren Symptome der Krankheit zunehmend Lernhilfe. Sie lehren, den eigenen Blick im Spiegel auszuhalten und mit der Krise das eigene Selbst, so wie es ist, voll und ganz anzunehmen. Doch bis dahin sind noch zwei weitere Phasen zu durchlaufen: *Verhandeln* und *Depression.*

Die dritte Phase: Verhandeln
Es handelt sich um die Suche nach einer Alternative zum Zorn, die aber demselben Zweck dient: Wiederherstellung des alten Zustands. Kübler-Ross führt einen einfühlsamen Vergleich mit dem Verhalten der Kinder an, die um jeden Preis etwas erreichen oder durchsetzen wollen. Zunächst stampft das Kind mit den Füßen und schließt sich aus Zorn vielleicht in seinem Zimmer ein. Dann aber, wenn das alles nichts half, taucht es wieder auf, um einen Handel vorzuschlagen: „Wenn ich die ganze Woche artig bin und jeden Abend das Geschirr spüle – darf ich dann?" (S. 54).

In der Regel können todkranke Patienten einen ähnlichen Handel kaum unterlassen. Da ist beispielsweise eine Opernsängerin mit einem bösartigen Kiefertumor. Ihr müssen sämtliche Zähne gezogen werden. Nachdem sie die Phasen des *Nichtwahrhabenwollens* und des

11 Theodor W. Adorno: Negative Dialektik. Ffm. 1966, S. 89.

Zorns hinter sich gelassen hat, zögert sie die Extraktionen hinaus. Sie verhandelt schließlich: Wenn sie nur noch ein letztes Mal vor dem Publikum auftreten dürfte, würde sie zustimmen.

„Sie sprach im Seminar unmittelbar zu den Zuhörern, ohne Einweg-Spiegelglas. Und hier vor diesem Publikum berichtete sie über ihren Lebensweg, ihre Erfolge und ihre Tragödie – bis ein Anruf sie zurückbeorderte, weil Arzt und Zahnarzt bereitstanden, ihr alle Zähne zu ziehen, damit die Bestrahlungstherapie fortgesetzt werden konnte. Sie hatte sich so sehr gewünscht, noch einmal – vor uns – singen zu dürfen, bevor sie ihr Gesicht für immer verbergen mußte." (S. 55).

Andere Patienten schließen mit ihrem Gott einen Handel: Wenn du mich wieder gesund machst, werde ich den Rest meines Lebens dem Dienst in der Kirche weihen. Nicht wenige Patienten unternehmen Wallfahrten oder suchen Wunderheiler auf.

Wie ist diese dritte Phase zu verstehen? Kübler-Ross meint: „Im Grunde feilscht der Patient immer um einen Aufschub, verspricht Wohlverhalten und setzt selbst eine Frist, nach der er – wie er verspricht – nichts mehr erbitten will. Und doch hat keiner unserer Patienten ‚sein Versprechen gehalten'" (S. 55). Die Sängerin konnte ohne Bühne doch nicht leben, sie verließ das Krankenhaus, bevor ihr die Zähne gezogen wurden.

Die zweite und dritte Phase des Krisenverlaufs, *Zorn* und *Verhandeln*, sind wie die jetzt folgende vierte, *Depression*, psychischer Natur. Sie stellen Variationen des Themas dar, das wir mit dem Ausdruck *Selbstwiderstand des Bewußtseins* charakterisiert haben. Je deutlicher aber diese Selbsttäuschung in sich zusammenfällt, um so zwingender wird es für das individuelle Bewußtsein, den Auftrag zur Entwicklung anzunehmen. Doch vor der endgültigen Annahme kündigt sich das Entscheidende an: *Einkehr* und *Selbstbesinnung*. Sie geht mit stiller und würdevoller Trauer einher. Die betroffene

Person gibt den Selbstwiderstand nicht eigentlich auf, sie läßt ihn vielmehr aus Einsicht los. Und dieses *Loslassen* markiert das Ende der *Nachtstunden* und den Beginn des Verstehens der Krisenbotschaft. Von hier aus ist kein weiter Weg mehr zum Bestehen der Krise.

Die vierte Phase: Depression
„Wenn der Todkranke seine Krankheit nicht länger verleugnen kann, wenn neue Eingriffe, neuer Krankenhausaufenthalt notwendig werden, wenn immer neue Symptome auftreten und er schwächer und elender wird, dann kann er seinen Zustand nicht immer mit einem Lächeln abtun. Erstarrung, Stoizismus, Zorn und Wut weichen bald dem Gefühl eines schrecklichen Verlustes. Das Verlorene hat viele Facetten: Die Patientin mit Brustkrebs grämt sich über das veränderte Äußere, die Patientin mit Uteruskrebs fühlt sich vielleicht nicht mehr als Frau. Unsere Opernsängerin reagierte mit Schock und tiefster Verzweiflung auf die Aussicht, daß ihr Gesicht unvermeidlich entstellt würde." (S. 57).

Hinzu kommt die finanzielle Belastung, der Verlust des Arbeitsplatzes und noch manches mehr. Nun fällt die krisengeschüttelte Person in eine tiefe Verzweiflung und Depression, die zwei völlig verschiedene, ja, entgegengesetzte Quellen haben kann. Sie kann entweder der *Reaktion* auf gegenwärtige Belastungen und Probleme entstammen (reaktive Depression) oder der *Vorbereitung* auf den zu erwartenden Tod (vorbereitende Depression). Im ersten Fall ist sie rückwärtsgerichtet und resignierend, im zweiten Fall hingegen vorwärtsgewandt und einsichtsvoll.

Wie reagiert man als Freund(in) oder Helfer(in) in dieser Phase? Wichtig ist zu erkennen, ob es sich um eine *reaktive* oder eine *vorbereitende* Depression handelt. Denn die erste ist meist mit einer Geste der Aufmunterung oder Aufmerksamkeit, mit Zuwendung oder Hilfsbereitschaft, bisweilen sogar mit einem schlichten Kompliment wenigstens für eine kurze Zeit abzumildern. Die zweite hingegen zeugt von der Vorbereitung der Betroffenen auf den kommenden Verlust. Hier wären „Aufheiterung und Ermunterung nicht mehr am Platz“ (S. 59). *Wer kurz davor steht, sein Schicksal anzunehmen, hat das Recht zu trauern.* Kübler-Ross weist darauf hin, daß die zweite Form der Depression sehr still verläuft, im Gegensatz zur ersten, die mit reger Mitteilsamkeit einhergeht. Hier braucht man „kaum Worte; hier kommt es viel eher darauf an, stillschweigend dazusein und mit einer Geste zu versichern, daß man den Schmerz kennt und teilt.“ (S. 59).

Jetzt steht der Durchbruch zur Selbsterkenntnis unmittelbar bevor. Da gelangt beispielsweise ein Patient während seiner vorbereitenden Depression zu der tiefen Einsicht, daß sein Karzinom nicht das Wesentliche in dieser Krise gewesen sei, sondern etwas ganz anderes. Seine Gedanken kreisen jetzt „um den Sinn seines Lebens“, den er darin findet, „ob es ihm doch noch gelingen werde, sich einmal seiner Frau, dem für ihn wichtigsten Menschen, mitzuteilen.“ (S. 75). Seine Frau, von Kübler-Ross aufgesucht, reagiert mit den nüchternen Worten: „‚Wenn er nicht mehr da ist, wird das Leben fast genau so wie bisher weitergehen.‘“ (S. 76). Und dann beklagt sie sich über ihren Mann, der so schwächlich gewesen sei, daß er kaum den Rasen habe mähen können und zudem kein Interesse am Geldverdienen gehabt hätte. Kübler-Ross kommentiert: „Das alles brachte Frau H. im Ton der vielbeschäftigten Frau vor, die man besser nicht behelligt.“ (S. 76).

Wir haben es hier mit einer besonderen Form der „Depression“ zu tun, die gleichsam als Hebamme der Selbsterkenntnis fungiert. Die Betroffenen fragen jetzt nach dem Wesentlichen, nach dem Sinn ihres Lebens. Alles Äußerliche verliert seine Wichtigkeit, nur das Wahre erscheint im Innern und spiegelt sich im Selbst wider. Die Frage nach dem *Sinn* wird vor allem dann unausweichlich, wenn es im Äußeren nichts mehr zu verlieren oder zu gewinnen gibt. Jetzt wirft die Krise den Menschen auf sich selbst zurück. Sie bringt ihn auf den Grund seiner Existenz, und an dieser Stelle wird ihm auch ihre Botschaft vernehmbar. Otto Friedrich Bollnow, einer der wenigen Pädagogen, die sich mit dem Thema *Krise* beschäftigt haben, schreibt in seinem existenzphilosophischen Beitrag:

„Der Mensch verwirklicht seine eigentliche Existenz nur in der Krise und nur durch die Krise. [...] Der Mensch existiert nur, sofern er in der Krise steht. Die kritischen Augenblicke sind die einzig zählenden Augenblicke des menschlichen Lebens. Existieren heißt in der Krise stehen."[12]

Das klingt pathetisch, und die Krise ist keineswegs der einzige Weg, der zur Selbsterkenntnis führen kann. Der Mensch kann auch durch Liebe oder durch den Glauben verwandelt werden und zur wahren *Sinnerfüllung* seines Lebens finden. Voraussetzung ist jedoch, und darin ist Bollnows Intention zuzustimmen, ein außergewöhnliches Ereignis, das eine entscheidende Wandlung herbeiführt und den Weg nach Innen – zum wahren Selbst – freigibt. Auf dem Grund des Selbst entdeckt der Mensch das höhere Selbst. Ohne existentielle Erschütterung bekommt der Mensch keine Vorstellung von der Tiefe, geschweige denn vom Grund und Sinn seiner eigenen Existenz. Aber die Erschütterung muß nicht ausschließlich schmerzhaft sein. Daher gibt es keinen Anlaß zur Glorifizierung der Krisen. Im Gegenteil: Der Mensch sollte alles tun, um nicht unnötig in Krisensituationen zu geraten. Sofern jedoch eine Krise schicksalhaft über ihn hereinbricht, muß er sich nach ihrem Sinn und ihrer Botschaft befragen lassen: *Wozu ist mir das passiert?*

12 Otto Friedrich Bollnow: Krise und neuer Anfang. Beiträge zur pädagogischen Anthropologie. Heidelberg 1966, S. 12.

Die fünfte Phase: Zustimmung
Die Annahme des eigenen Schicksals darf nicht mit Resignation oder Erleichterung verwechselt werden. Die Phase der Zustimmung bedeutet vielmehr die Akzeptanz der Krise aus innerer Einsicht und geistiger Reife. Jetzt erst darf man von *Zustimmung* oder *Annahme* sprechen. „Sie ist“, so bemerkt Kübler-Ross, „fast frei von Gefühlen.“ (S. 78). Wenn das Wesentliche verstanden und die Botschaft der Krise vernommen worden ist, herrschen innere Ruhe und verständnisvolles Schweigen. „Der Kranke hält unsere Hand und bittet schweigend, bei ihm zu sitzen.“ (S. 78). *Aus dem Selbstwiderstand des Bewußtseins ist Selbsterkenntnis hervorgewachsen. Der Tod hat dem Menschen nunmehr den Sinn des Lebens nahegebracht.* Gegen diesen Sinn leistet das Bewußtsein jetzt aus Einsicht keinen Widerstand mehr.

Auch Besucher erleben in gemeinsamer schweigender Anwesenheit und Anteilnahme, „daß das Sterben nicht so entsetzlich ist, wie alle Menschen glauben, die seinem Anblick möglichst aus dem Wege gehen.“ (S. 78). Sie erfahren, mit welch innerer Ruhe und gelassener Würde der Mensch Abschied zu nehmen vermag. Es ist eine Zeit wie die der Kindheit, in der von uns nichts verlangt wurde. Das Ende naht; es hat eine bemerkenswerte Ähnlichkeit mit dem Anfang, und der Lebenskreis schließt sich. Nur die Erfahrung des Bewußtseins und ein Stück geistiger Reifungsprozeß liegen zwischen Beginn und Ende.

„So wenden wir uns denn vielleicht am Ende unserer Tage, wenn wir gearbeitet und gegeben, uns gefreut und gelitten haben, in die Phase zurück, von der wir ausgingen.“ (S. 79).

An ihrer äußersten Grenze führt die Krise den Menschen zu sich selbst und läßt ihn von hier aus zu seinem höheren Selbst gelangen. Die Interviews von Frau Kübler-Ross belegen eindrucksvoll die Transzendenzerfahrung von krisengeschüttelten Menschen und ihre Nähe zu Gott. Sie fürchten nicht mehr den Tod, sondern verstehen ihn als die andere Polarhälfte des Lebens. Sie verdrängen ihn nicht, sondern öffnen sich ihm als eine Notwendigkeit, der sich kein Mensch entziehen kann. Vom Ende her begreifen sie den Beginn und das Dazwischen. Nach diesem Vorgang des *Verstehens* erleben sie häufig, daß das Leben Minute für Minute vollbewußt gelebt werden will und daß es vor allem nicht so sehr auf seine *Dauer und Länge* ankommt, als auf die *Intensität und Sinnerfüllung.*

Inwieweit behält das dargestellte Phasenmodell des Krisenverlaufs von Kübler-Ross auch für andere Krisen, die nicht mit dem Tode der Betroffenen enden, seine Gültigkeit? Diese Frage läßt sich durch einen Vergleich mit dem Modell „Krisenverarbeitung Lernprozeß" der Sozialpädagogin Erika Schuchardt klären. Sie hat sich eingehend mit der Analyse von Lebensbeschreibungen von Behinderten beschäftigt.[13] Welchen Verlauf nimmt eine Krise bei den Eltern eines geistig und/oder körperlich behindert geborenen Kindes? Welche typischen Phasen durchlaufen die Menschen, wenn sie erfahren müssen, daß sie an multipler Sklerose oder an Krebs erkrankt sind? Aufschluß darüber gewinnt Erika Schuchardt aus den publizierten Biographien und Autobiographien von Betroffenen, deren Zahl bemerkenswerterweise rapide ansteigt. Auch hier konnten nicht

13 Erika Schuchardt: Soziale Integration Behinderter. Band 1: Biographische Erfahrung und wissenschaftliche Theorie. Band 2: Weiterbildung als Krisenverarbeitung. Braunschweig 1980. Erika Schuchardt: Warum gerade ich...? Behinderung und Glaube. Gelnhausen 1981, 2., erweiterte Auflage, 1984. Erika Schuchardt (Hrsg.): Jede Krise ist ein neuer Anfang. Aus Lebensgeschichten lernen. Düsseldorf 1984, 3. Auflage, 1987.

nur vergleichbare, sondern bei einigen Phasen z.T. gleiche Ergebnisse aufgedeckt werden. Der besseren Übersicht halber sollen die beiden Phasenmodelle der Krisenverarbeitung einander gegenübergestellt werden.

Phasen des Krisenverlaufs nach:

E. Kübler-Ross	*E. Schuchardt*
1. Nichtwahrhabenwollen	1. Ungewißheit
– –	2. Gewißheit
2. Zorn	3. Aggression
3. Verhandeln	4. Verhandlung
4. Depression	5. Depression
5. Zustimmung	6. Annahme
	7. Aktivität
	8. Solidarität

Wie man sieht, unterscheiden sich die Phasen eins bis fünf (bzw. sechs) bei beiden Modelle kaum voneinander. Schuchardt verwendet zum Teil andere Ausdrücke und differenziert vor allem die erste Phase in zwei Unterphasen. Diese Unterschiede sind jedoch marginal. Insofern darf unsere Darstellung mit den Phasen *Aktivität* und *Solidarität* in Schuchardts Modell fortgesetzt werden. Diese beiden letzten Phasen entstehen, wie angedeutet, dadurch, daß die Krisenbetroffenen hier im Unterschied zu den Interviewpartnerinnen und -partnern von Kübler-Ross nicht sterben, sondern noch viele Jahre mit ihrer Krise weiterleben.

Spiralphase 7: Aktivität

Der reife und selbstgefaßte Entschluß, mit der Behinderung zu leben, setzt Energien frei, die bislang aufgebracht werden mußten, um die persönliche Eigenart zu leugnen oder wegzuverhandeln. Die Betroffenen erkennen nun, „daß es ja nicht entscheidend ist, *was man hat, sondern was man aus dem, was man hat, gestaltet*!"[14] In dieser Erkenntnis vollzieht sich ein Perspektivenwechsel. Wenn wir die Welt nicht ändern können, müssen wir versuchen, unsere Sicht von ihr (unser Bewußtsein) zu verändern. Die Behinderten schaffen mit diesem neuen Bewußtsein den entscheidenden Durchbruch zur Krisenbewältigung. Mit der neuen Weltsicht schaffen sie eine neue Realität, in der sie trotz ihrer Behinderung sinnerfüllt leben.

Spiralphase 8: Solidarität
In dieser Phase, die allerdings nicht alle erreichen, erfährt der geistige Horizont der behinderten Person eine außergewöhnliche Erweiterung. Individuelles Leid tritt in den Hintergrund. Vorrang erhält das gesellschaftliche Umfeld, auf das sich nun die Aktivität der Betroffenen richtet. Innerlich durch die Krise gefestigt, mobilisiert das Bewußtsein nun Kräfte, deren Ausmaß sogar für Nicht-behinderte als außergewöhnlich gelten darf. Da befreit sich der schicksalhaft behinderte Mensch von den Fesseln körperlicher Behinderung und ergreift hohe soziale Initiativen, gründet beispielsweise eine Interessengruppe, eine selbstverwaltete Hilfsorganisation auf kommunaler oder regionaler Ebene. Manche Behinderten, berichtet Schuchardt, übernehmen Funktionen und Aufgaben mit einer so großen Verantwortung, die sie sich vor ihrer Behinderung niemals zugetraut hätten. Auch wenn die Phase der *Solidarität* nicht jedem behinderten Menschen zu gelingen braucht, ist sie dennoch als „die Krone" der Entwicklung zu betrachten, die eine Lebenskrise im menschlichen Bewußtsein hervorzubringen vermag. *Solidarität* im Sinne der 8. Phase von Erika Schuchardts Verlaufsmodell demonstriert, daß Behinderung keine Hinderung sein muß und Glück

14 Schuchardt: Soziale Integration ... Band 1, S. 108.

darin besteht, etwas Sinnvolles zu tun und das Getane als sinnvoll zu erleben.[15]

Darin, daß Menschen von unterschiedlichem Temperament und verschiedenartiger Lebensauffassung angesichts einer schweren Lebenskrise in frappierender Übereinstimmung dieselben Phasen der Krisenverarbeitung durchlaufen, liegt eine wertvolle Erkenntnis für das Krisenverstehen. Krise kann, recht verstanden, außergewöhnliche Entwicklungsprozesse freisetzen, solche, die ohne sie wohl nie in Gang gekommen wären. Die ungewöhnlichen Lernprozesse, die die Betroffenen dabei auf sich nehmen, dürfen als „geistige" Entwicklung bzw. Reifung aufgefaßt werden. Dabei bleiben die Phasen zwar gleich, aber das Ausmaß der Sinngewinnung und Bewußtseinsentwicklung differiert individuell. Es ist, als würde uns das Schicksal mehr oder minder dieselben Lernchancen einräumen, die mehr oder minder angenehm oder unangenehm erscheinen. Was wir aber daraus für die Entwicklung unseres Bewußtseins machen, bleibt unserem individuellen Bemühen zur Enträtselung der Krisenbotschaft überlassen.

Vergleichen wir abschließend die beiden Phasenmodelle der Krisenverarbeitung, so liegt der Schluß nahe, daß die Krise den betroffenen Menschen zu einer Entwicklung führen kann, die darin besteht, für sich individuell den Sinn der Krise herauszufinden, die Botschaft der Krise zu entschlüsseln. Zwischen dem Krisenereignis (Behinderung) und seinen Folgen (individuelle Sinnerfüllung, z.B. soziale Aktivitäten) schieben sich *nur* einige entwicklungsbedingte Verzögerungen, psychisch *verständliche Facetten des Ausweichens.* Die Phasen *Nichtwahrhabenwollen, Zorn, Verhandeln* und *Depression* sind *Durchgangsstadien des geistigen Reifungsprozesses.* Der Mensch kann nichts annehmen, was für ihn

15 Vgl. Schuchardt: Soziale Integration ... Band 1, S. 110.

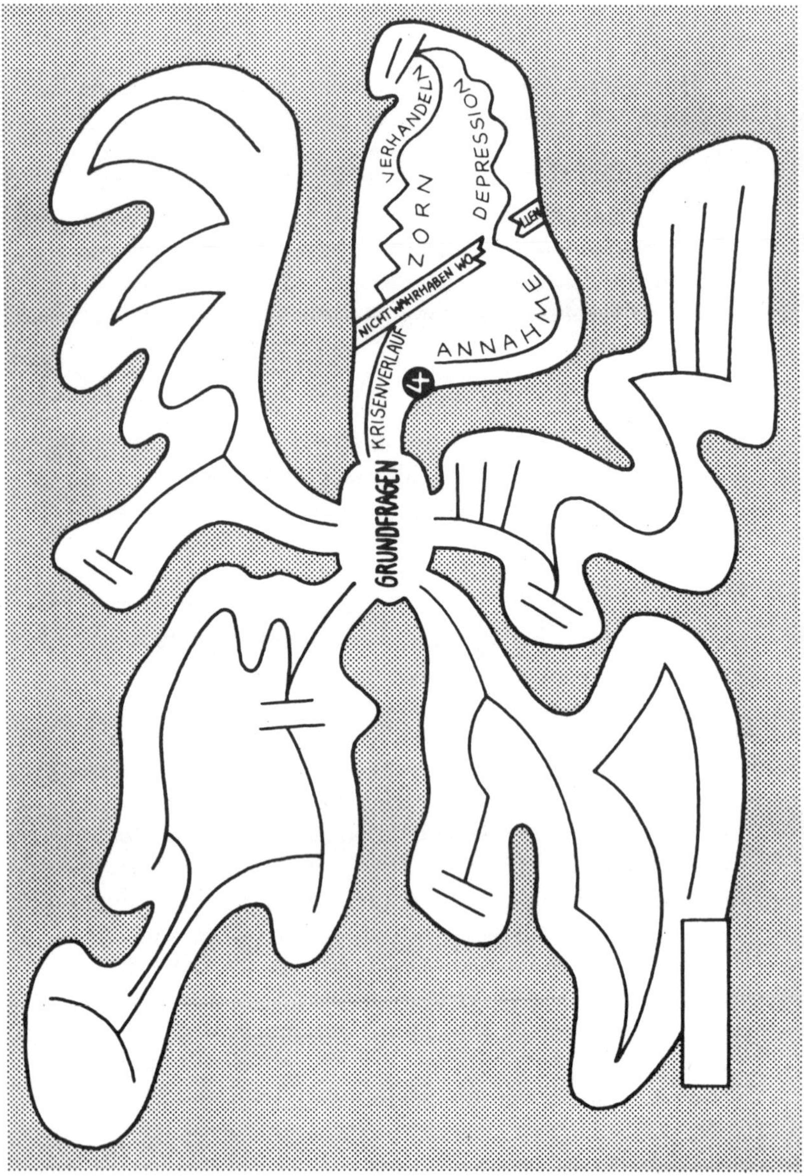
GRUNDFRAGEN
KRISENVERLAUF
4
NICHT WAHRHABEN WO
LLEN
ZORN
VERHANDELN
DEPRESSION
ANNAHME

keinen Sinn ergibt. Wer dahin fortgeschritten ist, seine Krise anzunehmen, wird aus ihr das lernen, was er ohne sie nie lernen könnte. Und eben darin liegt der allgemeine Sinn der Krise: Sie ist eine Lernchance, die es nicht *umsonst* gibt.

Zu wissen, daß auch andere Menschen in Krisensituationen ähnlich wie man selbst reagieren, hilft, die eigene Krise nicht zu verdrängen oder zu verabsolutieren, sondern über sie mit anderen zu sprechen, sie im Vergleich mit den Krisen anderer Menschen zu relativieren und so die Gefahr der Selbstisolierung abzuwenden.
Wissenschaftliche Analysen der Krisenbewältigungsprozesse haben erhellende Einsichten über den Verlauf der Krise im Bewußtsein der betroffenen Menschen erbracht. An ihnen können wir erkennen, daß die Phasen der Krisenbewältigung die im Bewußtsein stattfindenden geistigen Entwicklungs- und Reifungsprozesse widerspiegeln. Geistiges Reifen hängt offenbar mit individuellem Begreifen der Krisenbotschaft zusammen.

5. Haben Krisen einen Sinn?

Können wir einem Ereignis, das unser bisheriges Leben dem Anschein nach zerstört, Sinn zusprechen? Wir wollen diese Frage zunächst anhand von konkreten Beispielen explizieren und dann im Anschluß an Frankls Logotherapie fundiert beantworten.

Der schicksalsgeprüfte Charles Chaplin schreibt zu Beginn seiner lesenswerten Lebensgeschichte folgenden Satz: „Wenn das Schicksal einem Menschen sein Los zuteilt, weiß es nichts von Mitleid oder Gerechtigkeit."[16] Das scheint eine Erkenntnis zu sein, die alle Lebensereignisse des genialen Künstlers untermauert hat. Er verdeutlicht sie an einer Reihe von Reflexionen, von denen wir eine anführen wollen.

„In Südfrankreich habe ich einmal einen Grabstein gesehen, auf dem eine Photographie ein lächelndes junges Mädchen von vierzehn Jahren zeigte. Darunter war ein Wort eingemeißelt: ‚Pourquoi?' Es ist vergeblich, in so schmerzvoller Verwirrung nach einer Antwort zu suchen. Das führt nur zu falschem Moralisieren und zu Seelenqualen – doch soll das nicht heißen, daß es keine Antwort gibt. Ich kann es nicht glauben, daß unser Dasein ohne Bedeutung oder zufällig ist, wie die Wissenschaft uns das sagen will. Leben und Tod sind zu eindringlich und zu unerbittlich, um bloße Zufälligkeiten zu sein.

Das wahllose Spiel von Leben und Tod – ein in seiner Blüte dahingerafftes Genie, Umwälzungen in der Welt, mutwillige Massenmorde, Katastrophen – mag zweck- und sinnlos scheinen. Aber die Tatsache, daß diese Dinge geschehen sind, deutet auf eine feste und bestimmte Absicht, die unser dreidimensionaler Verstand nicht zu erfassen vermag. [...] Es gibt Dinge, die über den Verstand hinausgehen. Wie können wir uns den tausendmilliardsten Teil einer Sekunde vorstellen? Und doch muß er existieren, wenn wir rein mathematischen Grundsätzen folgen."[17]

Wenn wir diese Einsicht auf unsere eingangs gestellte Frage übertragen, kommen wir zu der Schlußfolgerung, daß alle Krisen einen Sinn haben, auch wenn sie noch so sinnlos erscheinen. Ihr Sinn liegt allerdings nicht *objektiv* im Kriseninhalt selbst, sondern darin, was die Person aus diesem Inhalt macht. Ob die von einer Krise betroffene Person den Sinn ihrer Krise verstehen kann oder nicht, hängt somit von der geistigen Fähigkeit, vom

16 Charles Chaplin: Die Geschichte meines Lebens. Frankfurt a.M. 1964, S. 17.
17 Charles Chaplin: Die Geschichte meines Lebens ..., S. 293f.

Bewußtsein der Person ab. Allgemein formuliert: Wo immer wir keinen Sinn sehen, liegt das an der Unreife bzw. Unfähigkeit unseres Bewußtseins.

Zur Verdeutlichung:
Einem Menschen, der vom Schachspiel keine Ahnung hat, erscheinen die Schachfiguren als mehr oder weniger gleich aussehende Holzfiguren. Für den Schachspieler hingegen hat jede Figur ein ganzes Geflecht von Sinn und Bedeutungen. Der Sinn eines Spielzuges liegt also nicht im Bewegen einer Holzfigur, er entsteht erst im Bewußtsein des Schachspielers. Je höher sich das Bewußtsein für das Schachspiel sensibilisiert hat, um so tieferen Sinn kann es einer Spielsituation abgewinnen.

Damit führen wir die Sinnfrage auf den Entwicklungsstand des Bewußtseins zurück. Es ist das Bewußtsein, das reifen muß, um den Sinn eines rätselhaften oder schicksalhaften Geschehens zu begreifen. Diese Sicht führt uns ins Zentrum einer Wissenschaft, die *Logotherapie* (sinnzentrierte Heilung) heißt. Ihr Begründer ist der Wiener Arzt und Psychologe Viktor E. Frankl. Seine Theorie unterscheidet sich von vielen anderen Theorien in der wissenschaftlichen Betrachtung des menschlichen Wesens dadurch, daß sie sich sozusagen am konkreten Lebensweg ihres Begründers schon bewahrheitet hat. Frankl hat nämlich drei Jahre in verschiedenen Konzentrationslagern zubringen müssen und in dieser Zeit Situationen erlebt, die absolut sinnlos erschienen.[18] Und trotzdem – oder gerade deshalb – lautet seine unerschütterliche Erkenntnis:

„Es gibt keine Lebenssituation, die wirklich sinnlos wäre. Dies ist darauf zurückzuführen, daß die scheinbar negativen Seiten der menschlichen Existenz, insbesondere jene tragische Trias,

18 Viktor E. Frankl: ...trotzdem Ja zum Leben sagen. Ein Psychologe erlebt das Konzentrationslager. München 1982.

zu der sich Leid, Schuld und Tod zusammenfügen, auch in etwas Positives, in eine Leistung gestaltet werden können, wenn ihnen nur mit der rechten Haltung und Einstellung begegnet wird."[19]

Frankl wendet die Sinnfrage anthropologisch. Der Mensch ist das einzige Wesen, das in der Lage ist, sogar seinem Leid, seiner Schuld und dem Tod Sinn abzugewinnen. Indem er dies tut, verwandelt er Leid, Schuld und Tod in eine geistige Leistung. Sinnsuche und Sinnfindung, Sinnerschließung und Sinnerfüllung stellen immer ein geistiges Unterfangen dar. Daher besteht das Anliegen der Logotherapie in der „Bewußtmachung von Geistigem".[20]

Wir werden im nächsten Kapitel im Anschluß an Hegels Philosophie darlegen, wie Geist entsteht, nämlich durch unendliche Entwicklung des Bewußtseins, also dessen, was Frankl mit der „rechten Haltung und Einstellung" meint. Bewußtseinsentwicklung bleibt aber an Sinnproduktion und vor allem Sinnerfüllung rückgebunden. Dazu spornen uns gerade die Lebenssituationen an, die nicht angenehm erscheinen – Krisen, Leid, Tod, Trennung, Mißerfolg usw. Daher kann es keine sinnlosen Krisen geben.

Um Mißverständnissen vorzubeugen, betonen wir noch einmal, daß es uns keineswegs um die Huldigung des Leidens geht. Wir erinnern an die Ausgangslage, die eine schicksalhafte Heimsuchung darstellt. Für solche Situationen hält die Logotherapie ein vorzügliches Konzept zum Verstehen und Bestehen von Lebenskrisen bereit. Sie lehrt, daß es nicht auf den Kriseninhalt ankommt, sondern auf den Sinn, „darauf, wie man das

19 Viktor E. Frankl: Das Leiden am sinnlosen Leben. Psychotherapie für heute. Freiburg 1977, 7. Auflage, 1983.
20 Viktor E. Frankl: Ärztliche Seelsorge. Grundlagen der Logotherapie und Existenzanalyse. Frankfurt a.M. 1983, S. 39.

Schicksal trägt, sobald man es nicht mehr in die Hand nehmen, vielmehr nur noch auf sich nehmen kann. [...] Im Erfüllen von Sinn verwirklicht der Mensch sich selbst. Erfüllen wir nun den Sinn von Leiden, so verwirklichen wir das Menschlichste im Menschen, wir reifen, wir wachsen, wir wachsen über uns selbst hinaus."[21] Um einen anschaulichen Eindruck über diesen geistigen Reifeprozeß „über sich selbst hinaus" zu vermitteln, greifen wir zu einem Beispiel:

Ein Sommertag, an dem die Fenster offenstehen und Fliegen herein- und hinausfliegen. Man hat es oft beobachtet: Eine Fliege will wieder hinaus ins Licht und stößt gegen die Fensterscheibe. Zwei oder drei Stunden nach *unserer* Zeitmessung, – Jahre oder ein Leben lang hingegen nach *ihrer* eigenen Zeitrechnung gleitet sie auf der Scheibe surrend auf und ab und findet nicht hinaus, obwohl sie auf dem richtigen Weg zur Lichtquelle ist. „Warum finde ich nicht hinaus?", mag sie denken, falls sie denken kann. Ob sie wohl zornig wird, mit ihrem Gott verhandelt und am Ende in tiefe Depressionen fällt? Irgendwann fällt sie schließlich, wenn sie nicht durch einen „Zufall" hinauskommt, erschöpft auf den Rücken und surrt sich zu Tode. „Warum gerade ich?", mag ihre letzte Frage sein. – Und der Mensch, der danebensteht und dies beobachtet, denkt: „Fliege, warum mußt du es dir so schwermachen? Du brauchst doch bloß ein wenig seitwärts statt immer nur auf und ab zu fliegen. Und schon bist du frei!"

Dem Menschen wird es zwar nicht schmeicheln, doch sein Leben verläuft in gewisser Weise ähnlich. Auch er hält sich in starren Verhaltensmustern gefangen. Das feingesponnene Netz seiner Vorurteile pflegt er täglich mit Sorgfalt, und selbst Handlungen, die ihm als Fehler längst bekannt sind, vermag er nicht definitiv abzustellen. Nicht einmal wissend also gelingt ihm das, was er leichterhand von der surrenden Fliege an der Fensterscheibe fordert, nämlich Umkehr oder Perspektiven-

21 Viktor E. Frankl: Das Leiden am sinnlosen Leben ..., S. 34 und 81.

wechsel. Aus einem eingefahrenen Handlungsschema kommt auch er ohne die Hilfe eines Zufalls – einer *Krise* – nur selten heraus. – Und Gott, der neben ihm steht und dies beobachtet, könnte denken: „Mensch, warum mußt du es dir immer so schwermachen? Warum mit dem Kopf durch die Wand? Du brauchst doch bloß ein wenig…"

Das Verhältnis von menschlichem zu tierischem Bewußtsein mag in gewisser Weise ein Licht auf das Verhältnis von göttlichem zu menschlichem Bewußtsein werfen. Der Widerstand der Scheibe *erscheint* im Bewußtsein der Fliege als eine ausweglose und lebensbedrohende Krise. Im Bewußtsein des Menschen hingegen *ist* diese Situation keineswegs ausweglos. Ein ähnliches Verhältnis könnte man zwischen dem menschlichen und dem göttlichen Bewußtsein vermuten. Uns Menschen erscheinen Lebenskrisen als ausweglose Katastrophen. Im absoluten Bewußtsein Gottes hingegen können sie nicht sinnlos sein. Darum ist es auch nicht auszuschließen, daß sie als mögliche Angebote zur Wende, zur Entwicklung und mentalen Reifung gemeint sind, auch wenn wir ihren Sinn *noch* nicht verstehen.

Frankl veranschaulicht diese Perspektivität unseres Bewußtseins anhand seiner Dimensionalontologie. Die beiden Bilder zeigen, worum es dabei geht. Im ersten Bild *erscheint* ein und derselbe Gegenstand, nämlich der Zylinder, wenn er von seiner Dreidimensionalität auf Zweidimensionalität projiziert wird, als Kreis und Rechteck. Wer diese beiden Figuren ausschließlich auf der zweidimensionalen Fläche betrachtet, wird sich nie vorstellen können, daß sie derselben Quelle entstammen und miteinander vereinbar sind (Quadratur des Kreises!). Fazit: *Zum Verstehen einer rätselhaften Sache ist ein höheres Bewußtsein nötig.*

Das zweite Bild zeigt eine Variante, gewissermaßen die Umkehrung. Hier werden drei verschiedene Figuren (Zylinder, Kegel und Kugel) aus der Dreidimensionalität auf eine zweidimensionale Fläche projiziert. Ihre Projektion *erscheint* identisch, nämlich in allen drei Fällen als Kreis. Trotzdem wäre es irreführend, sie auf dieselbe Quelle zurückzuführen. In jedem der beiden Fälle, die die zwei Gesetze der Dimensionalontologie veranschaulichen, erschließt sich der Sinn uns erst, wenn unser Bewußtsein auf eine höhere Stufe gestiegen ist. Wir können daher festhalten: *Sinnsuche und Sinnerfüllung stellen eine Bewußtseinsleistung dar.*

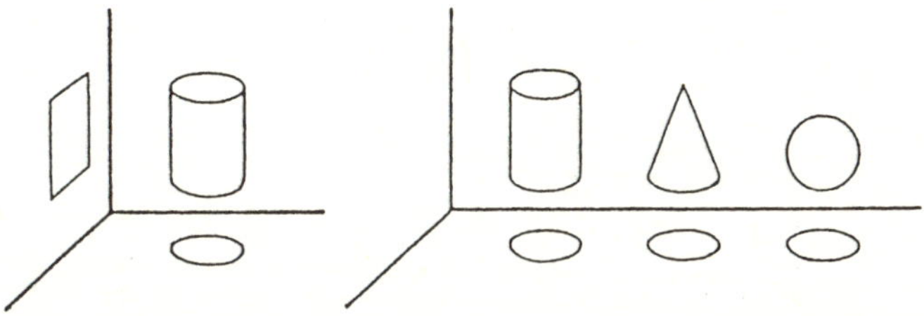

Abb.1 und 2 aus Viktor E. Frankl: Ärztliche Seelsorge ..., S. 31f.

Nun können wir die fünfte Grundfrage von neuem aufgreifen und fundiert beantworten. Hat die Krise einen Sinn? Allgemein können wir feststellen, daß jedes schicksalhafte Krisenereignis ein potentieller Sinnträger ist. *In jeder Krise steckt eine mögliche Sinnbotschaft, eine Chance, eine persönliche Aufforderung.* Der Zweck dieser Aufforderung erschließt sich aber den Betroffenen nur dann, wenn es ihrem Bewußtsein gelingt, sich höher zu entwickeln. Wer auf der Ebene des Kriseninhalts das Problem lösen will, versperrt sich selbst den Zugang zum Sinn.

Die Quintessenz von Frankls Einsichten können wir folgenden Worten entnehmen, die von Yehuda Bacon

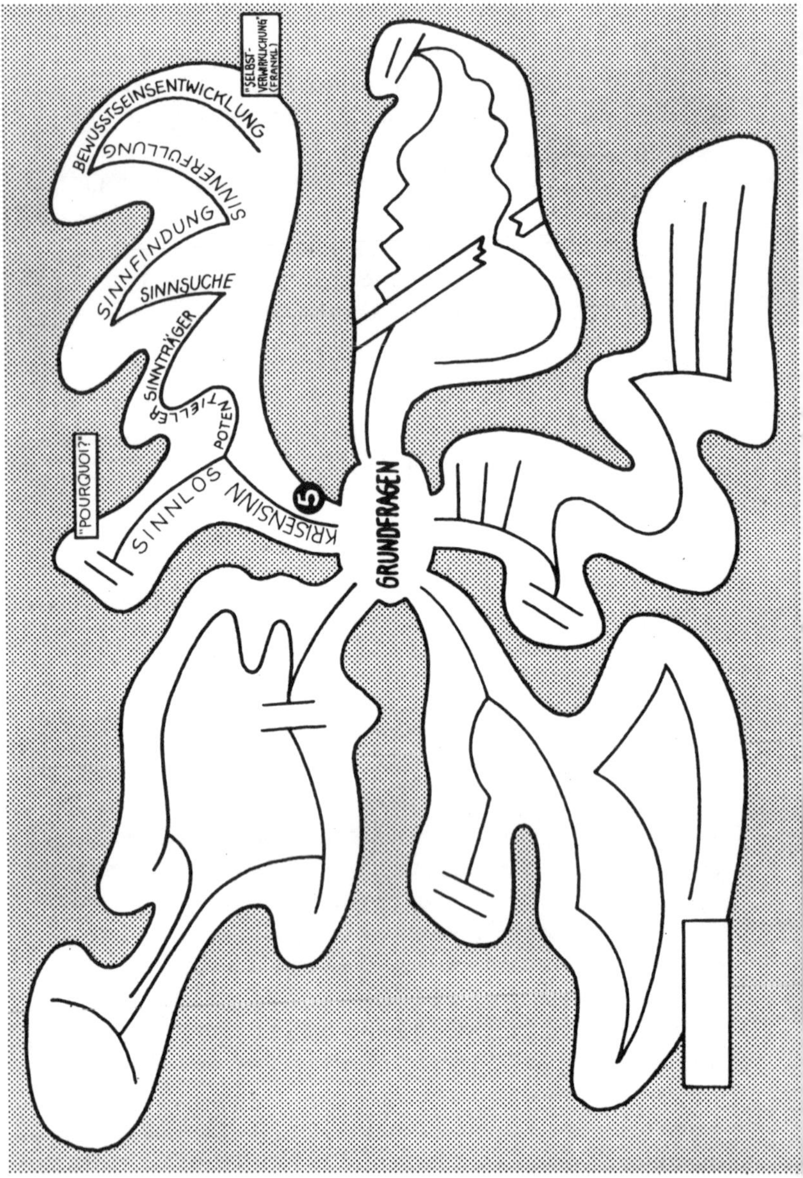
GRUNDFRAGEN
5
KRISENSINN
SINNLOS
"POURQUOI?"
POTENTIELLER
SINNTRÄGER
SINNSUCHE
SINNFINDUNG
SINNERFÜLLUNG
BEWUSSTSEINSENTWICKLUNG
"SELBST-VERWIRKLICHUNG" (FRANKL)

stammen, einem Menschen, der ebenfalls die Gefangenschaft in den Konzentrationslagern überlebt hat.

„Als Knabe dachte ich, ich werde der Welt schon sagen, was ich in Auschwitz gesehen habe – in der Hoffnung, die Welt würde einmal eine andere werden. Aber die Welt ist nicht anders geworden, und die Welt wollte von Auschwitz nichts hören. Erst viel später habe ich wirklich verstanden, was der Sinn des Leidens ist. Das Leiden hat einen Sinn, wenn *du selbst* ein anderer wirst.‘“[22]

Ein *anderer* Mensch wird man, wenn das Bewußtsein sich grundlegend wandelt. Und sofern jedermann und jedefrau bei sich selbst anfängt, werden wir am Ende vielleicht doch eine bessere Welt erleben.

> *Der Sinn eines Krisengeschehens liegt im Bewußtsein der betroffenen Person, und nicht im äußeren Kriseninhalt. Der äußere Anlaß mag sinnlos erscheinen; gleichwohl hat er Sinn, auch wenn unser Bewußtsein diesen Sinn noch nicht zu erkennen in der Lage ist. Wenn wir den Sinn einer Krise verstehen wollen, müssen wir ‚ein anderer Mensch‘ werden, d.h. eine Bewußtseinsentwicklung durchmachen.*

22 Zitiert nach Viktor E. Frankl: Das Leiden am sinnlosen Leben …, S. 34.

Bewußtsein und Krise

„Bewußtsein ist ... Quelle aller Vernunft und Unvernunft, alles Rechtes und Unrechtes, aller Realität und Fiktion, alles Wertes und Unwertes, aller Tat und Untat.“

(Edmund Husserl: Ideen ..., S. 213.

Dieses Kapitel beschäftigt sich mit dem *Bewußtsein* als dem *Ort* des Krisengeschehens. Im Bewußtsein schlägt die Krise wie der Blitz ein und löst Orientierungslosigkeit aus. Es ist das Bewußtsein, in dem sich die Welt plötzlich anders widerspiegelt. Die gewohnten und normalen Lebensvorgänge erfahren einen *Bruch*. Es ist, als hätte ein einziges Ereignis das bisherige Leben zerschlagen. Betroffene empfinden diesen Zufall als *höhere Gewalt*. An diesem Punkt, so scheint es, soll das Leben nicht in linearer Progression weitergehen. Ein neuer, noch unbekannter Weg bahnt sich an. Solche Umkehr stellt eine Herausforderung für das Bewußtsein dar, denn sie bedeutet in der Regel Unsicherheit und Angst.

Will man Krisen verstehen, muß man das, was sie im Bewußtsein „anrichten“, analysieren. Und auch das ist wiederum Sache des Bewußtseins. Der in ihm entstandene Bruch kann nur durch seine eigene Leistung behoben werden. Insofern ist das Bewußtsein nicht nur *Ziel* des Kriseneinschlages, sondern auch das einzige *Mittel* zur Behebung des „Schadens“.

Darin liegt der Grund, daß das Krisengeschehen das Bewußtsein auf sich selbst zurückwirft. Wohl in keiner anderen Lebenssituation fühlt sich der Mensch zu so tiefer Selbstbesinnung und Selbstreflexion angehalten wie in Krisensituationen. Krisen führen die Betroffenen zur Selbsterkenntnis, weil sie dem Bewußtsein einen Spiegel vorhalten. Im Verstehen eines äußeren Geschehens begreift der Mensch am Ende sich selbst. Die Selbsterkenntnis vollzieht sich, wie wir in den folgenden Abschnitten ausführen wollen, als geistiger Reifeprozeß.

- Im ersten Abschnitt wird die *Struktur des Bewußtseins untersucht. Was ist eine Struktur*? Was versteckt sich hinter diesem alltäglich gewordenen Ausdruck? Soviel sei schon angedeutet, daß die Struktur eine *weitgehend beständige Form*, eine Art Rahmen oder Gerüst, bezeichnet.
- Im zweiten Abschnitt analysieren wir den *Aufbauprozeß des Bewußtseins*. Welche Prozesse finden beim Aufbau des Bewußtseins statt? Im Gegensatz zur Struktur befindet sich der *Prozeß* in ständigem Fluß.
- Im dritten Abschnitt wird die Entwicklung des Bewußtseins dargestellt. Es wird gezeigt, wie das Bewußtsein im Zusammenspiel von Struktur und Prozeß *Erfahrungen* macht und *Erkenntnisse* gewinnt und sich dadurch entwickelt.
- Im vierten Abschnitt werden die *Stufen der Bewußtseinsentwicklung* dargelegt, und zwar von der untersten Stufe des Seins *ohne jegliches Wissen* bis hin zu der höchsten Stufe des *absoluten Wissens*.
- Im fünften Abschnitt wird nach dem *Sinn* dieser Entwicklung gefragt. Es wird gezeigt, daß das Bewußtsein in der Lage ist, seine eigene Entwicklung durch Sinnerfüllung zu fördern.
- Im sechsten Abschnitt schließlich wird gezeigt, wie das Bewußtsein den *Weg seiner eigenen Entwicklung* begreift. Es gelangt schließlich zum Selbst, und von hier zum höheren Selbst.

Wir haben in der Einleitung bei den Hinweisen zur Lektüre schon angemerkt, daß dieses Kapitel philosophisches Gedankengut enthält, das einige Ansprüche an die Leserinnen und Leser stellt. Bei aller didaktischen Bemühung um anschauliche Vermittlung kann es daher doch zu Verständnisproblemen kommen. In diesem Fall empfehlen wir, das Kapitel erst einmal zu überspringen und die Lektüre mit dem dritten Kapitel fortzusetzen.

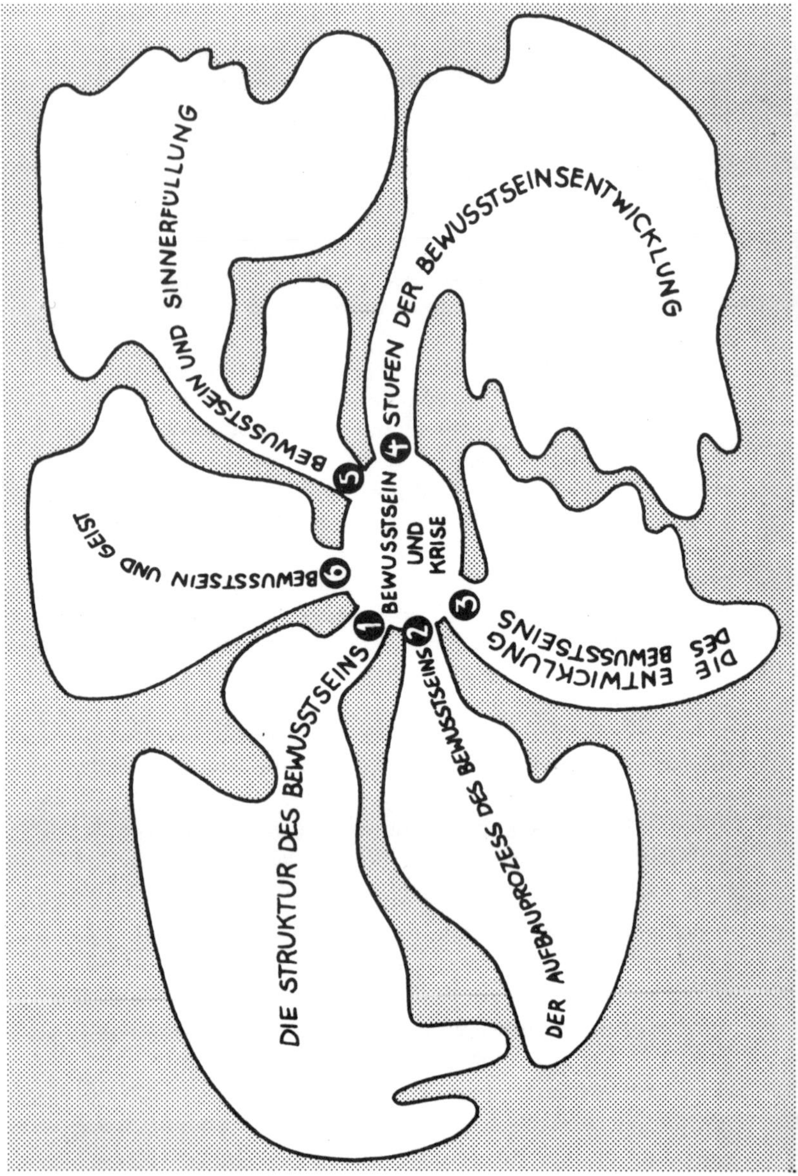
BEWUSSTSEIN UND KRISE
1 DIE STRUKTUR DES BEWUSSTSEINS
2 DER AUFBAUPROZESS DES BEWUSSTSEINS
3 DIE ENTWICKLUNG DES BEWUSSTSEINS
4 STUFEN DER BEWUSSTSEINSENTWICKLUNG
5 BEWUSSTSEIN UND SINNERFÜLLUNG
6 BEWUSSTSEIN UND GEIST

1. Die Struktur des Bewußtseins

Was ist eine *Struktur*? Dieser wissenschaftliche Terminus ist bereits in die Alltagssprache eingedrungen. *Struktur* verweist auf eine *weitgehend feste und beständige Form*, auf etwas, das sich nicht in kurzen Zeitabständen verändert. Zur Struktur gehören meist mehrere Formelemente, die zusammen einen Formkomplex bilden. Wir wollen das zunächst an einem einfachen, dann an einem komplexeren Beispiel verdeutlichen.

Die Form eines Tellers ist meist rund (einschließlich oval) und tief. Die beiden Formelemente *rund* und *tief* zeichnen sich durch ihre *weitgehende Konstanz* aus. Sie sind unabhängig von der Größe oder dem Material des Tellers. Der Teller kann also aus Ton, Zink oder Gold hergestellt sein, sein Durchmesser mag 15, 25 oder 50 cm betragen; gleichwohl bleibt die Form in jedem Fall *rund* und *tief*. Fehlt eines dieser beiden Formelemente, so können wir einen Gegenstand kaum noch als einen Teller bezeichnen. Beim Anblick einer runden, aber flachen Scheibe fällt uns nicht gerade die Bezeichnung *Teller* ein. Zur Form gehört mithin immer eine gewisse Beständigkeit, eine weitgehende Stabilität und Invarianz. Wenn mehrere Formelemente sich immer in derselben Weise ergänzen, dann können wir von einer *Struktur* sprechen.

Nun handelt es sich bei einem Teller um einen Gegenstand, den der Mensch geformt hat. Daß sich die runde und tiefe Form dabei als zweckmäßig erwies, bedeutet nicht, daß sich diese beiden Formgesichtspunkte ewig erhalten müssen. Ein Künstler könnte auf den Gedanken kommen, die runde Form zu verfremden und einen rechteckigen oder dreieckigen Teller herstellen. Nun zum komplexeren Beispiel:

Das menschliche Auge ist kugelförmig, es hat bestimmte „Elemente" wie Pupille, Iris, Linse, Hornhaut, Netzhaut, Sehnerv usw. Sie sind nicht zufällig, sondern bei jedem Auge in derselben Weise vorhanden. Hier läßt sich auch nichts gestalterisch verändern wie im Falle des Tellers. Es handelt sich um ein komplexes Gebilde, dessen Formelemente hohe Stabilität und Invarianz aufweisen. In einem solchen Fall spricht man von *Struktur*.

Fazit: *Eine Struktur zeichnet sich durch das Zusammenwirken von mehreren stabilen und invarianten Formelementen aus.*

Historisch und genetisch betrachtet, benötigt die Evolution *viel* Zeit, um eine Struktur hervorzubringen. Aber wenn diese einmal entstanden ist, dann bleibt sie auch über längere Zeiträume weitgehend unverändert. Sie bildet einen festen und stabilen Rahmen, innerhalb dessen *Prozesse* ablaufen. Im Falle des Auges handelt es sich um eine Reihe von Prozessen, die unter anderem auch dazu führen, daß wir die Welt optisch wahrnehmen. Obwohl die Struktur in der Regel die Prozesse in Gang setzt, gibt es zwischen den beiden eine ständige Wechselwirkung. Ohne *Prozesse* entsteht keine Struktur, ohne *Struktur* aber können die Prozesse nicht ablaufen. Was war nun zuerst da, die Struktur oder der Prozeß?

Jean Piaget, der Begründer der Genfer Schule der genetischen Epistemologie (vgl. „Anhang") nimmt diese Frage im Zusammenhang mit *Kognitionsprozessen* auf, also mit geistigen Vorgängen wie Lernen, Gedächtnis, Spracherwerb, Intelligenz usw. Wie steht es hier mit dem Zusammenhang von *Struktur* und *Prozeß*? Piagets Ansicht nach läßt sich ein *Anfang* im Sinne des Nullpunktes einer Linearität nicht ausmachen. Wir können nicht rekonstruieren, ob das Zusammenspiel von Struktur und Prozeß im kognitiven Bereich ursprünglich vom Prozeß oder von der Struktur ausgegangen ist. Dasselbe gilt entsprechend auch vom organischen und psychischen Bereich.

Verallgemeinernd stellt Piaget fest, daß es auf der

einen Seite der Prozesse bedarf, wenn es zur Ausbildung einer Struktur kommen soll. Auf der anderen Seite aber benötigen Prozesse, wenn sie zustande kommen sollen, erst einmal eine Struktur. Zwar kann „eine außerzeitliche Struktur aus einem temporellen Prozeß hervorgehen."[1] Aber die Frage ist: Wie können Prozesse ohne Struktur auch nur temporell stattfinden? Wir sehen, daß eine lineare Vorstellung von Anfang und Ende bei der Bestimmung der Struktur in die Irre führt.

Hier stoßen wir offenbar auf das bekannte Problem von Ei und Henne. Der Zusammenhang von *Struktur* und *Prozeß* kann nur als ein kreisläufiger und sich gegenseitig hervorbringender angenommen werden. Anders als polar ist das Problem nicht lösbar. Wir müssen annehmen, daß die Struktur den Prozeß zwar *setzt* (im Sinne von *hervorbringt*), zugleich aber unterstellen, daß der Prozeß die Struktur *voraussetzt.* Insofern kann weder die *Struktur* noch der *Prozeß* an den Anfang gestellt werden. Sie sind als die beiden polaren Hälften derselben Einheit zu betrachten. Das Ei und die Henne sind also eins in gedoppelter Erscheinungsform. Aus dem Ei geht die Henne hervor, und aus der Henne das Ei. Die Frage, was *zuerst* da gewesen sei, ist falsch gestellt, weil sie eine kreisläufige Bewegung in eine lineare aufzulösen suggeriert.

Es war nötig, an solchen Beispielen die Begrifflichkeit, die wir für das Verstehen und Bestehen von Krisen brauchen, einmal zu veranschaulichen, denn im Falle des Bewußtseins, in dem sich die Krise spiegelt, liegen die Dinge noch ein wenig komplizierter. Wir können das *Bewußtsein* weder sehen noch anatomisch sezieren und vorführen. Das können wir mit dem Gehirn tun,

1 Jean Piaget: Genese und Struktur in der Psychologie. In: Dieter Lenzen (Hrsg.): Die Struktur der Erziehung und des Unterrichts. Kronberg 1976, S. 41–52, Zitat: S. 52.

aber Gehirn und Bewußtsein sind nicht dasselbe. Das Bewußtsein ist wesentlich umfassender als bloß *Denken, Lernen, Erkennen, Empfinden, Handeln, Erleben, Urteilen* usw. Bewußtsein ist das *Gesamt unserer Weltwahrnehmung* und das dichte Begriffsnetz, das unsere individuelle Welt zusammenhält. Der Philosoph Edmund Husserl, der sich mit dem Phänomen eingehend befaßt hat, schreibt einmal lapidar: „Bewußtsein ist […] Quelle aller Vernunft und Unvernunft, alles Rechtes und Unrechtes, aller Realität und Fiktion, alles Wertes und Unwertes, aller Tat und Untat."[2] Wir können festhalten:

Bewußtsein umfaßt alles, was wir körperlich, seelisch und geistig tun oder erleiden, erkennen oder empfinden. In unserem Bewußtsein baut sich die Welt auf. In jedem Bewußtsein spiegelt sich die Welt modellhaft und individuell wider. Die Welt verändert ihr Gesicht, wenn sich unser Bewußtsein von ihr ändert.

Philosophie, Erkenntnistheorie, Psychologie und andere wissenschaftliche Disziplinen haben sich intensiv mit diesem Phänomen befaßt. Um das Jahr 1900 hat Sigmund Freud, der Begründer der Psychoanalyse, sogar das Unbewußte entdeckt. Motive, die uns unbewußt sind, können unser Verhalten und unsere Einstellungen massiv beeinflussen. Diese revolutionäre Feststellung ist seitdem zum Gegenstand des Bewußtseins und Bewußtwerdens erhoben worden. Die psychoanalytische Heilung verfolgt das Ziel, gerade diese Motive

2 Edmund Husserl: Ideen zu einer reinen Phänomenologie und phänomenologischen Philosophie. Erstes Buch: Allgemeine Einführung in die reine Phänomenologie. Husserliana Band III, 1, hrsg. von Walter Biemel. Den Haag 1950, S. 213.

aus dem Dunkel des Unbewußten ins Licht des Bewußtseins zu rücken. Nur so nämlich verlieren sie ihre quälende Wirkung.[3]

Die Grundfrage aller Bewußtseinstheorie lautet: *Wie erkennt der Mensch die Welt*? Oder: Was geschieht eigentlich, wenn wir eine *Erfahrung* machen (etwas erkennen, empfinden, erleben usw.)? Wird da etwas in unserem Kopf gleichsam eingemeißelt, in unsere Seele eingeritzt oder in unserem Gedächtnis gespeichert? Allgemeiner formuliert: *Wie kommt das Subjekt zum Objekt*? Und in dieser Frage zeigt sich auch schon das Wesentliche, das Invariante des Begriffs, nämlich seine Struktur. Sie besteht aus einem Subjekt-Objekt-Verhältnis. Zwischen dem Subjekt und einem äußeren Objekt findet eine Verknüpfung, Verschmelzung oder Vereinigung statt. Der philosophische Ausdruck dafür lautet „Synthesis“ (Zusammensetzung, Zusammenfügung).

Definition des Bewußtseins:
„Gegenstände, Dinge, kurzum Welt auf der einen, Ich, Subjekt(ivität), Selbst auf der anderen Seite“.[4]

Wenn nun eine Verschmelzung von *Ich* und *Welt* stattfindet, so kann diese Syntheseleistung nicht der *Welt* als solcher zugeschrieben werden. Vielmehr steckt darin eine Ich-Leistung (also eine Erkenntnis, ein Lernprozeß, eine Erfahrung usw.). Diese Leistung vollbringt das *Bewußtsein des erkennenden, lernenden, erfahrenden Subjekts.* Alle Welterfahrung, die wir machen, ist eine Erfah-

3 Sigmund Freud: Das Unbewußte. In: Gesammelte Werke. Band X. Frankfurt a.M. 1946, S. 264–303. Sigmund Freud: Die Traumdeutung. Gesammelte Werke. Band II/III. Frankfurt a.M. 1942, insbes. S. 614–626.

4 Vgl. A. Diemer: Stichwort „Bewußtsein“. In: Joachim Ritter (Hrsg.): Historisches Wörterbuch der Philosophie. Band 1, Basel 1971, Spalte 888.

rung unseres Bewußtseins. Ihm und seiner Syntheseleistung verdanken wir, daß wir die Welt und ihre Objekte wahrnehmen, erkennen, erleben, bewerten, einordnen usw.

Die Struktur des Bewußtseins zeichnet sich durch ihre Synthesetätigkeit aus, durch die Subjekt und Objekt miteinander verschmelzen und wir eine Erfahrung machen.

Zur Verdeutlichung ein Beispiel:
Wenn wir (als Subjekte) *zum ersten Mal* eine Zitrone (ein Objekt) sehen, haben wir keine Vorstellung von dem Geschmack dieser Frucht. Unser Bewußtsein verfügt in bezug auf diese Frucht noch über keinerlei Erfahrung. Für das *Ich* ist die Zitrone ein äußeres und unbekanntes Stück *Welt.* Wir können auch feststellen: Was die Zitrone anbetrifft, hat das Bewußtsein noch keine Subjekt-Objekt-Synthese geleistet.

Essen wir aber diese Frucht einmal, dann erleben wir ihren sauren Geschmack. Unser Bewußtsein hat jetzt eine erste *Erfahrung* mit der Zitrone gemacht. Jetzt hat zwischen dem *Ich* und diesem Stück *Welt* eine Synthese stattgefunden, in diesem Fall sozusagen eine saure. Wiederholt sich dieses Erlebnis, so entsteht eine stabile Erfahrung, die zu einer Erkenntnis, einer Überzeugung, Einstellung usw. führt.

In dieser Weise sammelt unser Bewußtsein eine Erfahrung nach der anderen. Wir können auch sagen: So baut sich in unserem Bewußtsein die Welt Stück für Stück auf. Nach jeder Subjekt-Objekt-Synthese wird ein Stück *Welt* in das *Ich* aufgenommen und mit ihm verschmolzen. Dieses Stück ist dann dem Bewußtsein nicht mehr fremd und befindet sich nicht außerhalb seiner, sondern in ihm. *Jeder äußere Gegenstand verwandelt sich nach der Subjekt-Objekt-Synthese in einen inneren Gegenstand. Nach jeder Synthese entsteht somit im Bewußtsein ein Erfahrungsgegenstand.* Da Erfahrungsgegenstände als Ergebnisse oder Erträge von Bewußtseinstätigkeit betrachtet werden müssen, werden wir sie von nun an auch *Bewußtseinsgegenstände* nennen.

Das Wort *Gegenstand* sollte keine auf *Dinge* oder *Sachen* eingeschränkte Vorstellung hervorrufen. Es meint viel mehr als bloß Dinge. Darunter fallen Wahrnehmungen ebenso wie Gefühle, Erlebnisse ebenso wie Erkenntnisse. Wir verweisen auf das Zitat von Husserl. So merkwürdig es auch klingen mag, – die Zitrone befindet sich nach der Subjekt-Objekt-Synthese nicht mehr nur außerhalb des Subjekts, sondern auch in ihm, nämlich in seinem Bewußtsein. Wir brauchen bloß an eine Zitrone zu denken – und schon läuft uns das Wasser im Munde zusammen. Die Synthese von *Ich* und *Welt* hat im Falle der Zitrone die Erfahrung „schmeckt sauer" im Bewußtsein eingepflanzt. Jede Zitrone wird fortan im Bewußtsein an dieselbe Erfahrung erinnern, dieselbe Erinnerung wachrufen und dieselbe Reaktion auslösen, und zwar auch ohne daß wir jedes Mal die Zitrone in den Mund zu nehmen brauchen. Aus einem äußeren Gegenstand ist durch die Subjekt-Objekt-Synthese ein innerer Gegenstand oder ein *Bewußtseinsgegenstand* geworden. Das Bewußtsein ist jetzt um diesen Gegenstand reicher geworden; es hat eine neue *Erfahrung* gemacht. Sollten wir einmal in eine Zitrone beißen, die süß schmeckt, steht unser Bewußtsein plötzlich vor einem Rätsel. Das Bewußtsein erlebt in diesem Fall sozusagen eine Überraschung, eine Enttäuschung, einen *Bruch*. Von nun an wird die bisherige „Zitronen-Erfahrung" differenziert, während sie vor dieser Überraschung als fest und unerschütterlich schien.

Wir werden diesen Gedanken auf die Krisenerfahrung übertragen, denn auch im Falle der Krise erlebt unser Bewußtsein einen *Bruch* der bisherigen Wahrnehmungen und Erkenntnisse. Halten wir vorerst fest: Durch die Synthese von Subjekt und Objekt entsteht ein innerer Gegenstand, eine vom Bewußtsein selbst erschlossene Erfahrung (ein Wissen, ein Erlebnis, eine Empfindung usw.). Das nennen wir einen *Bewußtseinsgegenstand.* Bewußtseinsgegenstände sind also Produkte von Erfahrungsprozessen im Bewußtsein; sie stellen gleichsam vorzeigbare Leistungen des Bewußtseins dar.

Durch diese Analyse kommt die *Struktur des Bewußtseins* zum Vorschein. Sie zeichnet sich durch die Leistung der Subjekt-Objekt-Synthese aus. Aufgrund dieser Leistung bauen wir unser Weltbild auf. Wir erleben und erkennen die Welt in dem Maße, in dem unser Bewußtsein mit ihr verschmilzt. Daß das Bewußtsein eine synthetische Leistung erbringt, liegt in seiner Struktur. Das Bewußtsein besteht aus zwei polaren Hälften, dem *Ich* auf der einen Seite und der *Welt* auf der anderen. Deren Verschmelzung ist eine Syntheseleistung.

Bevor wir die Syntheseleistung des Bewußtseins auf die Krisenerfahrung übertragen, fassen wir die wichtigsten Punkte zusammen:

- Das Bewußtsein weist eine Struktur auf, die durch die Polarität *Ich/Welt* gekennzeichnet ist.

- Diese polare Struktur ermöglicht es dem Bewußtsein, Weltgegenstände ins Ich hereinzuholen, wodurch das Bewußtsein *Erfahrungen* macht (Beispiel: Zitrone).

- Diese Erfahrung stellt eine *Verschmelzung, eine Synthese von Ich und Welt dar. Sie ist der Lern- und Erkenntnisprozeß*, der aufgrund der vorhandenen Bewußtseinsstruktur ermöglicht wird.

- Mit jeder neuen Erfahrung erschließt sich das Bewußtsein ein Stück *Welt*, einen neuen *Gegenstand.* Er befindet sich von nun an *im* Bewußtsein und heißt daher Bewußtseinsgegenstand.

Übertragen wir nun diese Analyse der Bewußtseinsstruktur auf den Gegenstand *Krise*! Wir können zunächst feststellen, daß jedes Krisenereignis ein Objekt darstellt, das sich dem Subjekt gleichsam schicksalhaft zur Synthese aufdrängt. Mehr noch: Wann immer wir von *Krise* sprechen (z. B. Tod, Verlust, Krankheit, Unfall o.ä.), hat bereits eine Synthese zwischen Subjekt und Objekt stattgefunden, d.h. das Bewußtsein hat schon eine neue Erfahrung gemacht. Das Problem liegt nun darin, daß das Bewußtsein seine neue Erfahrung und seinen neuen Gegenstand zunächst emotional nicht verkraften kann und wahrhaben will, wie wir bei den Phasenmodellen gesehen haben (vgl. „Wie verlaufen Krisen?“). Sodann braucht das Bewußtsein eine gewisse Zeit, um sich an die eigenen, neuen Gegenstände, beispielsweise an die veränderte Weltsicht, zu gewöhnen. Daran erkennen wir, daß das Bewußtsein nicht als eine rein intellektuelle oder rationale Angelegenheit aufgefaßt werden darf.

Wichtig ist, daß eine Krise nicht ein äußeres Objekt (also nicht etwa eine Beziehung, ein Leben, eine Karriere usw.) erschüttert. Was die Krise zerstört, sind – recht besehen – einige bis dato vollzogene Syntheseleistungen des Bewußtseins, d.h. einige Bewußtseinsgegenstände.

Die Krise zerstört im Grunde ein Weltbild, das als die bisherige Syntheseleistung des Bewußtseins betrachtet werden darf. Mühsam erarbeitete Bausteine des Bewußtseins fallen wie ein Kartenhaus in sich zusammen. Indem die Krise einen Teil der Bewußtseinsgegenstände zerschlägt, macht sie auch einen Teil des Aufbaus der Welt im Ich zunichte.

Nicht die Welt als die äußere Realität geht zu Bruch, sondern der subjektive Aufbau; nicht *die* Welt, sondern *meine* Welt erleidet einen Bruch. Darin liegt der Grund, weshalb die Lösung des Problems bei der Krisenbewältigung nicht außerhalb der betroffenen Person (sozusagen im Kriseninhalt) liegen kann, sondern vielmehr in ihrem Innern, d.h. im Bewußtsein. Die Analyse der Bewußtseinsstruktur, angewandt auf die Krise, erlaubt nachstehende Schlußfolgerungen:

1. Die Empfindung eines Bruchs in der Normalität und Kontinuität des bisherigen Lebens ist *keine objektive Angelegenheit*, sondern spiegelt vielmehr den subjektiven Eindruck eines Bruchs in einer individuellen Bewußtseinslage wider.
2. Ändert sich diese Bewußtseinslage, so verliert der Bruch seinen destruktiven Charakter und verwandelt sich in einen konstruktiven Aufbruch zum Sinn.
3. Krisenbewältigung setzt Bewußtseinswandel voraus. Wer bei seinem alten Bewußtsein verharren will, kann die Krise weder verstehen noch überstehen.

Um aus einer Krisensituation herauszukommen, gibt es also logischerweise zwei Möglichkeiten. Zum einen sollten wir – wenn irgend möglich – versuchen, das äußere Geschehen zu ändern, wodurch sich an unserer derzeitigen individuellen Bewußtseinslage nichts zu ändern braucht. Warum sollten wir auch ein mühsam aufgebautes Weltverständnis ohne weiteres preisgeben?

Wenn aber nun das äußere Geschehen *schicksalhaft* nicht zu ändern ist, – und von solchen Fällen handelt dieses Buch – dann bleibt uns keine andere Wahl, als unsere gegenwärtige Bewußtseinslage in der Zuversicht und im Vertrauen darauf zu erweitern und zu vertiefen, daß auch das sinnloseste Geschehen Sinn haben kann – einen Sinn allerdings, den unser Bewußtsein *derzeit noch nicht fassen kann*. Um den möglichen Sinn dennoch zu begreifen, muß das Bewußtsein reifen, d.h. sich entwickeln. Wie das vor sich geht, werden wir in den nächsten Abschnitten sehen.

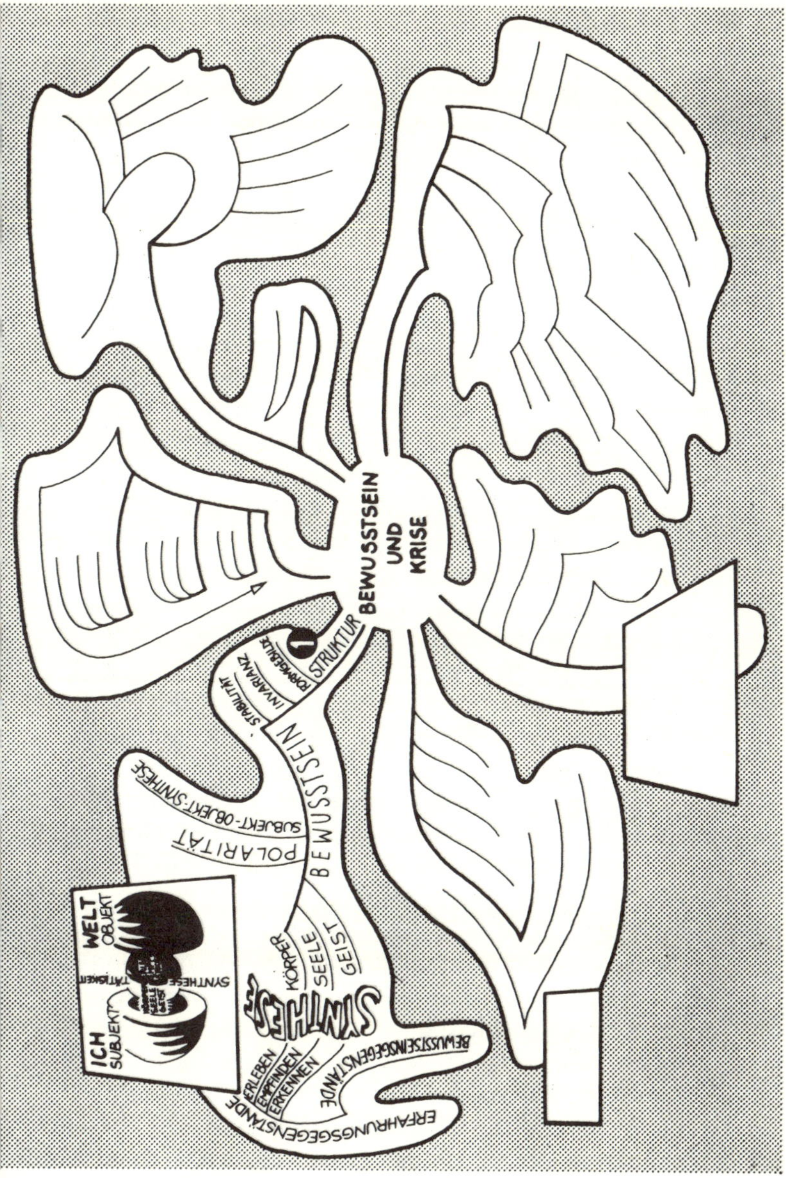
BEWUSSTSEIN
UND
KRISE
1
STRUKTUR
INVARIANZ
STABILITÄT
BEWUSSTSEIN
POLARITÄT
SUBJEKT-OBJEKT-SYNTHESE
KÖRPER
SEELE
GEIST
SYNTHESE
ERLEBEN
EMPFINDEN
ERKENNEN
BEWUSSTSEINSGEGENSTÄNDE
ERFAHRUNGSGEGENSTÄNDE
ICH
SUBJEKT
WELT
OBJEKT
SYNTHESE
TÄTIGKEIT

2. *Der Aufbauprozeß des Bewußtseins*

Wie geht der Aufbauprozeß unseres Bewußtseins vor sich? Um diese Frage zu entfalten, erinnern wir an den Begriff *Bewußtseinsgegenstände.* Sie entstehen, wie wir im vorausgegangenen Abschnitt gesehen haben, durch die Syntheseleistung des Bewußtseins. Wann immer also unser Bewußtsein eine Synthese von *Ich* und *Welt* vollbringt, macht es nicht nur eine *Erfahrung,* sondern es gewinnt diese Erfahrung als einen *Inhalt.* Der Inhalt der Erfahrung in unserem Zitronen-Beispiel lautet: *Sie schmeckt sauer.* Zu diesem Inhalt bzw. Bewußtseinsgegenstand gehören eine Reihe von Wahrnehmungen (Farbe der Zitrone), Empfindungen (Reiz der Geschmacksnerven, Miene verziehen etc.), Erlebnisse (Sonnenschein, Durst, kühles Getränk o.ä.), Erkenntnisse usw. All das kristallisiert sich in unserem Bewußtsein zu einer Erfahrung, deren Inhalt ein selbstproduzierter Gegenstand ist.

Mit dem Ausdruck *Aufbauprozeß des Bewußtseins* sollen diejenigen Prozesse bezeichnet werden, durch die sich das Bewußtsein mit solchen Inhalten, die wir *Bewußtseinsgegenstände* genannt haben, füllt. Solche Bewußtseinsgegenstände haben für das Bewußtsein einen *Sinn.* Der Rest der *Welt,* den unser Bewußtsein noch nicht synthetisiert hat, ist noch nicht in Sinn verwandelt. Wir können also sagen: Mit jeder Synthese erzeugt unser Bewußtsein nicht irgendeinen Gegenstand, sondern eigentlich einen *Sinngegenstand.*

Nun müssen wir diese Sinngegenstände als *Bausteine des Bewußtseins* betrachten, denn das Bewußtsein besteht aus nichts anderem als eben aus diesen Sinngegenständen. Wie Bausteine werden sie Stück für Stück gesammelt, systematisch geordnet, durch neue Sinngegenstände relativiert, umstrukturiert und zu einem architektonischen Gebilde zusammengesetzt, das dann unser Weltbild repräsentiert. Dieser Aufbauprozeß fängt mit der Geburt an und dauert im Prinzip bis zum Tode. Er ist der Prozeß, durch den sich das Bewußtsein aufbaut, indem es sich mit Sinn füllt.

Somit besteht das Bewußtsein aus einem Netz von selbstproduzierten Sinngegenständen. Der Aufbauprozeß des Bewußtseins läßt sich insgesamt als eine *Sinn- und Selbstproduktion* darstellen. Alles, was wir im Laufe unseres Lebens erleben, erfahren, erkennen, empfinden, erlernen usw., geht auf den Prozeß der Sinnproduktion unseres Bewußtseins zurück. Husserl formuliert das folgendermaßen:

„Bewußtsein ist eben Bewußtsein ‚von' etwas, es ist sein Wesen, ‚Sinn', sozusagen die Quintessenz von ‚Seele', ‚Geist', ‚Vernunft' in sich zu bergen. Bewußtsein ist nicht ein Titel für ‚psychische Komplexe', für zusammengeschmolzene ‚Inhalte', für ‚Bündel' oder Ströme von ‚Empfindungen', die, in sich sinnlos, auch in beliebigem Gemenge keinen ‚Sinn' hergeben könnten."[5]

Wir können somit schließen: Der Prozeß der Synthesetätigkeit des Bewußtseins führt zum Aufbau einer sinnvollen Welt im Ich. Indem *Ich* und *Welt* miteinander verschmelzen, entstehen Sinnbausteine, und aus diesen besteht das Bewußtsein selbst. Das Besondere und für die Philosophen seit jeher Faszinierende an diesem Prozeß liegt in der *Identität von Sinnproduktion und Selbstproduktion.* Indem sich das Bewußtsein unentwegt Welt aneignet, baut es im Grunde sich selbst auf. Denn das, was am Ende dieses Prozesses entsteht, ist nichts anderes als das Bewußtsein selbst. *Bewußtseinsgegenstände sind nichts anderes als Sinngegenstände, d.h. Bausteine, aus denen sich das Bewußtsein selbst zusammensetzt.*

Mit jedem Bewußtseinsakt erkennen, erleben, emp-

5 Edmund Husserl: Ideen ... Husserliana Band III, 1, S. 212.

finden oder erlernen wir entweder etwas Neues, oder wir erfahren eine Bestätigung für das, was wir schon wissen und können. Ob wir nun Dinge neu lernen oder neue Dinge lernen, ob wir alte Dinge in der alten Weise bestätigt finden oder sie revidieren lernen – in jedem dieser Fälle verwandelt unser Bewußtsein ein Stück *Welt* in *Sinn*, *Fremdes* in *Selbst*. Das Ergebnis dieses unentwegten Prozesses ist der Aufbau des Bewußtseins. Das aber sind *wir* in unserem Werdegang, *wir* mit unseren Ansichten und Einsichten, Urteilen und Vorurteilen, Gefühlen und Einstellungen, Erkenntnissen und Fähigkeiten. *Das Selbst besteht aus dem, was das Bewußtsein aus sich gemacht hat.* Das Selbst befindet sich auf einem unendlichen Weg des Aufbaus und der Entwicklung. Das ist, näher besehen, ein Weg zu sich selbst; aber er führt über Fremdes, über *Welt*.

Worin unterscheidet sich der Aufbauprozeß des Bewußtseins von dem einer Tiefgarage oder eines Hochhauses? Nun, bei diesen Bautätigkeiten erzeugen Menschen etwas. Die Tätigkeit einer Person oder einer Personengruppe bezieht sich auf Objekte. Ganz anders verhält es sich hingegen im Fall der Aufbauarbeit unseres Bewußtseins. Hier entsteht am Ende nicht ein Etwas, sondern das Selbst. Diese Tätigkeit nennt man *selbstreferentiell* oder selbstreflexiv, d.h. selbst- oder rückbezüglich.

Um das Ausmaß der Selbstreferenz einigermaßen einschätzen zu können, sollten wir uns einmal eine Ziegelsteinfabrik vorstellen, die sozusagen von selbst aus dem Boden wächst. Das Gebäude baut sich selbst, die Maschinen ebenfalls, auch die Produktion läuft von selbst. Was in diesem Beispiel so merkwürdig klingt, geschieht in der Tat im Falle des Aufbauprozesses unseres Bewußtseins. Es ist das Bewußtsein selbst, das alle seine Bausteine zusammenträgt. Das Bewußtsein entsteht durch sich selbst und besteht aus nichts anderem als aus denjenigen Bausteinen, die es selbst produziert hat.

Alles, was sich das Bewußtsein erarbeitet, ist nicht nur eine Selbstleistung, sondern wird sofort zu seinem integralen Bestandteil. Nichts kann außerhalb des Bewußtseins erzeugt und ihm dann verabreicht werden. Es selbst ist sein eigener Produzent, zugleich aber auch das Aufbauprodukt und der Aufbauprozeß. Das Bewußtsein ist ein sich selbst organisierendes System, ein sich selbst produzierender Prozeß und ein sich selbst hervorbringendes Produkt – alles in einem.

In der neuerdings berühmt gewordenen biologischen Erkenntnistheorie spricht man in einem solchen Fall von „Selbstorganisation" bzw. „Autopoiesis" (auto = selbst; poiesis = machen). Der Begriff stammt von dem chilenischen Biologen und Erkenntnistheoretiker Humberto Maturana, der in seinem bahnbrechenden Buch „Der Baum der Erkenntnis"[6] nachgewiesen hat, wie sich lebende Systeme autopoietisch erzeugen. Das scheint für ein relativ einfaches System wie eine Zelle ebenso gültig zu sein wie für viel kompliziertere Systeme wie etwa das Nervensystem. Aber auch über die biologischen oder organischen Systeme hinaus behält die Theorie der Selbstorganisation (der autopoietischen Systeme) ihre Gültigkeit, z.B. bei der Untersuchung psychischer, geistiger oder gesellschaftlicher Zusammenhänge. Auch diese können als autopoietische Systeme beschrieben werden. Insofern haben wir es hier mit einer universellen Erkenntnistheorie zu tun, die auch für den Aufbauprozeß unseres Bewußtseins gültig ist.

Wenn das Hauptmerkmal eines autopoietischen Systems in der Identität von Prozeß und Produkt liegt, so ist das Bewußtsein natürlich auch als ein solches System zu betrachten. Maturana zufolge kennen die autopoietischen Systeme „keine Trennung zwischen Erzeuger und

6 Humberto Maturana/Francisco Varela: Der Baum der Erkenntnis. Die biologischen Wurzeln des menschlichen Erkennens. Bern 1987.

Erzeugnis. Das Sein und das Tun einer autopoietischen Einheit sind untrennbar, und dies bildet ihre spezifische Art von Organisation.“[7]

Diese Bestimmung trifft, wie Niklas Luhmann dargelegt hat, in vollem Umfang auch für den Aufbauprozeß des Bewußtseins zu. Luhmann schreibt: „Die Elemente des Bewußtseins werden gewonnen als Modifikationen der Elemente des Bewußtseins. Das Bewußtsein existiert als Selbsttransformation“. Aufschlußreich ist zudem Luhmanns Feststellung, daß die Autopoiesis des Bewußtseins dazu führt, daß das System sich selbst ständig gegen Zerfall schützt, und zwar durch Neubildung. Dadurch schafft es „gleichsam aus innerer Notwendigkeit“ heraus eine irreversible Geschichte.[8]

Wir halten das für eine bedeutsame Erkenntnis und werden sie im nächsten Abschnitt noch vertiefen. Denn darin offenbart sich die *innere Tendenz des Bewußtseins*, seine gleichsam vorwärtsgerichtete Geschichte. Mit anderen Worten: Hinter das einmal erreichte Bewußtseinsniveau können wir – aus innerer Notwendigkeit – nicht wieder zurückfallen. Wir sind von Natur aus darauf ausgerichtet, uns vorwärts zu entwickeln.

Als Ergebnis halten wir mit einer Formulierung von Maturana folgendes fest: Biologisch, psychologisch, soziologisch, aber darüber hinaus vor allem erkenntnistheoretisch bedeutsam ist die Einsicht, daß autopoietische Systeme „den Anfang jenes strukturellen Werdens, dem auch wir entstammen“, bilden.[9] Alle autopoietischen Systeme – vornehmlich das Bewußtsein – weisen eine *innere Tendenz* zum Werden auf, d.h. zur irreversiblen Entwicklung. Wir sagen zwar Bewußt*sein*, in

7 Maturana/Varela: Der Baum der Erkenntnis..., S. 56.
8 Niklas Luhmann: Die Autopoiesis des Bewußtseins. In: Alois Hahn/Volker Kapp (Hrsg.): Selbstthematisierung und Selbstzeugnis: Bekenntnis und Gedächtnis. Frankfurt a.M. 1987, S. 27.
9 Maturana/Varela: Der Baum der Erkenntnis..., S. 58.

Wahrheit handelt es sich aber um ein ständiges Bewußt*werden*, um ein autopoietisches System, das nicht im Sein verharrt, sondern sich unentwegt fortentwickelt. Der Aufbauprozeß des Bewußtseins besteht somit in einem unabschließbaren Prozeß des Werdens. Demzufolge heißt Mensch*sein* eigentlich ein unendlicher Prozeß des Mensch*werdens*.

Autopoiesis oder Selbstorganisation hat auch eine beachtenswerte Bedeutung in der Physik gefunden, die man üblicherweise für eine Wissenschaft hält, die nicht – wie die Biologie – mit lebenden Systemen zu tun hat. Der Nobelpreisträger Ilya Prigogine hat in seinem Buch „Vom Sein zum Werden"[10] gezeigt, daß auch die physikalische Weltsicht mit Begriffen der Selbstorganisation erklärbar ist. Prigogine interpretiert die klassische Mechanik und die Quantenmechanik als eine Physik des „Seins", die Thermodynamik hingegen, die er als eine „Erscheinung der Selbstorganisation" auffaßt, als eine Physik des „Werdens".

Was hat nun eine solche Feststellung mit dem Aufbauprozeß des Bewußtseins zu tun? Nun, die klassische Physik, wie sie sich dem Bewußtsein darbot, war eine *abgeschlossene* physikalische Theorie. Die Thermodynamik hingegen ist eine *offene* Theorie, deren Zentrum Prigogine mit dem Terminus „Irreversibilität" beschreibt. Die Welt verharrt nicht, auch verläuft sie nicht mechanisch. Das wäre gerade kein Merkmal lebender Systeme. Vielmehr haben lebende Systeme „einen Sinn für Zeitrichtung."[11] Die Irreversibilität, die man als einen *inneren Drang* oder eine *innere Tendenz* lebender Systeme zum Werden und zur Selbstentwicklung verstehen muß, erschließt der Physik eine lebendige Weltsicht. „Die Irreversibilität führt unerwartete Merkmale

10 Ilya Prigogine: Vom Sein zum Werden. Zeit und Komplexität in den Naturwissenschaften. München 1979, 5. Auflage, 1988.

11 Prigogine: Vom Sein zum Werden ..., S. 16.

ein, die, richtig verstanden, den Schlüssel für den Übergang vom Sein zum Werden liefern."[12] Und das bedeutet, „daß wir von einer geschlossenen Welt, in der alles gegeben war, zu einer neuen Welt gelangen, die offen ist für Schwankungen und Erneuerungen."[13]

Erinnern uns die Ausdrücke, „Schwankung" oder „Erneuerung" nicht an *Ungleichgewicht, Bruch* und *Krise*? Offenbar gehört der Bruch, den eine Krise im Bewußtsein verursacht, zum unverzichtbaren Bestandteil des selbstorganisierten Aufbauprozesses unseres Bewußtseins. Ohne Schwankung keine Erneuerung, ohne Krise keine Entwicklung! Ist es nicht merk- und denkwürdig, daß sich das Bewußtsein einem Schwankung verursachenden Ereignis gegenüber zunächst vehement verschließt und es am liebsten nicht wahrhaben will? Es ist deshalb *merkwürdig*, weil kein selbstorganisierendes System seine eigene Erstarrung eigentlich wollen kann; und es ist *denkwürdig*, weil jedes autopoietische System die Schwankung als einen notwendigen Teil seiner Entwicklung aufnehmen und in sich integrieren muß. Das Bewußtsein kann nicht anders als den Bruch als Moment seiner Selbstwerdung zu verstehen. Dies zu begreifen – darin liegt der irreversible Weg seines Reifens.

Trotzdem: Es ist ein erhebliches Problem zu akzeptieren, daß ein einziger neu erzeugter Sinn einen großen Teil der Mühe, die die bisherige Sinnproduktion in Anspruch genommen hat, zunichtemacht. Dies ist es, was wir in der Krise erleben und was uns so schwerfällt. Das Bewußtsein kann und will daher verständlicherweise nicht wahrhaben, daß das ganze, mühsam aufgebaute Selbst- und Weltbild (oder auch nur ein Teil davon) plötzlich einstürzt. Dagegen leistet es Widerstand. Es

12 Prigogine: Vom Sein zum Werden ..., S. 20.
13 Prigogine: Vom Sein zum Werden ..., S. 223.

will, wie wir in den Verlaufsanalysen gesehen haben, den Sinnbruch nicht wahrhaben.

Zur Verdeutlichung ein Beispiel:
Ralph, ein vierjähriger, zarter und blaß-blonder Junge, beherrschte seine Schließmuskeln nicht. Nachts vor allem hatte er besonders große Probleme, trocken zu bleiben. Aber auch wenn er plötzlich erschrak, urinierte er leicht. Als seine Mutter einmal vor anderen Kindern darüber berichten wollte, steckte er seine beiden Zeigefinger in die Ohren. Im Prinzip wußte er genau, wovon die Rede war. Aber die Wahrheit nicht zu hören, machte sie ihm offenbar erträglicher. Er wollte die Wahrheit einfach nicht „Schall"-haben. Das half ihm ein wenig, die Schmach vor den anderen Kindern zu ertragen, löste aber sein Problem nicht.

Geht es uns nicht in gewisser Weise ähnlich, wenn wir von einer Krise heimgesucht werden? Die Sache steht unabänderlich vor uns, ja ist bereits in unser Bewußtsein eingedrungen, denn die Angelegenheit hat schon Sinngestalt angenommen und ist damit zum Gegenstand unseres Bewußtseins geworden. Aber das Bewußtsein wehrt sich noch gegen diesen Sinn. Es empfindet ihn gleichsam als Zumutung, denn der neue Sinngegenstand will den bisherigen Ablauf der Sinnproduktion umwälzen. Nun leistet das Bewußtsein Widerstand, aber wogegen richtet sich dieser Widerstand? Doch letztlich gegen einen der eigenen Sinngegenstände, d.h. gegen einen Teil seiner Selbst. Es ist ein Selbstwiderstand. Die nähere Betrachtung der Vorgänge der Sinnproduktion im Aufbauprozeß des Bewußtseins rücken die Reaktion des Nichtwahrhabenwollens ins richtige Licht. Hier will das Bewußtsein gleichsam gegen die Gesetze seines eigenen Aufbauprozesses, gegen seine *innere Tendenz* angehen.

Die Abspaltung eines Teils seiner selbst oder dessen Verleugnung ist übrigens möglich. Aber das fordert einen hohen Preis: gespaltenes Selbst! Wer die Logik des Aufbauprozesses der Bewußtseinsentwicklung nicht begreift und sich selbst oder andere an dieser Aufbauarbeit hindert, braucht sich über die Folgen nicht zu wundern. Es liegt in der Natur des Bewußtseins, äußere Objekte von ihrer *Sinnlosigkeit* zu befreien und sie unentwegt in subjektive Sinngegenstände zu verwandeln. Das ist der Entwicklungsweg des Bewußtseins. Im Falle des Selbstwiderstandes will das Bewußtsein aber gleichsam den Gang seiner eigenen *inneren Tendenz* überlisten und den irreversiblen Prozeß seines Selbstaufbaus rückgängig machen.

Was hier der Erwachsene tut, ähnelt im Grunde dem, was der kleine Ralph tat. Man kann sich die Ohren zuhalten, die Augen verschließen, den Kopf in den Sand stecken. Aber die Krise muß man am Ende doch verstehen, und zwar mit offenen Augen, wachen Sinnen, hellem Verstand und einer sensiblen geistigen *Antenne*, die vom Leben Hinweise auf den Sinn der Krisenbotschaft empfängt. Diese Antenne ist das eigene Gewissen, das die gesuchte und gefundene Sinnbotschaft einer unbestechlichen Prüfung unterzieht.

Soviel zur Anwendung der theoretischen Einsichten über den Aufbauprozeß des Bewußtseins auf die Krise. Was geschieht nun mit den im Bewußtsein akkumulierten Sinngegenständen? Sie bilden den Erfahrungshintergrund, vor dem wir uns die Welt sinnhaft erschließen. Erarbeitete Sinnbausteine spielen so bei künftiger Sinnerzeugung eine aktive Rolle. Auch hier zeigt sich, daß das Bewußtsein ein selbstorganisierendes System ist. Je mehr Sinn das System erschlossen hat, um so leichter wird es ihm fallen, künftig weiteren Sinn aufzuschließen. Aber auch umgekehrt: Je weniger wir beispielsweise in einer Sache Sinn sehen, um so schwerer fällt es uns, ihre Sinnreize, ihre Gesetzmäßigkeiten usw. zu begreifen.

Die Sinnproduktivität des Bewußtseins kann trainiert werden. In gewisser Weise dürfen wir hier den Vergleich mit einer Bibel-Weisheit wagen: „Denn wer da hat, dem wird gegeben werden, und er wird die Fülle haben; wer aber nicht hat, dem wird auch, was er hat, genommen werden." (Matthäus 25, 29). Das Gleichnis bezieht sich auf die Tüchtigkeit der Knechte, denen das Vermögen ihres Herrn zur treuen Verwaltung anvertraut worden war. Der Knecht, der das meiste Kapital zur Verwaltung erhielt, konnte auch den größten Gewinn vorweisen.

Im Falle des Bewußtseins scheint es nicht anders zu sein. Je mehr Erfahrung es hat, um so leichter fällt es ihm, neue dazu zu gewinnen und zu integrieren. Je mehr Sinngegenstände es erarbeitet und sich angeeignet hat, um so erfahrener und erfolgreicher bewältigt es neue und ihm unbekannte Lebenssituationen. Je reichhaltiger sein Erfahrungsschatz an Sinn ist, desto mehr Sinn kann es einer noch so sinnlos erscheinenden Lebenssituation abgewinnen. Das Bewußtsein eines ungebildeten oder unsensiblen Menschen verfügt nicht nur über wenig Erkenntnis, Einfühlungsvermögen und Erfahrung, sondern gerade deshalb auch über eine schwächere *Sinnerzeugungs- und Sinnerschließungsfähigkeit.* Aus dem Teufelskreis hilft nicht selten eine Krise heraus. Sie zwingt zum Aufbau einer neuen Weltsicht, und das heißt: zur Entwicklung eines höheren Bewußtseins. So verhilft das Schicksal offenbar auf *seine* Weise dem Bewußtsein zur Erfüllung der *inneren Tendenz zur Entwicklung.*

Wir wollen zum Schluß dieses Abschnittes die wichtigsten Gedanken in fünf Argumentationsschritten rekapitulieren:

1. Mit jeder Subjekt-Objekt-Synthese produziert unser Bewußtsein neue Erfahrungsinhalte. Das sind Sinngegenstände, die ins Bewußtsein integriert werden.
2. Mit seiner Aufnahme ins Bewußtsein wird jeder Sinngegen-

stand ein aktiver Baustein des Bewußtseins. Bei künftigen Synthesen kann das Bewußtsein auf ihn als auf einen seiner eigenen Bausteine der Erfahrung zurückgreifen.
3. Der Aufbauprozeß des Bewußtseins vollzieht sich autopoietisch. Der Prozeß gelingt um so besser, je mehr Sinn schon produziert und in den Aufbau des Bewußtseins integriert wurde. Der Aufbau des Bewußtseins zeigt sich als ein Sinn- und Selbstaufbau.
4. Der Aufbauprozeß des Bewußtseins ist irreversibel. Das Bewußtsein muß sich aus *innerer Notwendigkeit* heraus vorwärtsbewegen. Das Bewußt*sein* stellt im Grunde einen Prozeß des Bewuß*twerdens* dar, und das bedeutet, jedes Bewußtsein ist auf Fortschreiten, auf *Entwicklung*, angelegt.
5. Krisen bewirken einen Bruch im autopoietischen Entwicklungsprozeß des Bewußtseins. Das Bewußtsein erlebt die Krise als Sinnbruch und im extremen Fall sogar als Zusammenbruch seines Selbstaufbaus, also als Selbstverlust. Krisenverstehen ist somit logischerweise die Wiederaufnahme der Sinn- und Selbstproduktion.

Die wahre Tragweite der Katastrophe, die eine Krise im Bewußtsein anrichtet, mag jetzt deutlicher geworden sein. Krisen beeinträchtigen die Tätigkeit des Bewußtseins erheblich, denn sie verursachen einen Bruch in dem bisherigen Sinngebäude oder in einigen seiner Teile. Ein Sinngebäude, an dem das Bewußtsein über Jahrzehnte hinweg Aufbauarbeit geleistet hat – und das ist ja das Selbst –, wird mit einem Schlag teilweise oder gänzlich vernichtet. Hier ist das Bewußtsein nicht nur *getroffen*, sondern auch in seinem Kern selbst *betroffen*. Im Innern des Bewußtseins müßte es nach einem Kriseneinschlag gleichsam aussehen wie in einer vom Erdbeben heimgesuchten oder zerbombten Stadt. Der Neuaufbau ist unumgänglich. Wer aber soll diese Arbeit in Angriff nehmen?

Nach unserer Analyse liegt die Antwort auf der Hand: Diese Aufbauarbeit kann und muß das *Bewußtsein* selbst leisten. Wie oder woran soll es sich dabei neu orientieren? Bedenken wir doch: Das Bewußtsein – das ist nicht nur der *Ort* des Krisengeschehens, nicht bloß das getroffene Ziel des Kriseneinschlages, sondern zugleich auch die einzige Stütze in dieser kritischen Notlage. Das Bewußtsein – das ist das zerbrochene Werk und der lädierte Baumeister dieses Werks in einem. Es ist die Identität von Produzent, Produktionsprozeß und Produkt. Die Krise *betrifft* nicht nur Teile eines Produkts, sie *trifft* den gesamten Ablauf der normalen Produktion und schwächt zudem den Produzenten. Dieses nun derart angeschlagene Bewußtsein soll sich jetzt auch noch aus eigener Kraft gleichsam aus dem Sumpf ziehen. Es ist, als sollte eine zerbombte Autofabrik nicht nur wieder funktionieren und produzieren, sondern auch sozusagen aus innerer Notwendigkeit dazu getrieben werden, ein neues und besseres Modell herauszubringen, und dies obwohl das Werk beschädigt und die Arbeiter verletzt sind.

In der Tat eine prekäre Situation! Was tun, wenn der Arzt selber Patient geworden ist? Das ist der Augenblick, in dem die Pädagogik aufgerufen ist, Hilfe zu leisten. *Krisen verstehen* – das sollte zu einem pädagogischen Lehr- und Lernprogramm erhoben werden, das Jugendliche wie Erwachsene für den Sinn ihrer Lebenskrisen sensibilisieren hilft.

Der Aufbauprozeß des Bewußtseins beruht auf seiner Synthesetätigkeit und -fähigkeit, durch die es sich selbst mit Sinn füllt. Gegenstände des Bewußtseins sind Sinngegenstände. Und da das Bewußtsein nur aus ihnen besteht, handelt es sich um Bausteine des Selbst. Mit jedem Baustein blickt das Bewußtsein auf ein Stück Weltsicht, aber zugleich auch auf ein Stück eigene Geschichte, auf das eigene Selbst-Werden zurück. Das Bewußtsein ist ein autopoietisches System. Sein Aufbauprozeß vollzieht sich dadurch, daß Sinn- und Selbstproduktion zusammenfallen.

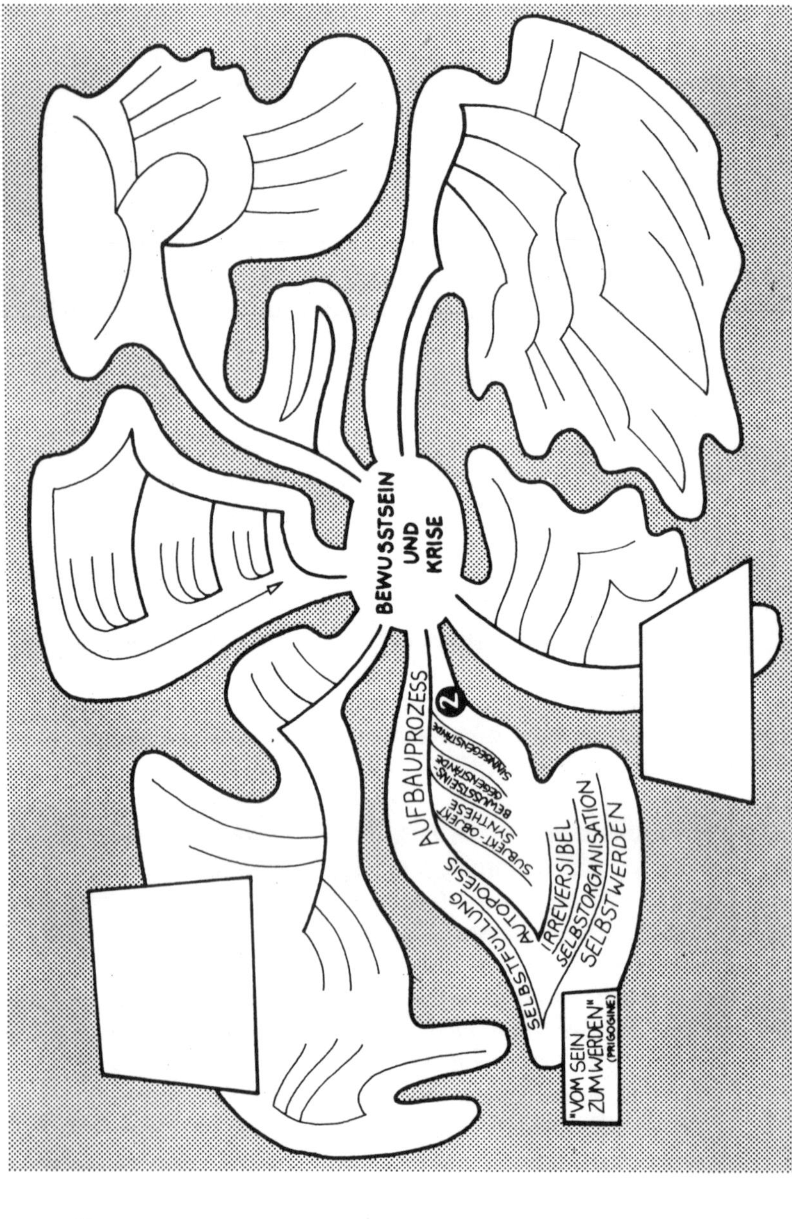
BEWUSSTSEIN UND KRISE
AUFBAUPROZESS
2
SINNGEGENSTÄNDE
SINNBEGEGNUNGSTÄNDE
BEWUSSTSEINS-GEGENSTÄNDE
SUBJEKT-OBJEKT SYNTHESE
SELBSTERFÜLLUNG
AUTOPOIESIS
IRREVERSIBEL
SELBSTORGANISATION
SELBSTWERDEN
"VOM SEIN ZUM WERDEN" (PRIGOGINE)

3. Die Entwicklung des Bewußtseins

In diesem Abschnitt werden wir die irreversible Geschichte der Selbstproduktion des Bewußtseins als eine Aufwärtsbewegung, d.h. als *Entwicklung* darstellen.

Der Begriff *Entwicklung* meint eine Verbesserung, eine qualitative Steigerung, eine Tendenz, die durch ein Übertreffen alles Vorausgegangenen gekennzeichnet ist. Wir haben gesehen, daß das Bewußtsein eine solche *innere Tendenz* aufweist. Die Sinn- und Selbstproduktion des Bewußtseins ist keine ewige Wiederholung. Vielmehr gewinnt das Bewußtsein bei jeder neuen Erfahrung ein höheres Niveau des Erkennens, Erlebens, Empfindens, Urteilens usw. Krisen verursachen zwar einen Bruch im zuletzt erreichten Entwicklungsniveau, aber sie erzwingen dadurch auch den Aufstieg des Bewußtseins auf eine deutlich höher liegende Entwicklungsstufe.

Diese Vorstellung von *Entwicklung*, die ihr polares Gegenstück nicht ausschließt, sondern es als Voraussetzung einschließt, stammt von Jean Piaget. Seine Entwicklungstheorie zielt auf eine dynamische Theorie der Gleichgewichtsstufen. Sie beansprucht Gültigkeit für alle lebenden Systeme, darüber hinaus auch für alle Kognitionsprozesse (wie Gedächtnis, Spracherwerb, Lernen, Intelligenz usw.). In Anlehnung an Piagets weltberühmte Forschungen wollen wir nun die Entwicklung des Bewußtseins als eine dynamische Aufwärtsbewegung beschreiben.

Piagets Grundidee lautet: Entwicklung besteht aus einer Reihe von Stufen des Gleichgewichts, wobei jedes neue Gleichgewicht zugleich ein höheres ist. *Entwicklung* stellt somit eine innere Notwendigkeit zum Aufstieg dar, eine Art Treppenaufgang als Lebensgesetz. Hinter ein erreichtes Gleichgewicht kann niemand wieder zurückfallen.

In der Einleitung des Buches haben wir diesen Gedanken am Beispiel des Schwimmers, der nicht *absichtlich* ertrinken kann, dargestellt. Für den geistigen Bereich können wir es uns an folgendem Beispiel verdeutlichen. Wenn wir eine Fremdsprache gelernt haben und beispielsweise wissen, was ein Wort wie „apple" bedeutet, so können wir nicht mehr so tun, als wüßten wir es nicht. Wir mögen die Bedeutung von „apple" zwar irgendwann vergessen, aber das ist hier nicht gemeint. Das Argument zielt vielmehr auf die *bewußte Verleugnung* eines vorhandenen Wissens.

Piaget nennt diese Gesetzmäßigkeit, diese innere Notwendigkeit zum Aufstieg, eine „majorierende Äquilibration" (näheres dazu im „Anhang"). Man kann dies übersetzen mit dem Ausdruck: „überbietendes Gleichgewicht". Das geistige Leben verläuft somit stufenweise hinauf, und zwar von einer Gleichgewichtsstufe zur nächst höheren. *Entwicklung* bedeutet dabei nicht nur die Herausbildung „eines neuen, sondern im allgemeinen auch eines besseren Gleichgewichts."[14] „Entwicklung" wird von Piaget definiert als „ein ständiger Übergang von einem Zustand geringeren Gleichgewichts zu einem Zustand höheren Gleichgewichts."[15] Diese Begriffsbestimmung erlaubt es, *Entwicklung* als ein Universalgesetz zu begreifen, das für organisches Leben ebenso Geltung beansprucht wie für psychisches und geistiges.

Wir haben bis jetzt zwei universale Theorien von weitreichender Gültigkeit und internationalem Ruhm herangezogen, zum einen Maturanas *Theorie der autopoietischen Systeme* (einschließlich Luhmanns systemtheoretischer Deutung des Bewußtseins als eines autopoietischen Systems), zum anderen Piagets *Theorie der*

14 Jean Piaget: Die Äquilibration der kognitiven Strukturen. Stuttgart 1976, S. 11.

15 Jean Piaget: Theorien und Methoden der modernen Erziehung. Wien, o. J., S. 187.

majorierenden Äquilibration. Der ersten Theorie zufolge *produzieren* alle lebenden Systeme sich selbst, indem sie die zu dieser Produktion nötigen Prozesse selbst organisieren. Der zweiten zufolge *entwickeln* sich alle lebenden Systeme, indem sie sich von einem Zustand geringeren Gleichgewichts in einen Zustand höheren und qualitativ besseren Gleichgewichts hinaufbewegen.

Im vorliegenden Abschnitt wollen wir den Versuch unternehmen, diese beiden Theorien miteinander zu verknüpfen, um dadurch den *Prozeß der Selbstentwicklung des Bewußtseins* darzustellen.

Unsere These lautet:

Das Bewußtsein ist ein selbstorganisierendes System, das auf Entwicklung, d.h. auf ständige qualitative Selbstverbesserung angelegt ist. Unter Rückgriff auf die Terminologie von Maturana und Piaget ausgedrückt: Das Bewußtsein ist ein autopoietisches System mit einer inneren Tendenz zur majorierenden Äquilibration.

Die Sinn- und Selbstproduktion des Bewußtseins ist somit keine serielle Produktion, sondern eine solche, die auf Entwicklung (Erneuerung und Verbesserung) angelegt ist. Das ist der Grund, weshalb das Bewußtsein nach einem Kriseneinschlag keine andere Wahl hat, als die Krise nicht nur aus eigener Kraft zu begreifen, sondern an ihr auch noch zu reifen. Bei jeder neuen Erfahrung muß das Bewußtsein nämlich seine bisherigen Sinngegenstände in Qualität und Niveau übertreffen. Und das kommt dem Prozeß seiner Selbstentwicklung zugute. Genauer: *Darin liegt das Geheimnis seiner Selbstentwicklung.*

Es liegt auf der Hand, daß der Prozeß der Selbstentwicklung des Bewußtseins nicht anders als mit Hilfe des Bewußtseins selbst beschrieben, dargestellt und erkannt werden kann.

Da die Sinn- und Selbstproduktion des Bewußtseins eine Tendenz hat, aus innerer Notwendigkeit unentwegt nach höherem Sinn und Selbst zu streben, erkennen wir darin eine Sinnrichtung zur qualitativen Steigerung und Verbesserung. Das nennen wir im Anschluß an Piaget Entwicklung. *Nun handelt es sich in diesem Fall auch um eine autopoietische Einheit (Maturana, Luhmann). Daher bezeichnen wir die Entwicklung des Bewußtseins als eine* innere Notwendigkeit zur Selbstentwicklung.

Im Falle des Bewußtseins haben wir es also mit einem Produzenten zu tun, der offenbar nicht *sein* kann, ohne permanent zu *werden.* Bemerkenswert ist zudem, daß es sich um ein *Selbstwerden* handelt, das mit einer Steigerung und Verbesserung einhergeht. Dabei ist das lebende System, das sich entwickelt, identisch mit dem lebenden System, das diese Entwicklung in Gang setzt und den ganzen Prozeß als Selbstwerden bzw. Selbstentwicklung erkennt. Dadurch vermag das Bewußtsein den Prozeß seiner selbstorganisierten Entwicklung sogar selbstverantwortlich in die Hand zu nehmen und selbständig zu steuern (vgl. unten den Abschnitt „Bewußtsein und Sinnerfüllung").

Das Werden des Bewußtseins stellt eine auf Höherentwicklung angelegte Tendenz und Bewegung dar. Jede Erfahrung, jedes Wissen, jeder produzierte Sinn, jedes Erlebnis, jede Erkenntnis usw. wird gleichsam als eine Leiter benutzt, um auf eine höhere Stufe zu gelangen. Dort angekommen, setzt das Bewußtsein seine Syntheseleistung natürlich in derselben Weise fort, nur eben auf einem höheren Niveau von Erfahrung, Erkenntnis, Urteil usw. Wenn wir von *Entwicklung* oder *Selbstentwicklung* sprechen, meinen wir also nicht eine Bewegung, die mal dahin und mal dorthin führt, sondern eine offensichtlich zielgerichtete Bewegung, die zum Höheren strebt, zur höheren Subjekt-Objekt-Synthese und damit zur höheren Sinn- und Selbstproduktion. Wesensspezifisch für das Bewußtsein ist mithin, daß es das starre Sein dynamisiert und es in eine bestimmte Richtung in Bewegung setzt. Wir werden noch sehen, daß diese (Sinn-)Richtung nicht nur eine *innere Tendenz* darstellt, sondern auch einen bestimmten *Sinn* hat, so daß Sinnrichtung und Richtungssinn der Bewußtseinsentwicklung in eins fallen.

Die Entwicklung des Bewußtseins ist kein richtungsloses Werden. Durch die Subjekt-Objekt-Synthese verwandelt unser Bewußtsein nicht nur *Welt* in *Sinn*, sondern zugleich *Welt in qualitativ immer höhere Sinngegenstände.* Diese Gesetzmäßigkeit zeugt von der inneren Tendenz zur immer höheren und besseren Sinnproduktion, die nichts anderes ist als eine höhere Selbstproduktion.

In diesem Drang zur Höherentwicklung wirken Krisen zunächst natürlich wie eine Vollbremsung. Sie unterbrechen die Sinn- und Selbstproduktion des Bewußtseins. Aber gerade durch diese Störung aktivieren sie ungeahnte Kräfte für eine neue und qualitativ höhere Sinnproduktion. Ohne Krisen und ihre mobilisierende Wirkung bestände für das Bewußtsein die Gefahr, auf einer bestimmten Gleichgewichtsstufe stehenzubleiben. Dies aber widerspräche nicht seiner inneren Tendenz, sondern wäre zudem die größte, das autopoietische System bedrohende, Krise. Nichts gefährdet die autopoietische Entwicklung eines lebenden Systems mehr als Stillstand und Erstarrung. Wenn wir von Krisen und ihrer Botschaft sprechen, setzen wir diesen Horizont immer voraus. Einem von Stillstand oder weitgehender Routine bedrohten Leben hilft das Schicksal nicht selten durch eine heilsame Krise, wieder in Bewegung zu kommen.

An diesem Punkt versuchen wir, die Theorien von Maturana und Piaget mit der Sinnphilosophie von Frankl zusammenzudenken (vgl. Abschn. 5).

So betrachtet, können Krisen entscheidende Motivationsfunktionen bei der autopoietischen Entwicklung des Bewußtseins übernehmen. Daher sehen wir in ihnen den polaren Gegenpart zur Entwicklung. In diesem Licht erscheinen die Phänomene *Krise* und *Entwicklung* als die zwei zusammengehörenden Hälften derselben Einheit, als die beiden Seiten derselben Medaille. Ihre Polarität korrespondiert mit der polaren Struktur des Bewußtseins (*Ich-Welt-Verhältnis* oder *Bewußtsein-Sinn-Polarität*).

Die Botschaft einer Krise kann nur dann decodiert werden, wenn das Bewußtsein auf eine höhere Stufe des Gleichgewichts gestiegen ist. Mit anderen Worten: Krisen sind nur verständlich, wenn und nachdem sie im Bewußtsein Entwicklungen bewirkt haben. Erst das qualitativ höhere Bewußtsein vermag den Sinn eines Lebensereignisses zu begreifen. Das bedeutet aber keinen *Automatismus.* Nicht jede Krise wird verstanden und mit einer geistigen Reife bestanden. Manche Krisen dauern ein Leben lang. Solche Fälle zeugen unserer Deutung zufolge nicht nur von der Härte des Schicksalsschlages, sondern auch und vor allem von der Unfähigkeit des Bewußtseins, Verstehensarbeit – oder was dasselbe ist: Entwicklungsarbeit an sich selbst – zu leisten. Hier leidet der Mensch nicht nur psychisch unter der *einen* unbewältigten Krise, sondern geistig unter dem Stillstand seines Bewußtseins.

Der Schlüssel zum Verstehen einer Krise liegt nicht im äußeren Geschehen, sondern in der mentalen Leistung unseres Bewußtseins, dem katastrophalen Ereignis einen Sinn abzugewinnen und dadurch selber auf eine höhere Gleichgewichtsstufe emporzusteigen. Wer dieses Gesetz des Krisenverstehens via Bewußtseinsent-

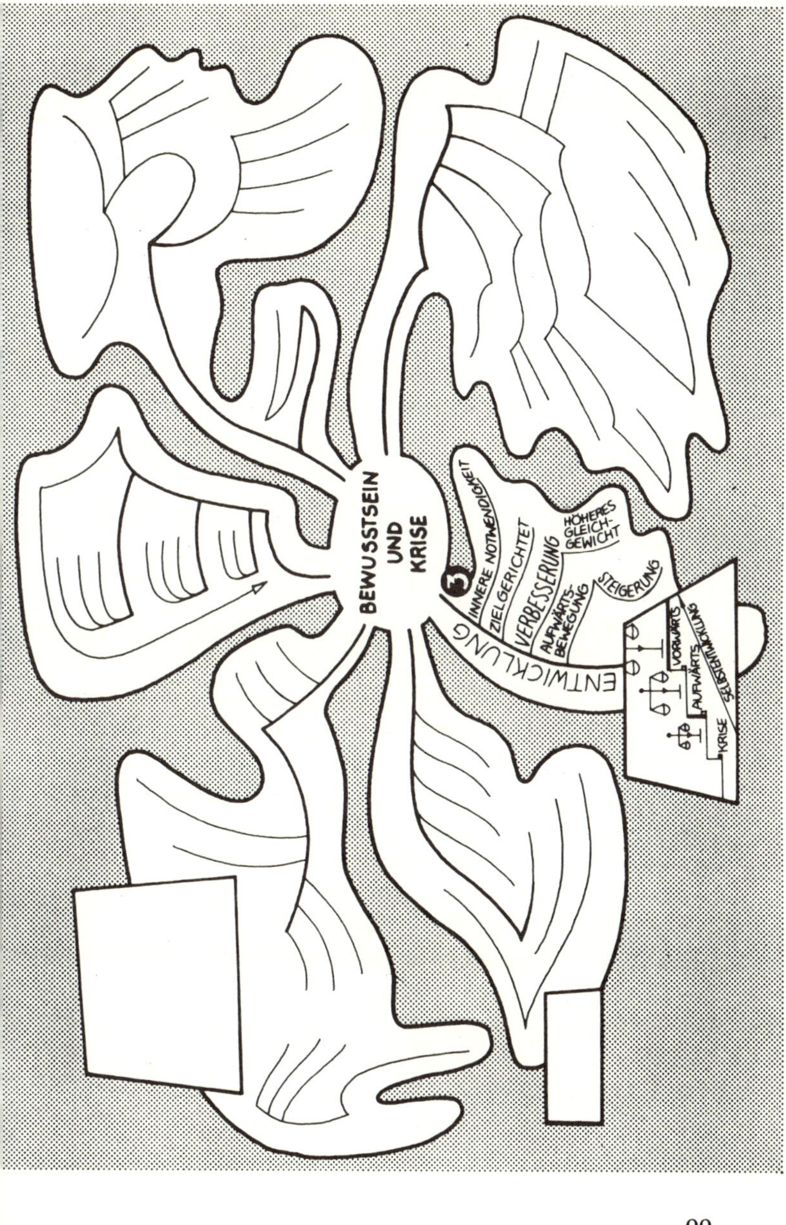
BEWUSSTSEIN
UND
KRISE
3
INNERE NOTWENDIGKEIT
ZIELGERICHTET
VERBESSERUNG
HÖHERES
GLEICH-
GEWICHT
AUFWÄRTS-
BEWEGUNG
STEIGERUNG
ENTWICKLUNG
VORWÄRTS
AUFWÄRTS
SELBSTENTWICKLUNG
KRISE

wicklung begreift, empfängt mit seiner sensiblen Antenne auch bald die Botschaft seiner Krise. Niemand leidet, wenn er weiß, wozu das Leid gut ist.

Der Bruch in der Selbstentwicklung des Bewußtseins kann nicht zu dessen Zusammenbruch führen, wenn der Mensch in ihm einen Aufbruch zum Sinn erkennt.

4. Die Stufen der Bewußtseinsentwicklung

In diesem Abschnitt fragen wir nach der Entwicklung des Bewußtseins. Was wir in unserem Sprachgebrauch selbstverständlich mit dem Ausdruck *bewußt* (Wissen) und *sein* (Materie) bezeichnen, ist ein hochkomplexes Ergebnis der Evolution. Denn hier ist Geistiges offenbar mit Materiellem verknüpft. Natürlich stellt diese Synthese von *Geistigem* und *Materiellem*, deren Keim schon in der polaren Struktur des Bewußtseins, nämlich in der Synthese von *Ich* und *Welt*, angelegt ist, wiederum nichts anderes dar als eine Selbstleistung des Bewußtseins. Das Bewußtsein bringt sich selbst hervor, und zwar ständig. Seine Selbstproduktion läßt unserer Auffassung nach drei markante Stufen erkennen, denen noch eine Null-Stufe vorgeschaltet ist:

Stufe 0:
Ein Sein, das nichts weiß – unwissende Materie

Stufe 1:
Ein Sein, das ein Wissen über etwas erworben hat – ein *bewußtes* Sein, das sich nun zu bewegen und zu entwickeln beginnt (Bewußtsein)

Stufe 2:
Ein Sein, das *etwas* und *sich selbst* weiß – ein seiner selbst bewußtes Sein (Selbstbewußtsein)

Stufe 3:
Ein Sein, das nicht nur *etwas* und *sich selbst*, sondern auch den *Sinn seines Selbstwerdens* weiß (Geist)

Der Schlüssel zur Entwicklung des Bewußtseins von der starren und unwissenden Materie bis zum Geist, der verantwortungsvoll nach dem *Sinn seines eigenen Werdens* fragt, liegt ganz offensichtlich im *Wissen.* Durch Wissen erst gerät die leblose Materie in Bewegung und kommt so in den Genuß der Entwicklung. Wie aber kommt das Wissen ursprünglich in die Materie hinein, um sie zu beseelen und zu vergeistigen? Es ist klar, daß wir mit solchen Fragestellungen metyphysische und kosmologische Probleme anschneiden, die zu den kompliziertesten Themen gehören. Wir erheben nicht den Anspruch, solche Fragen in einem Abschnitt beantworten zu können. Doch die Logik der Sache gebietet uns, sie hier wenigstens kurz zu thematisieren (näheres dazu im Kapitel „Ganzheit und Krise", insbesondere im Abschnitt „Einheit"). Daher wollen wir sie mit der gebührenden Vorsicht angehen.

Stufe 0: Ein unwissendes Sein
Beginnen wir die Darstellung der Stufen der Bewußtseinsentwicklung mit der Frage nach dem *Sein.* Was ist ein Sein? Jedes Etwas *ist.* Alles, was *ist*, gehört dem Bereich des Seins (der Materie schlechthin) an, ein Stück Holz oder Eisen ebenso wie ein Fluß oder ein Berg, ein Mensch oder ein Tier. Sie alle verbindet dies, daß sie etwas *sind*, d.h. ein *Sein* haben. Was unterscheidet aber das Sein der Materie von dem Sein eines lebenden Orga-

nismus (einer Pflanze, eines Tieres oder eines Menschen)?

Das Holz bzw. der Stein kann weder eine Erfahrung machen noch irgend etwas erkennen, weder etwas erleben noch über etwas urteilen usw. *Diesem Sein fehlt noch gänzlich die Fähigkeit zur Subjekt-Objekt-Synthese*, durch die Erfahrung akkumuliert wird. Verglichen mit dem Sein eines Tieres, weist das Sein des Gesteins eine niedrigere Entwicklungsstufe auf. Hier haben wir also zwar ein Sein, aber offenbar noch kein *wissendes* Sein. Bei der Materie handelt es sich somit um einen Bereich, der noch kein *bewußtes* Sein hervorgebracht hat. Alles Sein ist hier starr und unbeweglich, weil es ihm an der dynamisierenden Kraft des Wissens fehlt. Daher betrachten wir dieses Sein als eine *Vorstufe des bewußten Seins* und nennen es die Stufe Null.

Stufe 1: Ein bewußtes Sein

Das Tier, anders als die leblose Materie (Holz, Stein usw.), kann Wissen akkumulieren, z.B. eine Erfahrung machen und daraus etwas lernen. Es kann Gelerntes in Erinnerung behalten und es bei der nächsten Erfahrung nutzen. Beim Tier dürfen wir daher eine Subjekt-Objekt-Synthese und damit Bewußtsein unterstellen. Hier hat die Evolution eine neue Entwicklungsstufe mit einer gänzlich neuen Seinsqualität hervorgebracht, nämlich *ein mit Wissen ausgestattetes Sein.* Das nennen wir die Stufe 1 der Bewußtseinsentwicklung.

Ein Affe weiß beispielsweise, was eine Banane ist; er hat ein Bewußtsein von dieser Frucht. Verglichen mit dem Sein eines Holz- oder Eisenstückes haben wir es hier offenbar mit einer höheren Entwicklungsstufe des Seins zu tun. Denn zu dem Sein der Materie ist nun das Wissen hinzugekommen. Diese Veränderung in der Seinsqualität ist eine grundsätzliche Entwicklung – keine bloß graduelle.

Das Bewußtsein der Tiere ist in der Lage, die äußere Welt zu erkennen und in ihr Erfahrungen zu machen. Konrad Lorenz belegt das an einer seiner originellen Tierbeobachtungen beim Füttern seiner Fische. Zum besseren Verständnis sei angemerkt, daß Lorenz in seinem Aquarium unter anderem auch Familien von Juwelenfischen mit „Babies" hatte. Dieser Fischart ist eigen, daß der Juwelenfisch-*Vater* seine im Becken häufig unvorsichtig umherschwimmenden „Babies" zum Zwecke des Transports in den Mund nimmt – sie, wie Lorenz sagt, „inhaliert" – und zum Nest zurückträgt. Bei den so behandelten „Babies" zieht sich die Schwimmblase reflexartig zusammen. Dadurch werden die „Fisch-Babies" schwerer als Wasser. Wenn der Papa sie wieder ins Nest zurückbringt und sie dort aus dem Mund entläßt, sinken sie zu Boden und bleiben eine Weile „artig" liegen, denn die Schwimmblase braucht eine gewisse Zeit, um sich wieder auszuweiten. Nun können sie wieder umherschwimmen, wobei dieses *Erziehungsritual* von neuem beginnt, sofern sie sich wieder zu weit vom Nest entfernen. Nach diesen Vorbemerkungen zur Situation wenden wir uns nun dem Erlebnisbericht von Konrad Lorenz zu, den wir ausführlich zitieren:[16]

„Als ich ans Becken trat, waren nahezu alle Jungen in der Nestgrube, darüber stand die Mutter treue Wache. Sie kam auch nicht mehr zum Futter, als ich Regenwurmstücke in das Becken warf. Wohl aber ließ sich der Vater, der aufgeregt das ganze Aquarium nach verirrten Jungen absuchte, durch ein schönes Regenwurmhinterende (aus unbekannten Gründen wird es von allen Würmerfressern dem vorderen vorgezogen) von seiner Tätigkeit ablenken. Er schwamm heran und packte den Wurm, konnte ihn aber wegen seiner Größe nicht sofort

16 Konrad Lorenz: Er redete mit dem Vieh, den Vögeln und den Fischen. München 1964, 9. Auflage, 1967, S. 38f.

> hinunterschlucken. Gerade als er nun mit vollem Munde kaute, sah er ein verlorenes Junges einsam durch das Becken schwimmen. Wie elektrisiert fuhr er auf, jagte dem Kinde nach und nahm es in seine ohnedies schon volle Mundhöhle auf. Das war spannend! Der Fisch hatte zwei verschiedene Dinge im Maul, von denen eines in den Magen, das andere in die Nestgrube sollte. Was würde geschehen? Ich muß sagen, daß ich in diesem Augenblick keine fünf Kreuzer für das Leben jenes Juwelenfischchens gegeben hätte.
>
> Großartig aber, was wirklich geschah! Der Fisch stand starr, mit vollem Backen, aber ohne zu kauen. Wenn ich je einen Fisch nachdenken gesehen habe, so war es damals! Ermißt man, wie merkwürdig es ist, daß ein Fisch in eine echte Konfliktsituation geraten kann und daß sich das Tier darin genau wie ein Mensch verhält, nämlich, nach allen Richtungen blockiert, stehenbleibt und weder vor noch zurück kann?
>
> Viele Sekunden stand der Hemichromisvater wie angemauert, aber man konnte ordentlich sehen, wie es in ihm arbeitete. Und dann löste er den Konflikt in einer Weise, daß man einfach Hochachtung empfinden mußte. Er spie den ganzen Inhalt des Mundes aus, der Wurm fiel zu Boden, das kleine Juwelenfischchen tat, in der beschriebenen Weise schwer werdend, das gleiche. Dann wandte sich der alte Juwelenfisch entschlossen dem Wurm zu und fraß ihn ohne Hast auf – aber mit einem Auge auf das ‚gehorsam' am Boden liegende Kind. Als er fertig war, inhalierte er es und trug es heim zu Mama.„

Das Beispiel zeigt, daß ein Fisch ein Wissen davon hat, welches Futter er bevorzugt. Zudem besitzt er das Wissen und vermag daher zu unterscheiden, daß nicht alles, was er in seinen Mund nimmt, auch in den Magen befördert werden darf. Auf dieser Entwicklungsstufe kann das Sein in einen Entscheidungskonflikt geraten und nach Abwägung aller Gesichtspunkte – wie man sieht – eine „verantwortungsvolle" Entscheidung treffen.

Auch die Haushunde von Konrad Lorenz wußten zu gut, was das Packen von Reisekoffern zu bedeuten hatte, nämlich daß ihr geliebter Herr wieder einmal verreisen würde. Diese Erfahrung hatten sie oft genug machen müssen. Daher winselten sie traurig schon beim Anblick der Reisevorbereitungen.

Wer Tiere liebt und sie gern beobachtet, benötigt keinen wissenschaftlichen Beweis dafür, daß sie Gefühle haben, Bindungen aufbauen und mit ihrem Gesichtsausdruck und ihrer Körpersprache unterschiedliche Gemütszustände wie *Ausgelassenheit, Protest, Hunger* usw. mitteilen können. All das ist ohne eine qualitative Entwicklung in den Rahmenbedingungen der vorausgegangenen Seinsstufe undenkbar. Das Sein eines Tieres unterscheidet sich vom Sein eines Steins also dadurch, daß im Tier das Sein eine grundsätzliche Entwicklungsstufe erfahren hat. Das neue Sein ist nämlich ein *bewußtes Sein* und ist in der Lage, die Welt zu erfahren, zu erleben und zu erkennen. Von der Evolution her gesehen, ist in dieser Synthesefähigkeit die Geburtsstunde des Bewußtseins anzusetzen.

Entscheidend für die Subjekt-Objekt-Synthese der Entwicklungsstufe 1 ist die Tatsache, daß Bewußtseinsprozesse hier stets linear verlaufen. Sie gehen stets vom Subjekt aus und zielen auf ein äußeres Objekt. Auf dieser Enwicklungsstufe vermag das bewußte Sein nur solche Prozesse in Gang zu setzen, die sich auf die Außenwelt beziehen. Tiere können Erfahrungen mit Sachen (z.B. Futter), mit anderen Tieren (z.B. Beute oder Artgenossen) oder auch mit Menschen (z.B. Bezugspersonen oder Fremden) machen und durch solche Erfahrungen eine Geschichte akkumulieren. Wir betonen noch einmal, daß die Subjekt-Objekt-Synthese auf dieser Entwicklungsstufe linear strukturiert ist. Tiere können Objekterfahrungen, aber keine Selbsterfahrung machen. Ihr Bewußtsein produziert Sinngegenstände in einer Richtung.

Subjekt ———————→ Objekt

Kein Tier verfügt über die Fähigkeit, diese Linie zurückzubiegen und sie reflexiv zu gestalten. Mit anderen Worten: Tiere können sich selbst *nicht* zum Objekt ihrer eigenen Subjekt-Objekt-Synthese erheben. Die Möglichkeit, Erfahrungen mit sich selbst zu machen, Erkenntnisse über sich selbst zu sammeln oder das eigene Sein als ein *Selbst* anzusprechen, bleibt dem Tier von seiner Entwicklung her versagt. Kurz: *Tiere können ihre eigene Fähigkeit zur Subjekt-Objekt-Synthese nicht reflektieren. Sie sind nicht in der Lage, das, was sie tun oder erkennen, als eine bewußte Selbstleistung zu betrachten.*

Wer sein Kätzchen mit dessen Spiegelbild konfrontiert, wird sich köstlich amüsieren. Das Tier sucht sein eigenes Spiegelbild als ein Objekt hinter dem Spiegel. Das gleiche passiert dem Tier beim Fernsehen. Bei der Übertragung eines Autorennens etwa wird das Kätzchen die Autos in der Weise verfolgen, als würden sie nicht nur auf dem Bildschirm laufen, sondern ihre Fahrt noch hinter den Fernsehapparat fortsetzen. Deshalb verfolgt das Kätzchen die bewegten Objekte noch bis hinter den Bildschirm. Auch Hunde erblicken in ihrem eigenen Spiegelbild einen Artgenossen und versuchen, mit ihm in Kontakt zu treten. Da der Versuch aber wiederholt scheitert, zeigen sie irgendwann schließlich Desinteresse und Indifferenz.

Die gleichen Reaktionen können wir bei Kindern beobachten. Doch im Unterschied zu Katzen oder Hunden erkennen Kinder sehr bald, daß es sich hier um eine Realität besonderer Art handelt, nämlich um eine Reflexion. Diese Erkenntnis bleibt der ersten Stufe der Bewußtseinsentwicklung verschlossen.

Allerdings haben Tierexperimente an Primaten interessanterweise gezeigt, daß sie eine sehr eingeschränkte Fähigkeit zur Reflexion besitzen. Ein Gorilla wurde beispielsweise im Rahmen eines Experiments betäubt. Auf seine Stirn wurde dann ein farbiger Punkt gemalt, den er nach der Narkose im Spiegel sehen konnte. Statt in den Spiegel zu fassen, faßte er jedoch an die eigene Stirn. Daran läßt sich eine vielleicht nur im Ansatz vorhandene Fähigkeit zur Selbstwahrnehmung vermuten. Ansonsten aber zeigen Gorillas bei der Konfrontierung mit ihrem Spiegelbild zunächst zwar eine gewisse Neugier, dann aber gewöhnen sie sich schnell daran und ignorieren es.[17]

Die Beispiele verdeutlichen die Evolution des Bewußtseins als eines Systems. Das Spiegelbild ist ein anschauliches Mittel zum Verständnis der Möglichkeiten und Grenzen der Bewußtseinsstufe 1. Auf dieser Stufe ist eine lineare Subjekt-Objekt-Synthese möglich, aber noch keine reflexive. Mit anderen Worten: Das Bewußtsein ist auf dieser Entwicklungsstufe noch zu keiner *Selbstreflexion* oder *Selbstreferenz* fähig. Hier liegt zwar ein *bewußtes* Sein, aber noch kein *selbstbewußtes* Sein vor.

Die notwendige Bedingung für die Fähigkeit zur Selbstreflexion ist die Entwicklung einer symbolisch vermittelten Sprache. *Symbolisch*[18] vermittelt ist die Sprache dann, wenn sie durch Schrift oder ähnliche Symbole überlieferbar ist (also nicht nur durch Verhalten, Gesten oder Körperbewegungen). Wenn die Mitteilungen nicht nur persönlich, sondern auch nach dem Tode durch Symbole vermittelbar bleiben, überdauern sie die zeitlich begrenzte Lebensspanne. Und erst dann können Kultur und Überlieferung entstehen. Durch die Kultur kann das gesamte Wissen und Können der Menschheit allen zuteilwerden. Der Kultur verdanken wir, daß wir nicht am eigenen Leib bitter erfahren und erleben müssen, was andere vor uns etwa durch Krank-

17 Näheres dazu bei Maturana/Varela: Der Baum der Erkenntnis ..., S. 241f.

18 Vgl. Goerg Herbert Mead: Geist, Identität und Gesellschaft. Frankfurt a.M. 1968.

heiten gelitten haben. Ein prägnantes Beispiel dafür sind Impfstoffe. Sie schützen uns vor Lebensgefahr. So sind wir Nutznießer der wissenschaftlichen Forschungen und Erkenntnisse unserer Ahnen. Symbolisch vermittelte Sprache ist also die unbedingte Voraussetzung für das Erreichen der nächst höheren Stufe der Bewußtseinsentwicklung, die es gestattet, von *Reflexivität* und *Referenz* zu sprechen.

> *Von* Bewußtsein *kann überhaupt erst gesprochen werden, wenn das Sein die Fähigkeit zum Wissen entwickelt hat. Diese Fähigkeit ist im Rahmen der ersten Stufe der Bewußtseinsentwicklung auf äußere Objekte beschränkt und ist noch nicht zur Reflexion oder Selbstreferenz fähig.*

Stufe 2: Ein selbstbewußtes Sein

Die Perfektion, mit der ein Vogel sein Nest oder die Biene ihren Stock baut, versetzt uns in Erstaunen und fordert uns Respekt ab. Was geht nicht alles schief, wenn wir uns handwerklich betätigen und „do it yourself" spielen? Und doch hat der schludrigste Handwerker dem Vogel oder der Biene gegenüber einen uneinholbaren Vorsprung. Ein(e) Handwerker(in) kann nämlich das, was zu bauen ansteht, zuerst im Kopf entwerfen, dann aufs Papier bringen und schließlich realisieren. Das Beispiel zeigt, daß der Mensch seine eigene Planung, also das Ergebnis seines eigenen Bewußtseins, zum Gegenstand des Bewußtseins erheben kann. Das ist seine Fähigkeit zur *Selbstreflexion* oder *Selbstreferenz.*

Jeder Plan, der ja ein Ergebnis der Subjekt-Objekt-Synthese darstellt, kann reflexiv zum Gegenstand einer neuen Subjekt-Objekt-Synthese erhoben werden. Ein Bewußtsein, das diese Selbstreflexion vollbringt, weist gegenüber dem linear fixierten Bewußtsein eine höhere

Stufe der Systementwicklung auf. Denn die neue Stufe kann nicht nur *Objekte*, sondern auch sich selbst – *das Subjekt* - erkennen, erleben, empfinden usw. Damit ist der Weg zur Selbsterkenntnis und Selbstreflexion frei. Das Bewußtsein kann von nun an nicht mehr nur eine lineare Subjekt-Objekt-Synthese vollbringen, sondern zudem auch eine (selbst-)reflexive. Diese neue Struktur ist kreisläufig und kann wie folgt visualisiert werden.

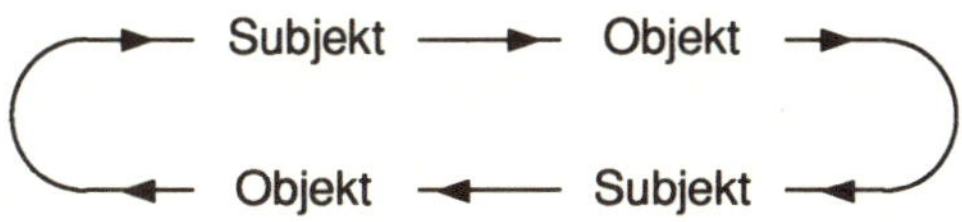

Erst auf dieser Entwicklungsstufe vermag das Bewußtsein sein eigenes Denken zu denken, sein eigenes Lernen zu lernen, sein eigenes Planen, Handeln usw. zum Gegenstand einer bewußten Reflexion zu erheben. Diese Fähigkeit wird mit den Ausdrücken *Reflexivität oder Referenz* belegt. Die Fähigkeit zur Selbstreflexion oder Selbstreferenz ist also einem Bewußtsein vorbehalten, das nicht nur *etwas weiß*, sondern auch *sich selbst.* Über ein solches Bewußtsein verfügt nur der Mensch. Während also Tiere ein Bewußtsein haben, hat der Mensch nicht nur ein Bewußtsein, sondern zugleich auch ein Wissen von seinem Bewußtsein, somit ein *Selbstbewußtsein.*

Das ermöglicht und erlaubt dem Menschen – als dem einzigen Wesen, das Nutznießer der neuen Bewußtseinsstufe ist – sein Haus zunächst auf dem Papier zu entwerfen und den Entwurf bei Bedarf abzuändern, z.B. sein Musikzimmer dreieckig zu bauen, wenn er den Klang seiner Stereoanlage zur vollen Geltung kommen lassen will. Das eben vermag kein Tier zu vollbringen. Der Vogel und die Biene haben zu ihrem perfekten, aber instinktgesteuerten Programm keine Alternative, weil ihrem Bewußtsein der Begriff *Selbst* fehlt. Und etwas Ähnliches können wir auch von ihrem Verhalten sagen. Tiere können sich nicht taktisch verhalten oder gar lügen, etwa körpersprachlich so tun, als wären sie am Futter desinteressiert. Sofern sie solches tun, sind sie dressiert.

Unter allen Lebewesen ist einzig der Mensch zur Entwicklung einer selbstreflexiven und selbstreferentiellen Bewußtseinsstufe fähig. Ausschließlich er vermag ein Bewußtsein von seinem eigenen Selbst (also ein Selbstbewußtsein) zu entwickeln. Damit erreicht das menschliche Bewußtsein eine neue Systemstufe, die es ihm ermöglicht, sich selbst als ein wissendes Sein zu erkennen. Jetzt erst wird im Spiegelbild die eigene Wahrnehmung erkannt. Von nun an weiß das Bewußtsein auch, daß es in der Subjekt-Objekt-Synthese nicht nur Sinngegenstände, sondern auch die Bausteine des Selbst hervorbringt.

Erst auf einer qualitativ höheren Entwicklungsstufe vermag das Bewußtsein nicht nur etwas, also nicht nur Objekte, sondern auch sich selbst (das erkennende Subjekt) zu erkennen. Diese höhere Bewußtseinsstufe ist die Voraussetzung für Selbstreflexion und Selbstreferenz.

Diese neue Entwicklungsstufe kann nicht hoch genug eingeschätzt werden, denn erst sie befähigt den Menschen dazu, Fragen zu stellen wie: *Wer bin ich eigentlich? Woher komme ich? Wohin gehe ich? Was ist der Sinn meines Lebens?* Sogar die Nabelschau eines infantilen Egozentrikers darf für sich in Anspruch nehmen, das Ergebnis einer strukturell hochentwickelten Entwicklungsstufe des Bewußtseins zu repräsentieren. Jetzt kann es erkennen, daß es sein eigenes Erkennen erkennt und sich in dieser Selbstreferenz autopoietisch hervorbringt.

In der Selbstreflexion kann der Mensch gleichsam in sein eigenes Selbst tauchen, um in der Tiefe der Selbsterkenntnis eine Welt besonderer Art zu entdecken, die er außerhalb seiner wohl kaum finden würde. Die Maxime, *Erkenne dich selbst!*, wird von nun an bewußt zum Programm. Ungeahnte Möglichkeiten tun sich auf, die allesamt den vorausgegangenen Entwicklungsstufen verschlossen waren. Der Mensch kann mit sich selbst reden, spielen, tanzen, schimpfen, zanken, ins Gericht gehen usw. Es ist gleichsam die Freude des Bewußtseins an der Entdeckung des Selbst. Den alten Griechen war das einen Mythos wert. Es ist Narziß, der sich in sein eigenes Spiegelbild im Wasser verliebt und, es umarmend, ertrinkt – ein Sinnbild für die Gefahr der Entdekkung des Selbst.

Im Erkennen seiner selbst wird sich das Bewußtsein der eigenen Entwicklung zunehmend bewußt, und zwar 1. vom Sein zum bewußten Sein und 2. vom bewußten Sein zum bewußten Selbst, zum Selbstbewußtsein. Was das Bewußtsein hier erkennt, ist eine Erfahrung eigener Art, nämlich die Erfahrung des Selbst und des Vorgangs, durch den das Selbst sich autopoietisch hervorbringt.

Das Besondere an dieser neuen Entwicklungsstufe des Bewußtseins liegt also darin, *daß in der Selbsterkenntnis die Bestimmung des Selbst im Werden erkannt wird.* Das Sein begreift sich als ein notwendiges Werden, als Entwicklung. Erkannt wird jetzt, daß alles, was *ist*, aus innerer Notwendigkeit *wird.* Mehr noch: Das Bewußtsein begreift, daß es selber die treibende Kraft dieser Entwicklung ist. Alles Sein wird als ein Werden erkannt, das eigene Sein als ein Selbstwerden. Denn das, was das Selbstbewußtsein ans Licht befördert, ist kein fremdes Objekt, sondern das eigene Selbst. Wie der Bildhauer, der eine Statue aus einem Stein hervorzaubert, indem er das wegschlägt, was nicht zur Statue gehört, arbeitet das Bewußtsein an der Hervorbringung des eigenen Selbst. Mit dem Unterschied freilich, daß das Bewußtsein hier nicht an fremdem Material arbeitet, sondern an seinem eigenen.

Bevor wir zur dritten Entwicklungsstufe übergehen, wollen wir den Zusammenhang zur *Krise* in Erinnerung rufen. Wie spiegelt sich eine Krise im Bewußtsein auf der Entwicklungsstufe 1 und 2 wider? Für den Affen (Stufe 1) ist es schon eine lebensbedrohliche Krise, wenn es kein Futter mehr gibt. Sein Bewußtsein ist auf Objekte ausgerichtet. Wenn er die Banane sieht, denkt er an nichts anderes als an das Fressen. Beim Menschen ist zwar dieses „tierische“ Bewußtsein auch am Werk. Aber sein Bewußtsein hat zudem die Möglichkeit, die Nahrung bewußt und absichtlich liegenzulassen. Folglich kann ein Mensch z. B. aus verletzter Ehre in einen Hungerstreik treten und die Nahrung mit vollem Bewußtsein verweigern. Mit anderen Worten: *Der Mensch kann eine lebensgefährliche Krise annehmen, sie sogar selbst hervorrufen, vorausgesetzt er sieht in ihr einen Sinn.*

Natürlich entspricht der höheren Entwicklungsstufe polarlogisch auch eine höhere Krisenfähigkeit. Kein Affe kann Selbstmord begehen. Ein Mensch hingegen kann sein Leben beenden, wenn er darin keinen Sinn mehr sieht. Beides, *Gefahr und Chance*, liegt hier auf einer höheren Stufe vor. Der Chance, das Selbst zu entdecken und es bewußt zu gestalten, steht die Gefahr des Selbstverlustes durch Sinnleere gegenüber. Die Krise erreicht hier einen kaum zu überbietenden Härtegrad. *Von der Sachkrise wird sie zur Selbstkrise.* Wenn das Bewußtsein an der eigenen Sinnerzeugung scheitert, scheitert es zugleich auch an seiner Selbstproduktion.

Norbert Elias hat in einer Studie gezeigt, daß Mozarts

früher Tod (Mozart starb mit 35 Jahren) als Folge des Scheiterns an der sozialen Existenz betrachtet werden kann, als ein Scheitern „an der Sinnentleerung seines Lebens, dem totalen Verlust des Glaubens an die Möglichkeit, Erfüllung für das zu finden, was er sich in der Tiefe seines Herzens am meisten wünschte."[19] Offenbar war Mozart nicht mehr dazu fähig, in seinem Leben Sinn zu erfüllen. „Zwei Quellen seines Willens zum Weiterleben, aus denen sich das Bewußtsein seines eigenen Wertes und Sinnes speiste, waren dicht am Versiegen: die Liebe einer Frau, der er vertrauen konnte, für ihn selbst und die Liebe des Wiener Publikums für seine Musik."[20] Elias kommentiert das mit den Worten: „Es handelt sich um zwei unlösbare interdependente Schichten des Sinnverlustes, den er in seinen letzten Jahren erlebte. [...] Das ist gewiß eine Art der Sinnentleerung, an der jemand sterben kann."[21]

Die zweite Stufe der Bewußtseinsentwicklung ist mit der Entdeckung des Selbst verbunden. Dazu ist symbolisch vermittelte Sprache die entscheidende Voraussetzung. Sie erst ermöglicht Selbstreferenz. Die Subjekt-Objekt-Synthese verläuft von nun an nicht mehr nur linear, sondern zudem auch kreisförmig. Das Bewußtsein bringt jetzt autopoietisch das Selbst hervor.

19 Norbert Elias: Mozart. Zur Soziologie eines Genies. Frankfurt a. M. 1991, S. 9.
20 Norbert Elias: Mozart ..., S. 9.
21 Norbert Elias: Mozart ..., S. 11f.

Stufe 3: Ein selbstbewußtes und sinnerfüllendes Sein

Reflexion, zumal in einer symbolisch vermittelten Sprache, erlaubt es dem Selbstbewußtsein, über das eigene Selbst hinauszuwachsen: *Erkenne dich selbst, so erkennst du Gott!* Diese Maxime zeugt von *Selbsttranszendenz* (Selbstüberschreitung). Das meint nicht etwa einen Zustand der Entrücktheit, den man bei Einnahme von irgendwelchen Rauschmitteln hervorrufen kann. Gemeint ist vielmehr eine Entwicklungsstufe des Bewußtseins, die man als eine *geistige* Stufe des Selbst bezeichnen muß. Von dieser noch höheren Stufe aus sieht der Mensch das gesamte Leben (alles Wirken, Tun, Denken und Erleben) anders, nämlich als ein geistiges und verantwortungsvolles Handeln im kosmischen Rahmen. Zu einer solchen Über-sicht im wörtlichen Sinne über das eigene Leben und Selbst gelangt der Mensch erst, wenn sein Bewußtsein wiederum eine neue und qualitativ höhere Entwicklungsstufe erreicht hat. Und das ist nicht selten nach einer existentiell erschütternden Krise oder einem *Selbstverlust* der Fall (näheres dazu im Kapitel „Wege aus der Krise").

Hier blickt der Mensch gleichsam aus großer Distanz auf sein Leben und auf das, was er daraus gemacht hat, herab. Und erst aus dieser Perspektive öffnet sich ihm der vollständige Sinn seines bisherigen Lebens. Wer einmal tief genug tauchen mußte, um den existentiellen Grund seines Daseins zu berühren, überschreitet die Grenzen des Selbst – und erlebt eine Wesensverwandlung. Wie man gewöhnlich in einer verknoteten Situation den Überblick nur gewinnt, indem man die Kraft aufbringt, für eine kurze Zeit auf Distanz zu gehen, so entdeckt das Bewußtsein erst im Grenzbereich des Daseins das wahre Selbst. Solcher Selbsttranszendierung begegnen wir durchaus nicht nur in mystischen Traditionen. Auch die Existenzphilosophen haben sich mit diesem Phänomen eingehend befaßt. So prägte Karl

Jaspers 1919 für unausweichliche Lebenssituationen wie „Schuld", „Kampf" oder „Tod" den Begriff „Grenzsituationen".[22]

Unser Dasein spielt sich in unzähligen „Situationen" ab, die in der Regel durch Erwartbarkeit oder Kalkulierbarkeit gekennzeichnet sind. Der Terminus *Grenzsituation* drückt nun aber gerade aus: „es gibt ein anderes, aber zugleich: dies andere ist nicht für das Bewußtsein im Dasein."[23] Die Berührung mit der existentiellen Grenze hat daher verwandelnde Auswirkungen für das Bewußtsein. Im Passieren oder Berühren der Grenze öffnet sich der Blick für das Ganze der Existenz. Jaspers schreibt, „wir werden wir selbst, indem wir in die Grenzsituationen offenen Auges eintreten."[24] Der Ausdruck, „wir werden wir selbst", verweist auf eine werdende Identität, auf eine Wesensverwandlung, durch die der wahre Kern des Seienden im Werden hervortritt. „Die Grenze tritt in ihre eigentliche Funktion, noch immanent zu sein und schon auf Transzendenz zu weisen."[25]

Eine derart existentielle Grenzsituation entsteht beispielsweise, wenn das Bewußtsein an seinem eigenen Selbst verzweifelt. Wohl kein anderer Philosoph hat sich mit dem Thema Seins- oder Selbstverzweiflung so intensiv befaßt wie Sören Kierkegaard. Für die Verzweiflung erfand er sogar eine eigentümliche Wendung, nämlich *die Krankheit zum Tode*. Damit meint Kierkegaard nicht irgendeine unheilbare Krankheit, die zum Tode führt und mit diesem Ende den Leidenden womöglich

22 Karl Jaspers: Psychologie der Weltanschauungen. Berlin 1919, 4. Auflage, 1954. Vgl. auch Karl Jaspers: Philosophie. 3 Bände. Berlin 1932, 4., unveränderte Auflage, 1973, insbes. Band II: Existenzerhellung, Dritter Hauptteil.

23 Jaspers: Philosophie II ..., S. 203.

24 Jaspers: Philosophie II ..., S. 204.

25 Jaspers: Philosophie II ..., S. 204.

von seinen Qualen *erlöst*. Das Unüberbietbare an der *Krankheit zum Tode* liegt gerade *nicht* in dem unabwendbaren Ende, sondern in ihrer *unendlichen Fortdauer*. In Kierkegaards Worten:

„So ist dies Zum-Tode-krank-Sein das Nicht-sterben-Können, doch nicht so, als gäbe es noch Hoffnung auf Leben, nein, die Hoffnungslosigkeit ist, daß selbst die letzte Hoffnung, der Tod, nicht vorhanden ist. Wenn der Tod die größte Gefahr ist, hofft man auf das Leben; wenn man aber die noch entsetzlichere Gefahr kennenlernt, hofft man auf den Tod. Wenn dann die Gefahr so groß ist, daß der Tod die Hoffnung geworden ist, dann ist Verzweiflung die Hoffnungslosigkeit, nicht einmal sterben zu können."[26]

Existentielle Grenzerfahrungen sind meist eng mit Hoffnungslosigkeit und Verzweiflung verbunden, die zum Selbstverlust führen können. Kierkegaard meint aber noch eine Steigerung. In der Hoffnungslosigkeit, *nicht einmal sterben zu können*, erreicht das Bewußtsein den Punkt, an dem es sein eigenes Selbst *loszulassen wünscht, aber nicht kann und daran verzweifelt*. Erst wenn die Angst vor diesem Loslassen verschwunden und in einen wahrhaften Wunsch umgewandelt worden ist, erkennt das Bewußtsein die Tragweite der Unerträglichkeit, das eigene Selbst auszuhalten.

In einer solchen Grenzsituation erfährt der Mensch bisweilen plötzlich den Sinn seines Lebens klar und vollständig. Das Erlebnis muß derart wesensverändernd wirken, daß der Mensch nicht irgend einen, sondern *den* Sinn seines Lebens begreift. Von nun an weiß er mit unerschütterlicher Gewißheit, welchen Sinn er in seinem Leben zu erfüllen hat. Diese Gewißheit, die sein Leben gänzlich verändert, verdankt er jener Grenzsitua-

26 Sören Kierkegaard: Die Krankheit zum Tode. Übersetzt und herausgegeben von Liselotte Richter. Frankfurt a.M. 1984, S. 18.

tion, die man als eine *existentielle Krise*[27] betrachten darf. Durch sie gewinnt der/die Betroffene individuell Einblick in den Sinn seines/ihres Lebens. An dieser Grenze zum Selbstverlust gewinnt der Mensch unbegreiflicherweise ein höheres Selbst (vgl. „Der Tod als Weg und Wegweiser"). Wie können wir dieses Phänomen erklären?

Kierkegaards Antwort auf diese Frage halten wir für außerordentlich plausibel. Er ist nämlich der Ansicht, daß am tiefsten Punkt existentieller Grenzerfahrung dem Bewußtsein klar wird, daß sein Selbst nicht von Grund auf eine Selbstproduktion sein kann. Denn: Wäre das Bewußtsein von Grund auf eine Selbstleistung, so würde es sich in der existentiellen Not einfach ein anderes Selbst geben und auf diese Weise das unerträglich gewordene Selbst loswerden. Was der Mensch aber an der Grenze zum Selbstverlust erfährt, ist eben dies, daß er in seinem Selbst gleichsam gefangen ist. Jetzt öffnet sich ihm ein Ausweg aus der hoffnungslosen Verzweiflung der Krankheit zum Tode: die Wendung zum höheren Selbst, zum Geist, zu Gott. Nicht der unreife Schrei: *Rette mich vor dem Tod!*, sondern die inständige Bitte, *nimm mich auf!* zeugt von der Transzendenzberührung.

Das ist der Erlebnisort, an dem die Krise gipfelt und zugleich endet. Wenn sie den Menschen derart an den Rand des Abgrundes geführt hat, daß nicht einmal der gewünschte Tod eintrifft, schafft das Bewußtsein nicht selten den Durchbruch zum *Geist*. In solchen Grenzsituationen wird die Polarität *Krise/Entwicklung* in eindrucksvoller Weise augenfällig. Angesichts der Höhe der Entwicklung, die Grenzsituationen jäh bewirken

27 Aufschlußreiche Analysen und Fallbeispiele über eine Reihe von solchen Grenzsituationen bietet das Buch von Raymond Battegay: Grenzsituationen. Bern 1981.

können, erscheinen Krisen plötzlich in einem anderen Licht. Sie verlieren nämlich ihr Schreckensgesicht und verwandeln sich in einen Auftrag zur Sinnsuche und vor allem zur Sinnerfüllung.

Die Folgen der Selbsttranszendierung, die durchaus nicht jeder Mensch erlebt oder überlebt, sind und bleiben in der Form eines *Berichtes* nur begrenzt nachvollziehbar. Existentielle Erlebnisse und Wandlungen sind eben individuell adressiert und kaum mitteilbar. Das wußte schon der Chinese Tschuang-Tse, als er den Satz schrieb:

> „Denn die es fassen, reden es nicht, und die es reden, fassen es nicht."[28]

Dennoch: Auch er selbst hat es nicht unterlassen können, diesen Spruch dem gerechten und weisen *Gelben Kaiser* in den Mund zu legen. Und viele Menschen, die durch ein Nahtodeserlebnis eine Gottesberührung hatten, können nicht umhin, über das Unfaßbare ihres Erlebnisses zu reden. „Offensichtlich ist die akute mystische oder Grenzerfahrung eine ungeheure Intensivierung aller der Erfahrungen, in denen es einen Ich-Verlust oder eine Ich-Transzendenz gibt".[29]

Nach einer derart erschütternden Existenzkrise findet im geistigen Leben der Betroffenen eine völlige Umwertung aller bisherigen Werte statt. Ein gänzlich neues Wertesystem taucht auf. In ihm erfahren Ideale, Lebenseinstellungen, Wünsche und Bestrebungen eine unvorstellbare Relativierung. Beruf, Karriere, Reichtum und andere Äußerlichkeiten der Lebensart verändern sich von Grund auf. Es ist, als ob der Mensch ein Quantum

28 Tschuang-Tse: Reden und Gleichnisse. Übersetzt von Martin Buber. Zürich 1951, 6. Auflage, 1987, S. 148.

29 Abraham H. Maslow: Motivation und Persönlichkeit. Reinbek 1981, S. 196.

von dem ewigen Licht erblickt hätte und von nun an seine Augen, seine Sinne, seinen Verstand, kurz, sein Bewußtsein vor dieser absoluten Wahrheit weder länger verschließen könnte noch wollte. Solche Transzendenzberührung vermittelt den Betroffenen eine tiefe Überzeugung über die Sinnhaftigkeit des Lebens, eine unerschütterliche innere Ruhe und die Kraft für wahrhaftige Sinnsuche und Sinnerfüllung. In den Berichten über solche Erlebnisse tauchen, wie wir im nächsten Kapitel sehen werden, Leit- und Zentralmotive auf wie *Liebe*, *Wärme*, *Licht*, *kosmische Harmonie* und ähnliches.

Das markiert die Stufe 3 der Bewußtseinsentwicklung. Sie ist durch ein Bewußtsein gekennzeichnet, das im Leben nur noch einen Weg zum Sinn und eine Aufgabe zur geistigen Entwicklung sieht. *Geist* meint hier ein Bewußtsein, das seine Polaritätshälfte *Sinn* wenigstens an jener existentiellen Grenzsituation einmal in vollendeter Gestalt erblicken durfte. Einmal hat das Bewußtsein der Entwicklungsstufe 2 seine polare Struktur überschreiten und sich – wenn auch nur für einen Augenblick – mit seinem eigenen Sinn vereinen können. Das punktuelle Verlassen der polaren Struktur und der kurze Einblick in die *singulare Ruhe* der göttlichen Eintracht und Harmonie bewirkt eine Verwandlung alles polaren Lebens. Fortan wollen die Verwandelten ihr Selbst nur noch in diesem Sinn hervorbringen, autopoietisch, majorierend und absolut gewiß.

Angesichts eines derart geistigen Erlebnisses verlieren auch Krisen jeden Anflug von Sinnlosigkeit und Zerstörung. In der Berührung mit dem Geist *leuchtet* dem Menschen der Sinn der Krise buchstäblich *ein*. Der unverständige Ausruf: *Warum gerade ich...?* verstummt. Der Krise gegenüber empfindet der Mensch nunmehr sogar Dankbarkeit. Denn sie war es schließlich, die den Durchbruch zum Sinn und die Berührung mit dem höheren Selbst ermöglichte. Die gähnende *Sinnleere* des

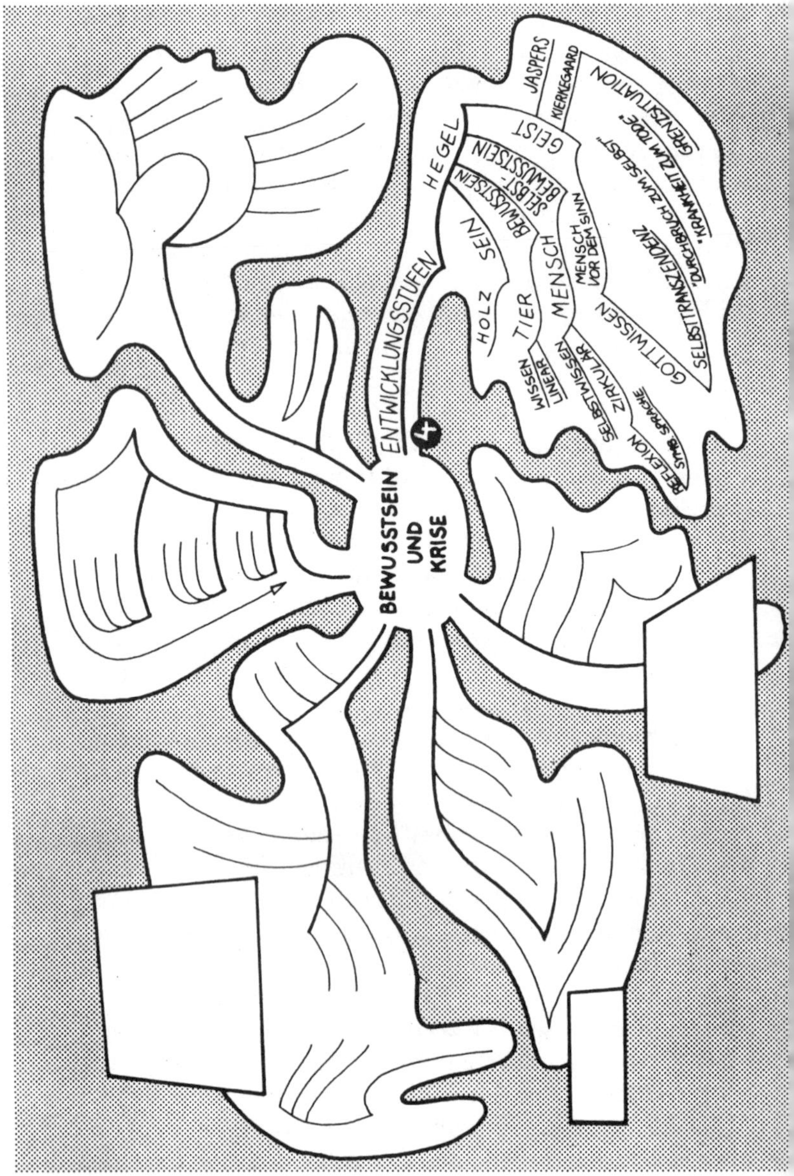
BEWUSSTSEIN UND KRISE
4
ENTWICKLUNGSSTUFEN
HEGEL
JASPERS
KIERKEGAARD
GRENZSITUATION
GEIST
"KRANKHEIT ZUM TODE"
"DURCHBRUCH ZUM SELBST"
SELBSTBEWUSSTSEIN
SELBST-BEWUSSTSEIN
BEWUSSTSEIN
SEIN
HOLZ
TIER
MENSCH
MENSCH VOR DEM SINN
SELBSTTRANSZENDENZ
GOTTWISSEN
WISSEN LINEAR
SELBSTWISSEN ZIRKULÄR
REFLEXION
SYMB. SPRACHE

Lebens verwandelt sich in eine vom Geist erfüllte und vom kosmischen Harmoniegesetz der Liebe durchdrungene *Sinnlehre*. Diesen Sinn gilt es nun, individuell zu verstehen und zu verwirklichen. Im Begreifen seines Woher und Wozu reift das Bewußtsein auf dieser Stufe endlich zu dem, was es war, ist und wieder werden soll: Geist.

> *Die Stufe 3 der Bewußtseinsentwicklung geht dem Selbst in einer existentiellen Grenzerfahrung auf den Grund. An der Grenze zum Selbstverlust entdeckt das Bewußtsein, daß das Selbst einem höheren Selbst, dem Geist, entstammen muß. Durch die Berührung mit ihm öffnet sich dem Bewußtsein der absolute Sinn seines eigenen Werdens.*

5. Bewußtsein und Sinnerfüllung

Unser Bewußtsein produziert unentwegt Sinn. Diese Tätigkeit nennen wir *Sinnproduktion*. Sie kann zufällig geschehen; sie kann sich aber auch absichtlich vollziehen. So wenig wir immer bewußt registrieren, daß unser Herz schlägt oder unser Magen gerade verdaut, so wenig sind wir uns auch dessen bewußt, daß unser Bewußtsein unaufhörlich *Welt* in *Sinn* verwandelt, sich selbst dadurch aufbaut und unsere Weltsicht dadurch prägt.

Zur Verdeutlichung ein Beispiel
Ein Kind, das sich einmal die Finger am heißen Backofen verbrannt hat, wird vorerst den Backofen meiden. Der Grund dafür liegt in der sinnproduktiven Tätigkeit seines Bewußtseins, also in der Subjekt-Objekt-Synthese. Durch sie wird im Bewußtsein ein neuer Sinn produziert, der da lautet: *Der*

Backofen ist ein gefährlicher Gegenstand. Gleichwohl weiß das Bewußtsein des Kindes nichts von diesem selbstproduzierten Sinn. Und das gilt im Prinzip vom Bewußtsein der Erwachsenen ebenso. Erwachsensein bedeutet ja nicht zwangsläufig, ein besseres oder höheres Bewußtsein zu haben.

Von der unbewußten *Sinnproduktion* hebt sich nun die *Sinnerfüllung* durch die Qualität der bewußten Reflexion ab. *Sinnerfüllung bezeichnet also die bewußte, absichtlich herbeigeführte und daher selbstverantwortete Sinnproduktion.* Sinnerfüllung resultiert aus der aktiven Sinnsuche und Sinnfindung eines Individuums. Sie ist bewußt und reflektiert; sie zeugt von der (Selbst-)Reflexion des Bewußtseins.

Das Wesentliche der Sinnerfüllung liegt darin, daß das Bewußtsein seiner Synthesetätigkeit, nämlich der Sinnproduktion, hellwach zuschaut und sie in eigene Regie nimmt. Hier weiß das Bewußtsein, was es tut, und vor allem wozu. Sind wir im Falle der Sinnproduktion Akteure, so verhalten wir uns im Falle der Sinnerfüllung gleichsam als Regisseure unserer Lebensgestaltung. Im ersten Fall macht das Schicksal etwas mit uns, im zweiten Fall machen wir etwas aus dem, was das Schicksal mit uns macht.

In diesem Abschnitt wollen wir die Frage untersuchen, wie der Mensch dazu angeregt werden kann, sich vom Leben nach einem Sinn, den er zu erfüllen hat, befragen zu lassen. Mit dieser Frage betreten wir die *Logotherapie*, und zwar sowohl in der Theorie als auch in der täglichen Praxis. Wir fangen mit der Praxis an, gehen dann zur Theorie über und versuchen schließlich, die Logotherapie mit der Bewußtseinsentwicklung zu verknüpfen.

Logotherapie als Praxis der sinnvollen Lebensgestaltung zielt auf die Behandlung von Neurosen, und zwar in der Regel der *noogenen Neurosen*, die mit einem *Gefühl der Sinnleere* einhergehen. Wie die Systematik von

Elisabeth Lukas zeigt (vgl. Abb. 3, S. 127)[30], greift die Behandlungsmethodik im wesentlichen auf drei Verfahren zurück, nämlich:

a) auf die Technik der *Paradoxen Intention*
b) auf die *Dereflexion* und
c) auf die *Einstellungsmodulation.*

Die *Paradoxe Intention* geht auf Frankl zurück, der als ihr Urheber gelten darf.[31] Die Symptome einer noogenen Neurose (also eines Leidens, das auf Sinnlosigkeitsgefühl beruht) werden paradoxerweise dadurch behandelt, daß sie den Patienten gerade *verschrieben* werden. Der einfache *Trick* funktioniert nicht nur bei Patienten, sondern auch im Alltag.

Ein einfaches Beispiel dafür sind Kinder, die sich jeden Abend etwas einfallen lassen, um das leidige Ins-Bett-Gehen hinauszuschieben. Statt nun Abend für Abend das aufreibende *Jetzt geh doch endlich ins Bett*-Theater zu veranstalten, sagt man ihnen geradezu: *Heute abend darfst du gar nicht ins Bett!* Was als Reaktion folgt, versetzt den Trickanwender jedesmal in Erstaunen: Der Trotzgeist stellt sich ein. Jetzt wollen alle Kinder auf einmal freiwillig und ganz rasch ins Bett gehen. Wie ist diese paradoxe Wirkung zu erklären? Frankl zufolge schlägt man einem verknoteten Verhalten sozusagen ein Schnippchen. Man überlistet andere, indem man ihnen das befiehlt, was sie selbst wollen. Will die 15jährige Tochter also etwa einem Guru nach Indien folgen, so sollte man auch mal diesen Trick ausprobieren: *Also hol die Koffer her, ich helfe dir beim Packen!*

Die paradoxe Intention hat sich inzwischen zum Kern der Kommunikationsforschung entwickelt. Ohne sich

30 Elisabeth Lukas: Auf der Suche nach Sinn. Logotherapie. In: Hilarion Petzold (Hrsg.): Wege zum Menschen. Paderborn, 3. Auflage, 1985. Band I, S. 451–522, insbes. S. 485ff.

31 Vgl. Viktor E. Frankl: Die Psychotherapie in der Praxis. Eine kasuistische Einführung für Ärzte. Wien, 4., erw. und neubearb. Auflage, 1982, S. 35–54.

auf den Urheber zu berufen, wird diese Technik als ein Trick zur Lösung von kommunikativen Alltagsknoten verwendet. Bestseller mit einem Titel wie „Anleitung zum Unglücklichsein“[32] sind hervorragende Beweise für die Anziehungskraft der Paradoxen Intention.

Der Trick kann auch bei Menschen helfen, die an einer *Sinnkrise* leiden. Eines Therapeuten bedarf es dazu nicht unbedingt. Ein verständiger Mensch tut es auch. Er muß den Trick nur ernst genug vorspielen. Und die Wirkung bleibt nicht aus. Ein Bewußtsein, das bei seiner Sinnsuche in eine Sackgasse geraten ist, kehrt sofort um, wenn man ihm verschreibt, nun mit aller Kraft mit dem Kopf durch die Wand zu gehen.

Dereflexion[33] eignet sich insbesondere für die Fälle, in denen sich ein Mensch in eine Angelegenheit verbohrt hat. Hier versucht man, nicht das Symptom zu verschreiben, sondern von ihm abzulenken und dadurch bei dem Patienten eine Selbstdistanzierung herbeizuführen. Nicht das Ironisieren der *Paradoxen Intention*, sondern das *Ignorieren des Problems* steht hier im Vordergrund der Behandlungsmethode.

Wenn jemand glaubt, sein Herz bleibt stehen, so wird er sich in diese fixe Idee derart hineinsteigern, daß er die Organfunktion am Ende mit seinen permanenten Gedanken stören wird. Die Körperfunktion, „die besser unbeachtet bliebe, um vollkommen natürlich und ‚automatisch‘ zu erfolgen“[34], gibt nun Anlaß zur intensiveren Beobachtung, wodurch ein Teufelskreis entsteht. Die Logotherapie spricht in einem solchen Fall von *Hyperreflexion.* Heilung erzielt man hier durch schlichte Ablenkungsmanöver.

32 Vgl. etwa Paul Watzlawick: Anleitung zum Unglücklichsein. München 1983. Vgl. auch andere Arbeiten von Watzlawick u. a. im Literaturverzeichnis.

33 Frankl: Die Psychotherapie in der Praxis …, S. 54–60.

34 Elisabeth Lukas: Auf der Suche nach Sinn …, S. 489.

Einstellungsmodulation zielt auf einen Perspektivenwechsel. Menschen, denen ihr Leben etwa nach einer schicksalhaften Krise sinnlos erscheint, erfahren hier modellhaft, daß es immer auch andere Perspektiven, andere Paradigmen und andere Interpretationen der Dinge und der Welt gibt. Ein überzeugendes Beispiel dafür erwähnt Frankl in einem Vortrag.

Ein Arzt, dessen Frau vor zwei Jahren gestorben ist, kann seine Depressionen nicht überwinden. Er sucht Frankl auf und bittet ihn um ernsthaften Rat. Was ist zu tun? Die Verstorbene ist ja nicht wieder lebendig zu machen, also muß hier eine Einstellungsmodulation stattfinden. Frankl stellt folgende Frage:

„'Sagen Sie, lieber Herr Kollege, was wäre gewesen, wenn Ihre Frau nicht zuerst gestorben wäre, sondern Sie selbst?, 'Das wäre furchtbar für sie gewesen,, sagte er, 'wie die Arme gelitten hätte.,"

Frankl nimmt nun folgende Einstellungsänderung vor:

„'Sie werden zugeben, dieses Leid ist Ihrer Frau erspart geblieben. Und Sie sind es, der es ihr erspart hat. Allerdings um den Preis, daß Sie nun ihr nachtrauern müssen.,"

Dieser Hinweis, ein Perspektivenwechsel, bewirkt im Bewußtsein des Ratsuchenden eine „kopernikanische Wende."[35] Für ihn verliert sein Leid von nun an die Sinnlosigkeit, da er weiß, wozu er leiden muß.

Die logotherapeutische Praxis besteht, wie man sieht, aus einem komplexen kommunikativen Geschehen, das darauf zielt, Wege zum Sinn aufzuzeigen.[36] Solche Wege finden ihre allgemeine Begründung in Frankls *Existenzanalyse.*[37] Beide Begriffe, *Logotherapie* und *Existenzana-*

35 Viktor E. Frankl: Kollektiv und Person. Toncassette, Produktion Mäser Studios in Zusammenarbeit mit dem ORF-Landesstudio Vorarlberg 1987.

36 Alfried Längle (Hrsg.): Wege zum Sinn. Logotherapie als Orientierungshilfe. München 1985.

37 Alfried Längle (Hrsg.): Entscheidung zum Sein. Viktor E. Frankls Logotherapie in der Praxis. München 1988.

lyse, werden indessen häufig – auch von Frankl selbst – synonym verwendet.[38] Der Ansatz zielt darauf, zum einen die Sinnfrage anthropologisch und philosophisch zu klären, zum anderen aber im Einzelfall konkrete Hilfe zur Sinnsuche zu geben.[39] Eine solche Lebensphilosophie (und ihre konkrete Anwendung) ergänzt die Psychopathologie und Psychiatrie, indem sie seelisches Leiden als eine geistige Angelegenheit auffaßt, die durch Sinnsuche und Sinnerfüllung behandelt werden kann.

An dieser Stelle leiten wir unsere bisherigen Ausführungen über zur Betrachtung der Logotherapie als einer am Bewußtsein orientierten anthropologischen Theorie des Menschseins. Denn offenbar hat dieser Ansatz im Kern mit dem menschlichen Bewußtsein zu tun. Recht besehen, setzt die logotherapeutische Betrachtung der menschlichen Existenz eine implizite Bewußtseinstheorie voraus. Allerdings ist der polare Zusammenhang von *Bewußtsein* und *Sinn* weder durch Frankl noch durch seine Nachfolger explizit beleuchtet worden. Das ist der Grund, weshalb wir die These vertreten, daß sich Frankls Logotherapie und Existenzanalyse in fruchtbarer Weise mit der Bewußtseinstheorie verknüpfen lassen. Damit wollen wir keineswegs den Anspruch erheben, die Logotherapie zu verändern oder in ihrem Kern zu kritisieren. Wir beleuchten sie lediglich vom Standpunkt unseres ganzheitlichen Denkens.

Wir erinnern zunächst an eine der Kernthesen Viktor Frankls, die wir in der fünften Grundfrage des ersten Kapitels behandelt haben. Sie lautet: Um die Sinnzusammenhänge in einer bestimmten Lebenslage (oder allgemein: auf einer bestimmten Ebene) zu begreifen, müssen wir uns auf eine höhere Ebene bzw. Dimension hinaufbegeben. In der zweidimensionalen Ebene bei-

38 Frankl: Die Psychotherapie in der Praxis …, S. 61–76.
39 Alfried Längle: Sinnvoll leben. Sankt Pölten, 2. Auflage, 1988.

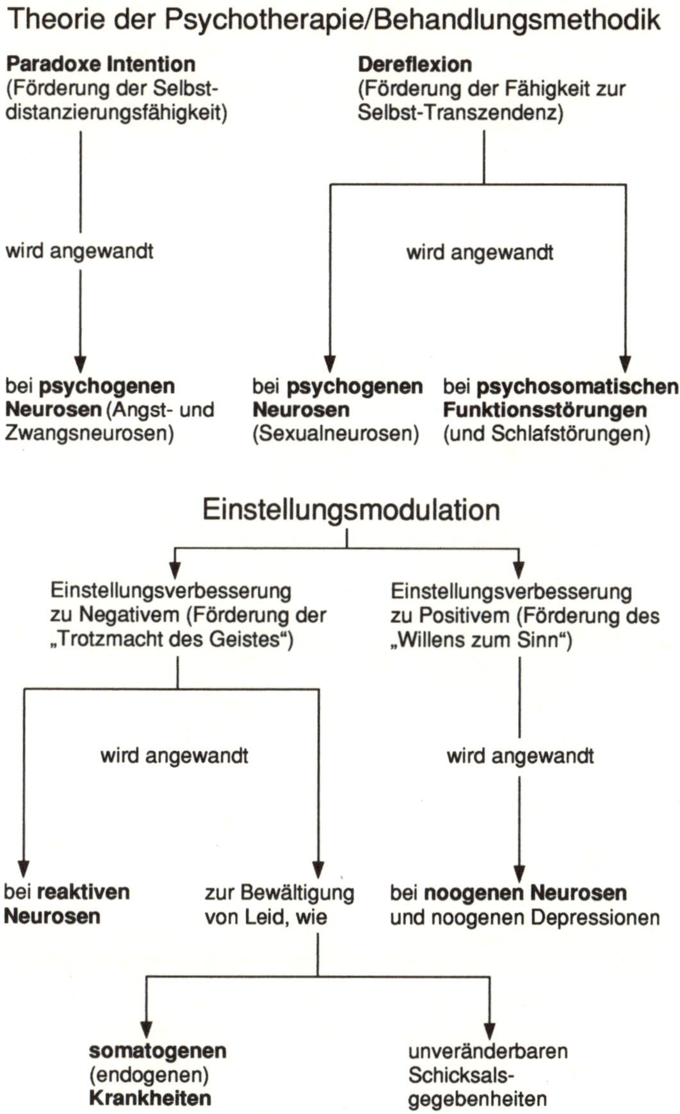

Abb. 3, aus: Elisabeth Lukas: Auf der Suche nach Sinn …, S. 486.

spielsweise widersprechen sich die geometrischen Figuren Rechteck und Kreis; ihre Projektion scheint unvereinbar (Quadratur des Kreises). Betrachten wir sie hingegen von einem dreidimensionalen Standpunkt aus, so erkennen wir in ihnen zwei Aspekte ein und derselben Sache, nämlich eines Zylinders.

Dieser Grundgedanke läßt sich nun auf kritische Situationen des Menschen im konkreten Leben übertragen. Der Mensch läßt sich weder nur als ein Organismus auffassen und restlos auf eine biologische Ebene projizieren, noch nur als ein seelisches Wesen begreifen und auf eine psychologische Ebene projizieren. Jede der beiden Ebenen ergibt, für sich genommen und verabsolutiert, ein falsches und unvollständiges Bild vom Menschen. Die beiden Ebenen lassen sich jedoch als die zwei Aspekte ein und derselben *geistigen* Ganzheit betrachten. *Geist* ist also die höhere Dimension, in der die *Einheit* der beiden Aspekte des Menschen (Körper und Seele) zum Vorschein tritt.[40] Dieses Modell der *Dimensionalontologie* überträgt Frankl auf ausweglos erscheinende Lebenssituationen, in denen wir keinen Sinn sehen. Wo immer der Mensch an dem Phänomen der Sinnlosigkeit leidet, kann dieses Leid nur dadurch ein Ende finden, daß der Leidende von der niedrigeren Dimension auf eine höhere hinaufsteigt.

Die Aufforderung, sich auf eine höhere Dimension zu begeben oder dem notleidenden Menschen zu helfen, dorthin zu kommen, betrachten wir als einen Anstoß zur *geistigen Dynamik.* Wir interpretieren sie als eine Leistung, die vom Bewußtsein erbracht werden muß. Frankls Ansatz enthält in diesem basalen Punkt eine

40 Vgl. Viktor E. Frankl: Der Wille zum Sinn. Ausgewählte Vorträge über Logotherapie. Bern 1972, 3., erweiterte Auflage, 1982, S. 143ff.

zwar implizite, aber nicht entfaltete Bewußtseinstheorie.

Wenn der depressive Arzt, der um Frankls Rat bittet, nach einem kurzen logotherapeutischen Gespräch sein Leiden in eine höhere Dimension einzuordnen begreift und dadurch eben von dessen Sinnlosigkeit befreit wird, so liegt das an seiner nunmehr *veränderten Bewußtseinslage*, denn an dem äußeren Tatbestand hat sich ja nichts geändert. Seine „kopernikanische Wende" zeugt von einem tiefgreifenden Bewußtseinswandel, in dessen Licht sich die Welt dem Betrachter plötzlich völlig anders darstellt.

Ein neuer Sinn und ein neues Bewußtsein lassen sich, wie man sieht, voneinander nicht trennen. Wer nach Sinn strebt, befindet sich auf dem Wege der Bewußtseinsentwicklung, d.h. auf einem geistigen Weg der Selbsterkenntnis. Die Quintessenz der logotherapeutischen Einsicht läßt sich den schlichten Worten von Yehuda Bacon entnehmen: „... du mußt selbst ein anderer werden ..." Das erinnert an Rilkes archaischen Torso Apollos (vgl. Grundfrage 2): In Krisen- und Grenzsituationen ist in der Tat „keine Stelle", die uns nicht sieht; da ist kein Entrinnen mehr möglich, wir müssen unser Leben ändern. Und wie soll das ohne Bewußtseinswandel möglich sein?

Weder die Anwendung der Logotherapie in der Praxis noch ihre theoretisch-anthropologische Fundierung können letztendlich ohne Rekurs auf eine explizit formulierte Bewußtseinstheorie auskommen. Einstellungsmodulation und Dimensionalontologie sind Nutznießer eines implizit vorausgesetzten, aber nicht explizit entfalteten Rückgriffs auf eine Bewußtseinstheorie. Diesem impliziten Rekurs muß eine wissenschaftstheoretische Explikation folgen, wenn die Logotherapie ihren situativ-pragmatischen Status überwinden und sich anthropologisch fundieren soll. Der Bezug auf Sinn setzt

Bewußtsein voraus. *Sinn ohne Bewußtsein ist taub, Bewußtsein ohne Sinn leer.* Erst durch die Sinnerfüllung füllt sich das Bewußtsein inhaltlich mit Sinn. Und erst im Bewußtwerden der selbstproduzierten Sinngegenstände wird das Bewußtsein zu dem, was es ist, wird und sein soll: Geist.

Zur Selbsterkenntnis gibt es in der Tat keinen Weg, der *nicht* über Sinnproduktion und Sinnerfüllung führen würde. Jede Bewußtseinsentwicklung setzt immer schon (unbewußte) Sinnproduktion und (bewußte) Sinnerfüllung voraus und öffnet so einen Weg zum Selbst. Daher schlagen wir vor, die Autopoiesis der Bewußtseinsentwicklung mit der Logotherapie Frankls zusammenzudenken. Der einen Theorie verdanken wir fundamentale Einsichten in die *formale* Entwicklung des Bewußtseins, der anderen wertvolle *inhaltliche Orientierungshilfe.* Eine Synthese der beiden bietet sich geradezu an, wenn die Polarität *Bewußtsein* und *Sinn* als die höhere Dimension betrachtet wird, in der sie ihre Einheit offenbaren.

Weil *Bewußtsein* und *Sinn* polar zusammenhängen, entsteht am Ende der Sinnsuche und Sinnerfüllung ein neues Bewußtsein, eine höhere geistige Einstellung zum bisherigen Sinn. Diese Bewußtseinsentwicklung erlebt der Mensch als *kopernikanische Sinnwende*, die ohne eine mit ihr polar korrespondierende Bewußtseinswende nicht zustande käme.

Wissenschaftstheoretiker pflegen in solchen Fällen von einem „Paradigmenwechsel“ zu sprechen.[41] Ein Paradigma spiegelt die Welt im Bewußtsein des Subjekts wider. Sinn und Selbst, Sinnsuche und Bewußtsein, Sinnerfüllung und Selbstwerden offenbaren in dieser Sicht ihre Affinität und ihren polaren Wechselbezug. Es

41 Thomas S. Kuhn: Die Struktur wissenschaftlicher Revolutionen. Frankfurt a.M., 2. Auflage, 1976.

gibt keine Sinnerkenntnis ohne Selbsterkenntnis.[42] Und jeder Selbsterkenntnis geht eine Bewußtseinsentwicklung voraus. Daher bedarf die Logotherapie der wissenschaftstheoretischen Fundierung durch eine Bewußtseinstheorie. Das scheint um so dringlicher, als sie mit Frankl zwar auf einem Höhepunkt angelangt, seitdem aber dort stehengeblieben ist.

Verknüpfen wir die im vierten Teil dieses Kapitels ausgeführten Stufen der Bewußtseinsentwicklung mit Frankls Logotherapie, so wird klar, daß alle Sinn*produktion* aus inneren Gründen dazu neigt, sich in Richtung Sinn*erfüllung* zu entwickeln. Der sinnhafte Aufbau der eigenen Welt vollzieht sich in zunehmend bewußter Weise. Das bedeutet, der Mensch übernimmt mit steigendem Bewußtsein zunehmend bewußter die Verantwortung für sein eigenes Wahrnehmen und Tun, Erleben und Empfinden, Denken und Urteilen. Von hier aus kann die logotherapeutische Sinnerfüllung in die autopoietische Dynamik der Bewußtseinsentwicklung geleitet werden. Sie erhielte in diesem Fall eine anthropologische Dynamik in Richtung Vervollkommnung und Geist, ohne daß sich dabei normative Probleme ergäben. *Logotherapie ist der Weg zur Sinnerfüllung, und Sinnerfüllung ist das Mittel zur geistigen Vollendung des Menschen.* Eine Synthese liegt nahe.

Wir vertreten daher die These, daß eine dynamische Anthropologie die Logotherapie auf ein dauerhafteres wissenschaftstheoretisches Fundament zu stellen vermag, als die bislang angeführten Argumente dies getan haben. Ein solches Argument ist etwa die Behauptung, daß wir heute nicht mehr wie zur Zeit Sigmund Freuds oder Alfred Adlers mit einer *sexuellen Frustration* oder einem *Minderwertigkeitsgefühl* zu tun hätten, sondern

42 Walter Böckmann: Sinn und Selbst. Wege zur Selbst-Erkenntnis. Weinheim 1989.

vielmehr mit „einem abgrundtiefen Sinnlosigkeitsgefühl".[43] Das Argument liefert allenfalls eine auf „unsere Zeit" begrenzte Legitimation für die Logotherapie. Ändern sich die Umstände unserer Zeit, müßte die Logotherapie folglich überflüssig werden. Darin liegt ein Bumerangeffekt.

Zudem: Trifft es wirklich zu, daß wir „in einem Zeitalter eines um sich greifenden Sinnlosigkeitsgefühls"[44] leben? Gab es nicht vielmehr zu allen Zeiten und bei allen Schichten von Menschen überall in der Welt das Gefühl des existentiellen Vakuums? Wir haben an anderer Stelle auf Mozarts frühen Tod hingewiesen, den Norbert Elias als Folge einer solchen Sinnleere interpretiert.[45] Mozart wäre nicht das einzige Beispiel. Die Gründe für das tiefe Empfinden der Sinnleere sollten nicht außerhalb der Person gesucht werden. Das Gefühl der Sinnlosigkeit kommt in jeder Gesellschaft und in jedem Leben vor. Aber es hängt nicht wesentlich mit den äußeren Umständen zusammen, sondern wurzelt vielmehr im Bewußtsein des Menschen. Daher handelt es sich hier keineswegs um eine Zeit- oder Modeerscheinung, sondern um etwas Ur-Menschliches. Das Phänomen, mit dem wir es hier zu tun haben, ist abzukoppeln vom Lauf der Zeit und dem Wechsel der Zeiten. Das existentielle Vakuum muß anthropologisch begründet werden, wenn es Anspruch auf Dauergeltung erheben soll.

Die zutreffende logotherapeutische Einsicht, „daß der Mensch im Grunde ein Wesen auf der Suche nach Sinn ist"[46], bedarf einer anthropologischen Fundierung da-

43 Viktor E. Frankl: Der Mensch vor der Frage nach dem Sinn. Eine Auswahl aus dem Gesamtwerk. München 1979, 2. Auflage, 1980, S. 141.
44 Frankl: Der Mensch vor der Frage nach dem Sinn ..., S. 156f.
45 Norbert Elias: Mozart ... (vgl. Fußnote 19).
46 Elisabeth Lukas: Auf der Suche nach Sinn ..., S. 451.

hingehend, daß dieses mit Selbstbewußtsein begabte Wesen dazu bestimmt ist, sich in Richtung Geist zu entwickeln, und daß dies nicht anders vor sich gehen kann als durch Sinnerfüllung. Eine solche Fundierung durch eine Theorie der Bewußtseinsentwicklung erspart der Logotherapie, ihre wissenschaftstheoretische Legitimierung auf dem *vergänglichen* Boden der Modeneurosen vorzunehmen.

Daß die autopoietische Struktur des Bewußtseins den Menschen in die Lage versetzt, *seine* Welt Stück für Stück als Sinnbausteine aufzubauen und diese *Welt* letztlich als einen *Selbstaufbau* zu begreifen, läßt erkennen, daß in diesem Prozeß *Bewußtsein* und *Sinn* polar miteinander verknüpft sind. Das eigene Selbst wird in dieser Betrachtungsweise nicht nur als eine Bewußtseinsleistung hervorgebracht, sondern – polarlogisch gesehen – als eine Sinnleistung. Für die Polarität *Bewußtsein/Sinn* gilt wie für jede Polarität, daß die beiden Hälften nach Vereinung streben. Die Reflexion über eine Synthese von *Bewußtsein* und *Sinn* führt den Menschen auf den Entwicklungsweg zu seinem Selbst. Darin liegt unserer Auffassung nach die einzig plausible wissenschaftstheoretische Untermauerung der Logotherapie. Frankl hat sehr deutlich gesehen, daß die Extrapolation der Sinnsuche und Sinnerfüllung zum Geist führt. Darin hat er implizit die *innere Tendenz* der Bewußtseinsentwicklung in Richtung Geist unterstellt:

„Wann immer der Mensch jedoch solcherart sich selbst übersteigt, erhebt er sich selbst über sein eigenes Psychophysikum, verläßt er die Ebene des Somatischen und des Psychischen und betritt den Raum des eigentlich Menschlichen, der durch eine neue, durch die noetische Dimension, die Dimension des Geistigen, konstituiert ist“.[47]

47 Frankl: Die Psychotherapie in der Praxis …, S. 62.

Der geistige Wille, etwas aus dem zu machen, was das Schicksal mit uns macht, verharrt nicht länger im Status einer pragmatisch-situativen „Forderung der Stunde", wie Frankl etwas mißverständlich formuliert.[48] (Worin liegt denn eigentlich die „Forderung der Stunde" etwa bei einem Menschen ohne Rückgrat?)

Wir meinen, daß die Notwendigkeit einer situativen Begründung auf den Mangel an wissenschaftstheoretischer Fundierung zurückgeht. Sinnerfüllung ist weder *situativ* noch *richtungslos.* Sie darf – darin ist Frankl zuzustimmen – nicht als eine *moralisierende Angelegenheit* verstanden werden. Aber ebensowenig darf sie sich mit der *pragmatisch-situativen* Legitimation des Handelns je nach *Forderung der Stunde* bescheiden. Hier liegt ein ungelöstes Problem und das Dilemma der Logotherapie und Existenzanalyse. Aus diesem Dilemma hilft die Verknüpfung der Franklschen Theorie mit der Theorie autopoietischer Systeme, auf die wir im nächsten Abschnitt dieses Kapitels im Anschluß an Hegels Philosophie noch näher eingehen werden.

> Sinnproduktion = *unbewußte Produktion von Sinn.*
> Sinnerfüllung = bewußte und gewollte Produktion von Sinn.
> Logotherapie, die vom Sinn *handelt, ohne das mit ihm polarlogisch zusammenhängende* Bewußtsein *explizit in den Blick zu nehmen, kann sich nur auf kurzsichtige Legitimationen stützen. Es ist daher notwendig, diese* Sinn*philosophie mit einer* Bewußtseins*philosophie zu verknüpfen.*

48 Frankl: Der Mensch vor der Frage nach dem Sinn ..., S. 157.

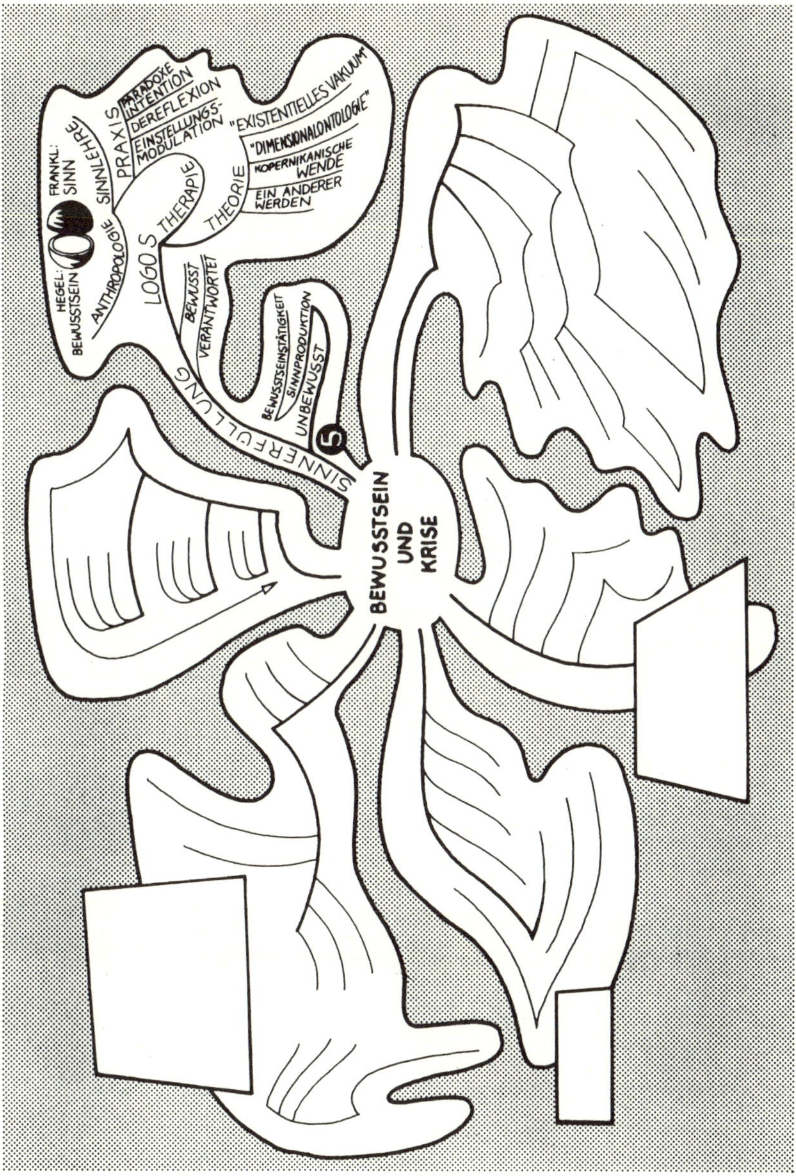

BEWUSSTSEIN UND KRISE
5
SINNERFÜLLUNG
LOGOS
ANTHROPOLOGIE
HEGEL: BEWUSSTSEIN
FRANKL: SINN
SINNLEHRE
PRAXIS
PARADOXE INTENTION
DEREFLEXION
EINSTELLUNGS-MODULATION
THERAPIE
THEORIE
"EXISTENTIELLES VAKUUM"
"DIMENSIONALONTOLOGIE"
KOPERNIKANISCHE WENDE
EIN ANDERER WERDEN
BEWUSST
VERANTWORTET
BEWUSSTSEINSTÄTIGKEIT
SINNPRODUKTION
UNBEWUSST

6. Bewußtsein und Geist

Im Bewußtsein ist die Tendenz angelegt, sich in Richtung Geist zu entwickeln. Es handelt sich bei dieser Tendenz um den autopoietischen Entwicklungsweg des Bewußtseins in Richtung seiner Vervollkommnung, in Richtung *Geist*. Diese Entwicklung beschreibt keine Linie, sondern, wie wir in diesem Abschnitt sehen werden, einen *Kreis*, so daß das Bewußtsein an seinem Ziel (Geist) wieder zu seinem Urgrund und Ursprung zurückfindet (Geist) und in ihm sein eigenes und eigentliches Selbst wiedererkennt. Dieser Gedanke ist bei den alten Griechen, aber vor allem in Hegels Philosophie zur höchsten Vollendung entfaltet.

Der Entwicklungsweg des Bewußtseins in Richtung Geist führt – so unsere These – nur über bewußte Sinnerfüllung. Durch sie wird sich das Bewußtsein seiner eigenen geistigen Herkunft, seines Woher, und – der Kreisbewegung eingedenk – auch seiner Zweckbestimmung, seines Wozu, bewußt. Durch Sinnerfüllung erkennt das Bewußtsein am Ende sich selbst als ein *sinnerfüllendes und selbstbewußtes* Sein, das auf einen Entwicklungsweg gesetzt ist. Dieser Entwicklungsweg verläuft autopoietisch, aber nicht automatisch. Ohne Zutun des Menschen selbst kann er nicht beschritten werden. Und er gelingt in dem Maße, in dem sich der Mensch dieses sinnerfüllenden Auftrages zur geistigen Entwicklung bewußt wird.

In der Autopoiesis liegt somit kein Automatismus und keine Determination, sondern lediglich eine *innere Tendenz*, eine (Sinn-)*Richtung*, die der Mensch begreifen, d.h. mit Sinn füllen muß. Indem der Mensch in den Ereignissen seines Lebens Sinn erfüllt, füllt er sein Bewußtsein mit Sinn und bewegt sein Selbst in Richtung Geist. Jeder Schritt in Richtung Geist ist eine Selbstleistung.

Geist ist etwas Allgemeines, das Bewußtsein etwas Individuelles. Zum Geist führen unzählige Wege. Insofern läßt sich die Sinnerfüllung nicht für alle verbindlich festlegen. Das aber bedeutet nicht, daß sie tendenzlos wäre, und jeder in jedem Unfug seinen sadistischen Sinn erfüllen sollte. An dieser Stelle hilft ganzheitliches Denken (vgl. die drei Schritte des ganzheitlichen Denkens im dritten Abschnitt des Kapitels „Ganzheit und Krise"). Es geht dabei um die Methode, der Sinnrichtung (der inneren Tendenz) von polaren Erscheinungen einen Richtungssinn abzugewinnen.

Unsere Frage lautet: Welchen Sinn mag es haben, daß das Bewußtsein sich selbst denkend und handelnd produziert? Der Sinn liegt schon in der Sinnrichtung der Entwicklung, nämlich darin, Geist zu werden. Die Frage nach dem Sinn der eigenen Entwicklung ist somit nichts anderes als die Frage nach der bewußten und selbstverantworteten Sinnerfüllung. Nur indem das Bewußtsein Sinn erfüllt, wird es seiner Bestimmung, Geist zu werden, inne. Wir sehen also,

1. daß das Bewußtsein sich selbst hervorbringt;
2. daß das Bewußtsein sich selbst entwickelnd, d.h. qualitativ verbessernd (majorisierend) hervorbringt;
3. daß das Bewußtsein sich der Entwicklung, die es in seinem Selbst hervorbringt, bewußt ist;
4. daß das Bewußtsein nach dem Sinn dieser Entwicklung, die letztlich eine Selbstentwicklung ist, fragt;
5. daß das Bewußtsein schließlich mit dieser Frage unentrinnbar die Verantwortung für sein Selbstwerden übernimmt.

Wie sieht das *Bewußtsein* am Ende eines unvorstellbar langen Weges der Sinnsuche und Sinnerfüllung aus? Wir können diese Frage nicht mit Bestimmtheit beantworten, denn sie ist eine metaphysische. Doch die Extrapolation scheint uns klar und eindeutig. Irgendwann nämlich besteht das Bewußtsein nur noch aus *Sinn*, und zwar aus vollendetem Sinn.

An diesem Endpunkt aller Bewußtseinsentwicklung ist die Polarität *Bewußtsein/Sinn* zugleich aufgehoben. Denn das Bewußtsein ist nunmehr keinerlei Sinnsuche und Sinnerfüllung bedürftig. Es ist vollendet in dem Sinne, daß es seine Sinnbestimmung erreicht hat. Wer kann über ein so vollendetes und absolut sinnerfülltes Bewußtsein verfügen? Offenbar kein Mensch, sondern nur Gott. Er ist die vollendete Einheit von absolutem Bewußtsein und absolutem Sinn und steht deshalb auch außerhalb jeglicher Entwicklung. Sein Geist muß eine Dimension höher liegen als der Kontext der Polarität, und das ist Singularität: die Identität von Bewußtsein und Sinn. Im Geist Gottes herrscht keine Zweiheit, sondern nur noch Einheit.

Die geistige Tendenz unseres polaren Bewußtseins läßt sich, von diesem Endpunkte der Entwicklung her zurückgedacht, als eine Entwicklung in Richtung des absoluten Sinnes bzw. des absoluten Bewußtseins begreifen, denn alle Entwicklung strebt ja der qualitativen Verbesserung und Vervollkommnung zu.

Fazit: *Die Entwicklung des Bewußtseins weist eine geistige Tendenz bzw. eine Sinnrichtung auf. Je mehr und je tiefer das Bewußtsein in dieser Richtung Sinn erfüllt, um so mehr und um so höher füllt es sich selbst mit Sinn. Diese Entwicklung hat einen klaren Richtungssinn, der zugleich auf ihren Endzweck verweist: Das Bewußtsein bewegt sich aus inneren Gründen in Richtung Vollkommenheit und Geist.*

Betrachten wir nun die Form dieser Entwicklung, so könnte sie auf den ersten Blick wie eine progressiv-lineare Aufwärtsbewegung aussehen. In seiner Philosophie des Geistes zeigt Hegel jedoch, daß sich das Bewußtsein kreisförmig entwickelt. Um das zu beweisen, macht Hegel eine Voraussetzung, nämlich die, daß das

Bewußtsein ursprünglich Geist gewesen sein muß. Sein ewiges Treiben in Richtung Geist kann gleichsam als eine angelegte Sehnsucht nach Wiedervereinung gedeutet werden.

Im Zentrum der Hegelschen Philosophie steht das Denkunterfangen, diese eine Voraussetzung einzuholen, um den göttlichen Ursprung unseres Bewußtseins unter Beweis zu stellen. Es ist einer der wohl kompliziertesten Gedanken, und zwar deshalb, weil hier mit Hilfe des Denkens das Undenkbare erschlossen werden soll.

Schlicht ausgedrückt, argumentiert Hegel folgendermaßen: Zu Beginn war der Geist, und am Ende soll wieder Geist sein, dazwischen liegt die Entwicklung, die als Selbstentwicklung des Bewußtseins zu verstehen ist. Diese Entwicklung, die wir im Anschluß an die Logotherapie als *Sinnerfüllung* interpretiert haben, soll die polare Spaltung der Bewußtseinsstruktur (Ich/Welt; Bewußtsein/Sinn) überwinden helfen. Die Vollendung der Sinnerfüllung bedeutet das absolute Bewußtsein, d.h. die Vereinung des Bewußtseins mit dem Sinn.

Handelt es sich aber bei diesem Unterfangen der Bewußtseinsentwicklung nicht letztlich um ein Nullsummenspiel? Kommt nicht am Ende das heraus, was auch am Anfang da war? Wäre es nicht besser, daß nichts entstünde? Mephisto stellt ja bekanntlich diese Frage. Damit unterstellt er, daß das Werden des Bewußtseins zu dem, was es war, keine Entwicklung einschließt. Der Kreis, der Anfang und Ende miteinander verbindet, ist unser geistiger Werdegang. Wer ihn negiert, sieht im Leben und Werden keinen Sinn.

Daß das Bewußtsein sich entwickelt, muß wohl auf Gottes eigene Absicht zurückgehen. Denn für Gott gibt es nichts, was keinen Sinn ergäbe. Er ist der absolute Geist, die absolute Vernunft und daher – so können wir hinzufügen – auch der *absolute Sinn.* Daß die Entwicklungsgesetze so angelegt sind, muß aber – vom Ursprung her gedacht – auch schon Gottes eigener Wille gewesen sein. So ist denn Gott in doppeltem Sinne als *Ausgangspunkt* vorauszudenken. Durch ihn hat alle Entwicklung begonnen, und in ihm wird sie enden. Hegel erkennt in dieser göttlichen Inszenierung drei Stadien:

1. Im ersten Stadium war das Bewußtsein im Zustand absoluter Vollkommenheit. Hegel nennt es das Stadium des „Ansich". Wir nennen dieses Stadium die *Ur-Eins* oder die *ursprüngliche Einheit.*
2. Im zweiten Stadium befindet sich das Bewußtsein auf dem Weg der Entwicklung. Hegel nennt es das „Fürsich". Wir nennen dieses Stadium die *Polarität* oder *Zweiheit.*
3. Im dritten Stadium schließlich vereint sich das Bewußtsein nach einem unvorstellbar langen Weg der Entwicklung wieder mit seinem göttlichen Ursprung. Hegel nennt es das „An- und Fürsich". Wir nennen es *Ganzheit.*

Diesen Weg von der *Einheit* über die *Zweiheit* hin (oder auch zurück) zur *Ganzheit* vermag unter allen Geschöpfen, die die Evolution bislang hervorgebracht hat, einzig der Mensch mit der ausschließlich ihm vergönnten Stufe der Bewußtseinsentwicklung zu erkennen. Daß der Mensch sich als Teil des absoluten Bewußtseins erkenne, sich seines geistigen Ursprungs inne werde und den vorgezeichneten Weg unbeirrt beschreite, liegt womöglich im Schöpfungsplan. Diese Chance aber hat auch eine polare Gegenhälfte. Einzig der Mensch ist nicht nur theoretisch, sondern auch praktisch fähig, sich und seine Welt zu zerstören.

Der Sinn aller Sinnsuche und Sinnerfüllung des Bewußtseins – so können wir zusammenfassen – besteht also darin zu erkennen, daß es Gott selbst war, der das Bewußtsein auf den Entwicklungsweg schickte, auf daß es sich vervollkommne und sich wieder mit seinem göttlichen Sinn vereine.

Uns Menschen ist es lediglich beschieden, das Stadium zwei zu erkennen. Den Rest müssen wir aus der Gesetzmäßigkeit des Verlaufs spekulativ schließen. Wir müssen das tun, weil die Zweiheit (Polarität) in sich eine innere Tendenz zur Überwindung ihrer Doppelhälftigkeit aufweist. Zwei Halbe, die sich vereinen wollen, streben nach Einheit und Ganzheit. Diese Betrachtungsweise nennt Hegel „dialektisch". Wir bevorzugen den Ausdruck *ganzheitlich*, um nicht in allem und jedem einen dialektischen Dreierschritt exerzieren zu müssen.

Im ganzheitlichen Denken hängen alle Erscheinungen in ihrer Gesamtentwicklung miteinander zusammen. Sie alle befinden sich in Bewegung, wobei Anfang und Ende dieser Dynamik (Stadium 1 und 3) göttlicher Natur sind. Dazwischen liegt der Prozeß unserer Bewußtseinsentwicklung als ein Prozeß der Selbsthervorbringung durch Sinnsuche und Sinnerfüllung.

Alle *Entwicklung* hat Hegel zufolge die Form einer Kreisbewegung. In ihr ist die Erinnerung an jene Ur-Entwicklung aufbewahrt, die auf Gottes Inszenierung beruht und in jeder Erscheinung und jedem Abbild Reminiszenzen an das Urbild wachruft. Nun weiß man nicht, wo auf der Peripherie eines Kreises der Anfang oder das Ende liegt, denn jeder beliebige Punkt wäre in doppeltem Sinne ein *Ausgang*, nämlich Start- und Zielpunkt zugleich. Das zwingt zum kreisförmigen Denken und Deuten der Welt, allerdings nicht in dem Sinne, daß sich alles bloß im Kreis drehte. Vielmehr ist die Dynamik zu beachten, die in jeder noch so statischen Erscheinung verborgen liegt. Nichts *ist* in eigentlichem Sinne, denn alles *wird*.

Diese Sicht ist ganzheitlich, denn alles bewegt sich – und der Motor des Ganzen ist das Bewußtsein, das geistigen Ursprungs ist. Was aber *ist* eigentlich das Bewußtsein? Die Frage entlarvt sich selbst als falsch, denn nichts *ist* wirklich, alles *wird* in Wahrheit. So ist auch das, was wir Bewußt*sein* zu nennen gewohnt sind, ein Bewußt*werden*. Hegels Philosophie öffnet die Augen für diese Weltsicht. Dinge, Pflanzen, Tiere und Menschen sind Teile eines Ganzen, ewig in Bewegung.

Auf die Frage, was eine Knospe sei, können wir in zwei verschiedenen Formen antworten, einmal mit *ist* und zum anderen mit *wird*. Die *Ist-Antwort* hält ihren Zustand fest, die *Wird-Antwort* betrachtet sie als ein lebendiges Werden. Das Ist fixiert, das Wird dynamisiert. Die Knospe erscheint unter der ersten Perspektive als ein „gefrorener" Zustand, unter der zweiten als ein Übergang von der einen Entwicklungsphase zur nächsten. Die erste Methode ist dogmatisch, die zweite dialektisch oder ganzheitlich.

„Die Knospe verschwindet in dem Hervorbrechen der Blüte, und man könnte sagen, daß jene von dieser widerlegt wird; ebenso wird durch die Frucht die Blüte für ein falsches Dasein der Pflanze erklärt".[49]

Die ganzheitliche Betrachtungsweise will die Welt in ihrem Werden begreifen. Alles fließt, alles wird, alles entwickelt sich. Und das Bewußtsein, das dieses Werden entdeckt, erfaßt, daß auch *es selbst* im Werden begriffen ist. Indem das Bewußtsein die Dinge in Bewegung bringt, um aus dem Gang ihren Hergang und Ausgang zu erklären, erkennt es dieses Unterfangen letztlich als das Werden seines eigenen Selbst. Aus der Objekt-Erkenntnis wird notwendigerweise Selbsterkenntnis, und die Selbsterkenntnis führt am Ende zur Gotteserkenntnis.

49 Wir zitieren durchweg aus: Georg Wilhelm Friedrich Hegel: Werke in 20 Bänden. Frankfurt 1986. Band 3: Phänomenologie des Geistes, S. 12.

Hegel hat die dialektische Methode, die wir mit der Suche nach *Wird-Antworten* beschrieben haben, natürlich nicht experimentell an Mäusen oder Ratten gewonnen, um sie hernach auf das menschliche Bewußtsein zu übertragen. Die Erkenntnismethode stellt für Hegel vielmehr die *Bewegung*, das *Wesen* und den *Gang* der Sache selbst dar. Wahre Erkenntnis vollzieht sich nur dadurch, daß man diesem inneren Gang der Sache folgt. Dabei ist es unerläßlich, alle Stadien der Entwicklung als ineinanderfließende Teilprozesse zu betrachten. Und genau das „macht erst das Leben des Ganzen aus."[50] Die dialektisch-ganzheitliche Methode bezeichnet Hegel emphatisch als die „geistige Bewegung", als „die absolute Methode des Erkennens und zugleich die immanente Seele des Inhalts selbst."[51] Die Methode ist also keine dem Inhalt fremde Angelegenheit, sondern die „*Natur des Inhalts*", „das Bewußtsein über die Form der inneren Selbstbewegung ihres Inhalts."[52]

Soviel zur *Methode*. Was aber ist der *Inhalt*, den wir anhand dieser Methode darstellen (verstehen oder erkennen) wollen? Das ist die Wahrheit. Denn nur wahre Erkenntnis kann die Wahrheit erkennen, insofern lassen sich Methode und Inhalt gar nicht voneinander trennen. Der Inhalt darf nicht als etwas angenommen werden, das der Methode fremd wäre. Der Inhalt ist das, was sich bewegt und entwickelt, die Methode die Darstellung der Gesetzmäßigkeit seiner Bewegung und Entwicklung.

Was aber bewegt und entwickelt sich da eigentlich? Es ist der Geist selbst, der eine Kreisbewegung beschreibt, um wieder zu sich selbst zurückzufinden. Unser polar strukturiertes Bewußtsein stellt die Anlage für diese

50 Hegel: Phänomenologie ..., S. 12.
51 Hegel: Werke ... Band 5: Wissenschaft der Logik I, S. 17.
52 Hegel: Werke ... Band 5: Wissenschaft der Logik I, S. 16 und 49.

Selbstwerdung zur Verfügung. Aber woher stammt sie? Wenn wir sagen, das Bewußtsein hat von sich aus eine Tendenz, sich in Richtung Geist zu entwickeln, so setzt das einen Kreis voraus, auf dem der Geist selber die innewohnende treibende Kraft ist. Im Selbsterkennen entwickelt sich also das Bewußtsein in Richtung Geist. Der Weg zum Geist führt über das Selbst, besser: erscheint uns als Entwicklungsgang des Bewußtseins. Erkenne dich selbst, so erkennst du Gott! Das ist – ganzheitlich – der Weg der Erkenntnis, der Entwicklung und des Werdens.

Wir müssen also annehmen, daß am Anfang der Geist selber die Bewegung in Gang brachte, durch die das Bewußtsein (das „Andere" des Geistes) auf den Entwicklungsweg gesetzt wurde. Ohne die Annahme eines unendlichen Geistes ergibt die geistige Tendenz der Bewußtseinsentwicklung keinen Sinn. Woher sollte auch eine geistige Tendenz in das Sein hineinwirken, um aus ihm Bewußtsein, dann Selbstbewußtsein und schließlich Geist hervorgehen zu lassen? Geist muß vorweggedacht und vorausgesetzt werden. Er muß zu Beginn unterstellt werden, wenn er am Ende autopoietisch entstehen soll. Hegel macht diese Voraussetzung, wie eingangs erwähnt, zu Recht.

Michael Theunissen, einer der anerkanntesten Hegel-Interpreten, hat das so formuliert: „Hegelsche Philosophie möchte in ihrer systematischen Entfaltung die einzige Voraussetzung einholen, von der sie ausgeht: daß Vernunft die Kraft zu ihrer Realisierung in sich habe oder vielmehr selbst diese Kraft sei. Sich realisieren heißt: übergreifen auf Realität."[53]

Der entscheidende Motor des Entwicklungskreis-

53 Michael Theunissen: Krise der Macht. In: Hegel-Jahrbuch 1974, hrsg. von Wilhelm R. Beyer. Köln 1975, S. 318.

laufs ist der sogenannte „dialektische Widerspruch". Ein Ganzes (Stadium 1) zerfällt in zwei Totalitäten (Stadium 2), die ursprünglich dasselbe waren. Die Dynamik dieser beiden Polarhälften löst eine *Entwicklung/Krise* aus, die die beiden Hälften zur Wiedervereinung (Stadium 3) drängt. Dieses Gesetz zeigt sich in allem Werden. Hegel nennt das „Negation". Wenn sich ein Punkt bewegt, negiert er ununterbrochen seinen gerade erreichten Ist-Stand. „Bewegen heißt aber: an diesem Orte sein und zugleich nicht"[54] und sich auf einem Kreis zu bewegen, heißt: den Anfang voraussetzen, um ihn durch die Entwicklung wieder einzuholen.

In der verlorenen Ur-Einheit, die mit Bewußtsein wieder einzuholen ist, liegt die Sinnrichtung jeder Polarität. Alle Polarität strebt der Ganzheit zu, die den Ausgang, den Gang und den Hergang umspannt. Daher zeigt jede Entwicklung einen Richtungssinn.

Einheit, Zweiheit und Ganzheit (als vollbewußte Wiedererlangung der Einheit) – das ist die geistige Tendenz, die ihren Sinn in der Darstellung der Entwicklung des Bewußt-seins als ein Bewußt-werden offenbart. Statt *Darstellung* können wir auch den logotherapeutischen Terminus *Sinnerfüllung* in Anspruch nehmen. Die Polarität von *Bewußtsein* und *Sinn* entwickelt sich in Richtung Ganzheit, wenn wir Sinn erfüllen und dadurch unser Bewußtsein in Richtung Geist entwickeln. Wie alle Polarität zeigt auch die Polarität *Bewußtsein/Sinn* die Tendenz, ihre innere Spaltung zu überwinden, zusammenzuschmelzen und wieder Eins und ganz zu werden. Diese innere Selbstbewegung aller polaren Erscheinungen verweist auf einen höchsten allgemeinen Sinn, nämlich Einswerdung von *Bewußtsein* und *Sinn* im

54 Hegel: Werke ... Band 18: Vorlesungen über die Geschichte der Philosophie I, S. 314.

Geist. Hegels Ganzheitsphilosophie und Frankls Logotherapie erscheinen aus der Sicht der Polarität *Bewußtsein/Sinn* geradezu wesensverwandt. „Das Fortschreiten des Geistes ist *Entwicklung*", schreibt Hegel.[55] Dieses Fortschreiten hat nicht nur eine *Sinnrichtung*, sondern auch einen *Richtungssinn*. Ihn individuell zu suchen, zu finden und zu erfüllen, ist das zentrale Anliegen der Logotherapie.

Aber wohin schreitet der Geist immerzu fort? Hegel zufolge nur zu sich selbst. Er wird am Ende wieder er selbst, und um dies zu tun, muß er sein ursprünglich absolutes Wesen zugunsten eines relativen aufgeben. Allerdings muß das im Gesamtzusammenhang gesehen werden:

> „Die Endlichkeit des Geistes darf aber nicht für etwas *absolut Festes* gehalten, sondern muß als eine Weise der Erscheinung des nichtsdestoweniger seinem Wesen nach unendlichen Geistes erkannt werden. Darin liegt, daß der *endliche* Geist unmittelbar ein Widerspruch, ein Unwahres und zugleich der Prozeß ist, diese Unwahrheit aufzuheben. Dies Ringen mit dem Endlichen, das Überwinden der Schranke, macht das Gepräge des Göttlichen im menschlichen Geiste aus und bildet eine notwendige Stufe des ewigen Geistes."[56]

In Hegels Terminologie wäre *Sinn* wohl mit dem Ausdruck „das Andere" des Bewußtseins, die Krise mit „das Andere" der Entwicklung wiederzugeben. Gemeint ist nichts Fremdes, sondern die andere Polarseite derselben Sache. Zwischen dem endlichen und dem unendlichen Geist, zwischen Mensch und Gott, herrscht nicht die Trennung zwischen Subjekt und Objekt. Hegel verdeutlicht das an folgendem Beispiel: „der Berg und das Auge, das ihn sieht, sind Subjekt und Objekt, aber zwi-

55 Hegel: Werke ...Band 10: Enzyklopädie der philosophischen Wissenschaften III, S. 234.
56 Hegel: Werke ... Band 10: Enzyklopädie ...III, S. 233.

schen Mensch und Gott, zwischen Geist und Geist ist diese Kluft der Objektivität nicht; einer ist dem anderen nur einer und ein anderer darin, daß er ihn erkennt."[57] Das Verhältnis zwischen dem „einen" und dem „anderen darin" gilt uns als ein Modell für alle Polarität.

Der Sog zwischen den beiden Polaritätshälften, wieder zusammenzuschmelzen, um vollbewußt die ursprüngliche Einheit zu erlangen, nennt Hegel *Liebe.* Sie ist die geistige Tendenz, die dem Bewußtsein innewohnt und es in Richtung Geist bewegt. Als Urmotivation für Entwicklung schlechthin macht die *Liebe* den logischen Kern der Wiedervereinung alles Polaren aus. In diesem Sinne steht *Liebe* symbolisch für Einheit und Ganzheit.

„In der Liebe hat der Mensch sich in einem anderen wiedergefunden; weil sie eine Vereinigung des Lebens ist, setzte sie Trennung, eine Entwicklung [...] voraus".[58]

In einem allgemeinen Sinne aber verweist die *Liebe* auf Moralität, denn für Hegel ist Moralität

„Aufhebung einer Trennung im Leben; theoretische Einheit ist Einheit Entgegengesetzter – das Prinzip der Moralität ist Liebe."[59]

Wir werden die These, daß der polare Sog in unzähligen Erscheinungen des Lebens auf ein und dasselbe Phänomen, nämlich auf das *Prinzip Liebe* aufmerksam macht, im Kapitel „Ganzheit und Krise" näher verfolgen. Für die Verknüpfung von *Logotherapie* mit der Philosophie der *Ganzheit* kann indessen festgehalten werden, daß das *Prinzip Liebe* selbst als der höchste humane Sinn der Sinnsuche und Sinnerfüllung, zugleich aber als der logi-

57 Hegel: Werke ... Band 1: Frühe Schriften, S. 381.
58 Hegel: Werke ... Band 1: Frühe Schriften, S. 394.
59 Hegel: Werke ... Band 1: Frühe Schriften, S. 300f.

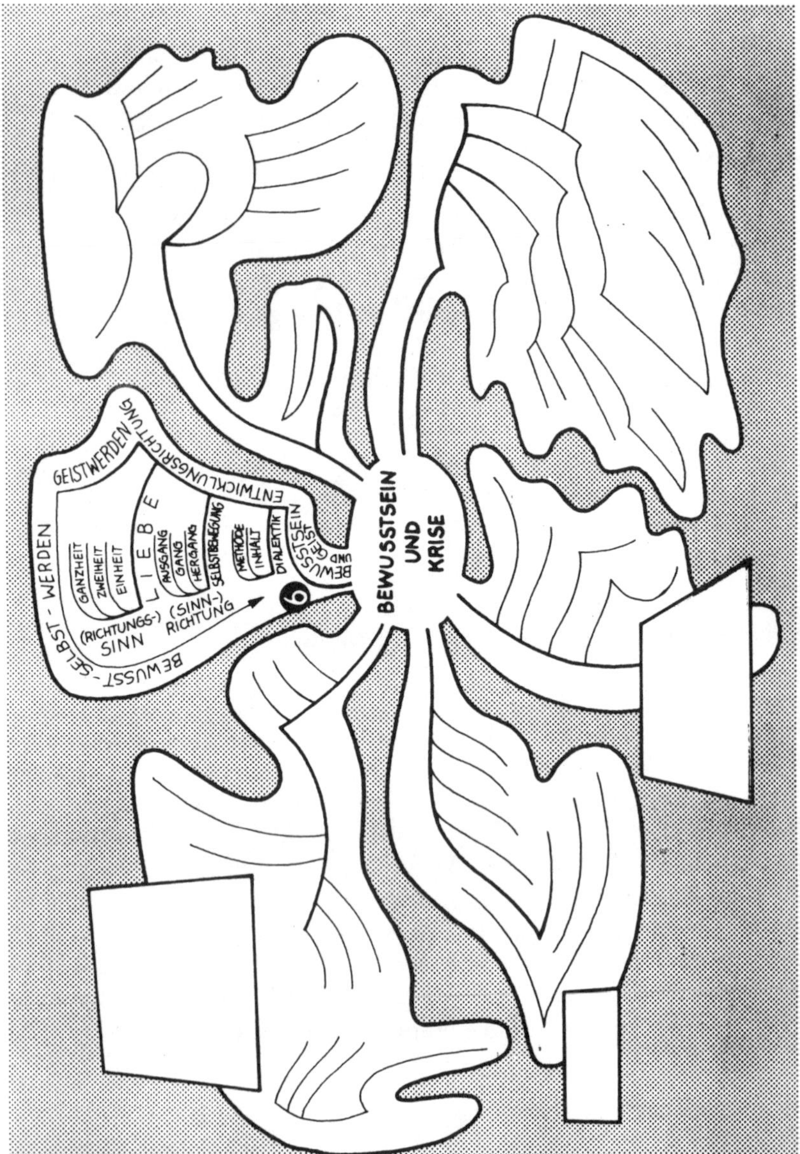
BEWUSSTSEIN UND KRISE
6
BEWUSSTSEIN UND GEIST
DIALEKTIK
INHALT
METHODE
SELBSTBEWEGUNG
HERGANG
GANG
AUSGANG
LIEBE
EINHEIT
ZWEIHEIT
GANZHEIT
ENTWICKLUNGSRICHTUNG
GEISTWERDEN
BEWUSST-SELBST-WERDEN
(RICHTUNGS-) SINN
(SINN-) RICHTUNG

sche Gang der Bewußtseinsentwicklung betrachtet werden muß. Diese Sinnrichtung ist weder normativ im Sinne der Moraltheologie noch aber richtungslos im Sinne der pragmatisch-situativen *Forderung der Stunde.*

Im Sein steckt die Tendenz, sich durch Wissen dynamisieren zu lassen. So entsteht das Bewußtsein (1). Im Bewußtsein steckt die Tendenz, sich seiner selbst bewußt zu werden. So entsteht das Selbstbewußtsein (2). Und im Selbstbewußtsein steckt die Tendenz, sich des Sinnes dieser Eigendynamik bewußt zu werden. So entsteht der Geist (3).
Geist, der aus dieser Tendenz der Bewußtseinsentwicklung hervorgeht, muß aber von Anfang an selber als der eigentliche Motor dieser Entwicklung gedacht werden. Diese geistige Tendenz, über „das andere" zu sich selbst zurückzufinden, läßt sich als Liebe *begreifen, als das Bestreben, die polare Spaltung von* Bewußtsein *und* Sinn *zu überwinden, damit wieder wird, was war, nämlich Geist.*
Wir sehen hier die Kreisbewegung, die ursprünglich vom Geist (Einheit *von* Bewußtsein *und* Sinn) *ausging und über die* Zweiheit (Polarität: Bewußtseinsentwicklung/Sinnerfüllung) *wieder zurück zum Geist* (Ganzheit *von* absolutem Bewußtsein *und* vollendetem Sinn) *zurückfindet.*

Wege aus der Krise

„Aber nicht das Leben, das sich vor dem Tode scheut und von der Verwüstung rein bewahrt, sondern das ihn erträgt und in ihm sich erhält, ist das Leben des Geistes."

Hegel: Werke ... Band 3, S. 36.

Das vorliegende Kapitel bietet drei *exemplarische* Wege aus der Krise. *Exemplarisch* deshalb, weil es sich um Fälle besonderer Art handelt, die gleichwohl keine Sonderfälle sind.

Der *erste* Fall handelt von dem authentischen Unfall eines Architekten namens Stefan von Jankovich. Der Fall wurde durch sein Buch, aber vor allem auch durch Fernsehsendungen über Tod und Wiedergeburt bekannt. Hier erlebt und überlebt ein Mensch seinen „Tod" und berichtet, welche tiefgreifenden Wandlungen dieses Krisenereignis in seinem Bewußtsein ausgelöst hat.

Der *zweite* Fall rollt die biblische Geschichte vom sogenannten „Sündenfall" gleichsam als die *Urkrise* des Menschen auf. Hier wird über eine der tiefsinnigsten und kompliziertesten Versuchungen des Menschen berichtet, der bestrebt ist, die anfanglose Ewigkeit seiner eigenen Menschwerdung zu begreifen. Thematisiert wird die Geburt des Menschen, genauer: die seines Bewußtseins von Gut und Böse. Der tiefere Sinn liegt darin, daß dies auch die Geburtsstunde des Todes ist, also: die Geburtsstunde des Bewußtseins von Leben und Tod.

Der *dritte* Fall führt uns in eine literarische Welt hinein, in deren Zentrum die Wogen des Lebens kosmisch mit Sinn gefüllt werden. Es handelt sich um einen Roman von Weltruhm, um Thomas Manns Alterswerk: *Joseph und seine Brüder*. Hier wird das Lebensgesetz der Polarität makrokosmisch entfaltet und mikrokosmisch an einer Einzelbiographie erprobt.

Fazit: *Das vorliegende Kapitel handelt von Geburt, von Tod und dem polaren Wechselspiel zwischen ihnen, dem Leben*. Es wird sich zeigen, daß der Tod nicht das starre Ende, die Geburt nicht der abrupte Beginn des Lebensprozesses darstellt, sondern daß das Leben selbst beides täglich in sich vereinigt. Ins Bewußtsein dringt dies in den Wellen und Wogen des Lebens, im *Auf und Ab von Krise und Entwicklung*.

1. Der Tod als Weg und Wegweiser

Stefan von Jankovich, dessen Nahtodeserlebnis in diesem Abschnitt zur Darstellung ansteht, soll exemplarisch für die unzähligen Fälle von Menschen stehen, die den Tod buchstäblich *er-lebt* haben. Einer Studie der *Gallup-Organisation* zufolge haben allein in den Vereinigten Staaten von Amerika acht Millionen Menschen (Stand: 1982) eine Nahtodeserfahrung gemacht.[1] Dank Aufklärung und intensiver wissenschaftlicher Erforschung der Vorgänge im Grenzbereich zwischen Leben und Tod durch einige Institute an den Universitäten der

1 George Gallup, Jr./William Proctor: Adventure in Immortality (1982). deutsch: Begegnungen mit der Unsterblichkeit. Erlebnisse im Grenzbereich zwischen Leben und Tod. München 1983 und Frankfurt a.M. 1990.

USA[2] haben die Betroffenen weitgehend die Angst vor Verfolgung oder gar Einweisung in eine psychiatrische Klinik verloren und berichten zunehmend offener über ihre Erlebnisse. So dürfte die Zahl der bekannt gewordenen Fälle von Nahtodeserlebnissen seit 1982 auf ein mehrfaches angestiegen sein.

Was geschieht eigentlich im Übergang vom Leben zum Tod mit unserem Bewußtsein? Was ist eine *Nahtodeserfahrung*? Wir wollen in diesem Abschnitt die Begegnung mit dem Tod als einen Weg aus der Krise interpretieren.

Es handelt sich dabei um einen Zustand, bei dem die wichtigsten lebenserhaltenden Funktionen (Atmung, Kreislauf, Herz usw.) zusammengebrochen sind, aber der Körper als Organismus noch nicht gänzlich abgestorben ist. In diesem Grenzbereich zwischen *Nichtmehr* und *Noch-nicht* erfährt das Bewußtsein eine Systemveränderung, wie sie schon im Kapitel „Bewußtsein und Krise“ beschrieben wurde. An dieser Schwelle verläßt das Bewußtsein gleichsam seinen polaren Rahmen. Es vereint sich mit seinem eigenen Sinn und wird absolut. Die neue und höhere Systemstufe ermöglicht es dem Menschen, mehrdimensional wahrzunehmen, Raum und Zeit zu überwinden und jeden Erkenntnisakt absolut zu vollziehen.

Wir interpretieren diesen Bewußtseinszustand als die höhere *Sphäre der Einheit.* Unsere These lautet, daß das Bewußtsein auf dieser Entwicklungsstufe keiner Sinnsuche bzw. Sinnerfüllung mehr bedürftig ist. Das Wozu braucht nicht erst gesucht, Sinn nicht mehr gefunden und erfüllt zu werden. Denn *Bewußtsein* und *Sinn* sind

2 Genannt seien zwei Forschungszentren, nämlich einmal das Gesundheitszentrum („Health Center“) der University of Connecticut; und zum anderen das Institut für transpersonale Psychologie in San Francisco, das von Stanislav Grof geleitet wird.

jetzt nicht mehr zwei polare Hälften, deren Bestreben darin läge, eins zu werden. Vielmehr sind sie bereits zu einer Einheit zusammengeschmolzen und haben damit ihre Zweihälftigkeit überwunden. Wir werden diese These in zwei Schritten zu belegen versuchen, zunächst durch eine *allgemeine* Darstellung der Bewußtseinszustände bei klinisch Toten, deren Erforschung Aufgabe der Thanatologie ist, dann durch die Analyse des *individuellen* Nahtodeserlebnisses des Stefan von Jankovich.

> Thanatologie, die Wissenschaft vom Tod und Sterben, befaßt sich mit Bewußtseinszuständen nach dem „Tod".[3] Charakteristisch für das Bewußtsein jenseits des polar strukturierten Lebens ist, daß Menschen übereinstimmend von Lichterlebnissen, von außerkörperlicher Wahrnehmung, von ihrem Lebensfilm, dem Gefühl des Einsseins mit dem All und der Nähe zu Gott berichten, und zwar unabhängig von ihrem individuellen Glauben an Gott oder ihrer Religionszugehörigkeit.

Bei der allgemeinen Darstellung der Nahtodeserfahrung stützen wir uns auf das Standardwerk von Moody (Originaltitel: *Life after Life* 1975), dessen deutsche Übersetzung hier zugrundegelegt[4] und unter Angabe der Seitenzahlen zitiert wird.

3 Die Literatur über Thanatologie ist sehr zahlreich. Auch Esoterisches tummelt sich dazwischen. Ich verweise lediglich auf folgende Quellen: Ian Stevenson: Reinkarnation. Der Mensch im Wandel von Tod und Wiedergeburt. Freiburg 1976, 5. Auflage, 1986. Michael B. Sabom: Erinnerungen an den Tod. Gütersloh 1982. W. Y. Evans-Wentz (Hrsg.): Das Tibetanische Totenbuch, mit einem Geleitwort und einem psychologischen Kommentar von C. G. Jung. Olten 1971, 13. Auflage, 1990. Stanislav Grof: Geburt, Tod und Transzendenz. Neue Dimensionen in der Psychologie. München 1985. Patrice von Eersel: Sterben. Der Weg in ein neues Leben. München 1987. Kenneth Ring: Den Tod erfahren – das Leben gewinnen. Bern 1985.

4 Raymond A. Moody: Leben nach dem Tod. Reinbek 1977.

Moody ist Arzt und Philosoph. Er hat 150 Fälle von Nahtodeserfahrung untersucht und seine Ergebnisse in einer systematischen Synopse dargestellt, die insgesamt 15 „Elemente“ aufweist. Moody hält diese 15 Erlebnisinhalte für „annähernd universell“ (S. 30).

1. Unbeschreibbarkeit
Moody beginnt die synoptische Darstellung seiner Auswertungen mit dem Phänomen der „Unbeschreibbarkeit“. Das Nahtodeserlebnis bezeichnen alle Beteiligten einhellig als *unbeschreiblich.* Sie bemerken immer wieder, daß es ihnen an sprachlicher Kraft und verbalem Ausdruck fehlt, um dieses gewaltige Erlebnis mitzuteilen.

2. Das Hören der Todesnachricht
Die Betroffenen berichten übereinstimmend, daß sie deutlich gehört hätten, wie Ärzte oder andere Menschen sie für tot gehalten bzw. erklärt hätten. Zum Teil werden die Gespräche während der Reanimierung wörtlich wiedergegeben (vgl. dazu Punkt 15).

3. Gefühle von Frieden und Ruhe
Alle Menschen mit einer Nahtodeserfahrung berichten von einem Gefühl des höchsten Wohlbehagens und Friedens, der Wärme und Ruhe. Es ist, als ob alles auf der Welt verschwunden wäre und nur noch Harmonie herrschte.

4. Das Geräusch
In vielen Fällen berichten die Betroffenen von einem unangenehmen Geräusch, von einem Dröhnen im Ohr. In anderen Fällen wird von bezaubernder Musik und wunderschönen Klängen berichtet.

5. Der dunkle Tunnel

Gleichzeitig mit der Musik bzw. dem Geräusch haben die Betroffenen das Gefühl, durch einen dunklen Tunnel (Gang, Schacht, Zylinder o.ä.) gezogen zu werden, an dessen Ende ein Licht erscheint.

6. Das Verlassen des Leibes

Reanimierte berichten weitgehend übereinstimmend, wie sie aus einer gewissen Höhe, in der sie geschwebt hätten, ihren eigenen Leib „da unten" liegen sahen. Sie beobachteten, wie Ärzte Reanimationsversuche an ihrem toten Leib durchgeführt hätten und registrierten die Gespräche und Aktivitäten anderer anwesender Personen. Der Austritt aus dem Körper ereignet sich offenbar so jäh, daß die Betroffenen meist einige Zeit brauchen, um die Bedeutung ihres Erlebnisses richtig zu erfassen. Der Zustand wird meist mit spirituellen Zügen oder Eigenschaften beschrieben. Moody berichtet hier ausführlich. Daher zitieren wir einige Passagen:

„... von da an hatte ich dann auf einmal überhaupt kein Gefühl für die Zeit mehr, und auch meine körperliche Realität ging verloren – die Verbindung mit meinem Körper riß ab. Mein ‚Ich' oder mein ‚Selbst' oder mein ‚Geist', egal wie man das immer nennen mag, löste sich von mir, ich fühlte es sozusagen durch meinen Kopf nach oben steigen. [...]

Der eindrucksvollste Moment des ganzen Erlebnisses war der, als mein ‚Ich' genau über dem vorderen Teil meines Kopfes verharrte. Fast hatte es den Anschein, als ob es sich zu entscheiden versuchte, ob es nun lieber gehen oder bleiben sollte. In dem Augenblick schien die Zeit stillzustehen." (S. 54f.).

„Was hier unmöglich scheint, ist es dort nicht. Das Denken ist dort von wunderbarer Klarheit. Mein Verstand registrierte einfach alles und verarbeitete das Aufgenommene sogleich, ohne sich ein weiteres Mal damit beschäftigen zu müssen." (S. 57).

„Überall um mich herum sah ich Leute, und ich konnte auch verstehen, was sie sagten. Ich ‚hörte' sie jedoch nicht akustisch, so wie ich Sie jetzt höre. Es war eher so, daß ich wußte – ganz genau wußte, was sie dachten, und zwar nicht in ihrer jeweiligen Ausdrucksweise, sondern nur in meinem Bewußtsein. Ich erhaschte es jedesmal genau in dem Augenblick, bevor sie den Mund zum Sprechen aufmachten.“ (S. 59).

7. Begegnung mit anderen
Eine ganze Reihe von Menschen mit Nahtodeserfahrung berichtet über die Begegnung und Gegenwart anderer spiritueller Wesen. Ihre Funktion besteht offenbar darin, den Sterbenden den Übergang ins Jenseits zu erleichtern oder ihnen den bevorstehenden Tod anzukündigen.

8. Das Lichtwesen
Das wohl erstaunlichste Element, das in den Berichten immer wieder auftaucht, ist das Erlebnis eines sehr hellen Lichtes, das aber trotz seiner ungewöhnlichen Helligkeit die Augen nicht blendet. Keiner der von Moody Befragten hat auch nur den leisesten Zweifel daran gelassen, daß es sich dabei um ein lebendes Wesen mit personalem Charakter gehandelt habe. Von diesem Lichtwesen strömen dem Neuankömmling unbeschreibliche Liebe, Wärme, Annahme und Geborgenheit entgegen. Zu ihm fühlen sich die Sterbenden hingezogen und mit ihm nehmen sie Verbindung auf, und zwar in direkter Gedankenübertragung, wobei dem Licht gegenüber Mißverständnisse oder gar Lügen absolut ausgeschlossen sind. Die Sterbenden berichten über folgende Fragen des Lichtwesens:

„… es fragte mich gewissermaßen, ob ich bereit sei zu sterben und was ich im Leben getan hätte, das ich ihm jetzt vorweisen wollte.“ (S. 68).

„Als ich ‚tot‘ war, stellte mir die Stimme eine Frage: “Ist dein Leben es auch wert?„ Was sie meinte, war: Ob mir das Leben, das ich bis jetzt geführt hatte, im Lichte dessen, was ich jetzt wußte, immer noch lohnend erschiene.“ (S. 68).

Solche Fragen erwecken bei den Sterbenden bemerkenswerterweise keine Schuldgefühle. Sie enthalten auch keinerlei Vorwürfe. „Der Sinn der Frage", so Moody, „scheint vielmehr darin zu liegen, sie dazu anzuregen, ihr Leben offen und ehrlich zu durchdenken. Es ist, wenn man so will, eine sokratische Frage, die nicht um der vordergründigen Antwort willen gestellt wird, sondern um dem Gefragten zu helfen, selber auf dem Weg zur Wahrheit voranzuschreiten." (S. 68f.)

Wir neigen dazu, das Phänomen des Lichtes, das nicht blendet, so zu interpretieren, daß hier der Mensch mit seinem ursprünglichen göttlichen Selbst eins geworden ist. Hier erlebt der Mensch den Augenblick des Wieder-Ganzwerdens. Das Bewußtsein „sieht" im absoluten Licht den ihm selbst innewohnenden göttlichen Funken. Dieses Licht läßt keine Täuschung oder Brechung zu. Gemessen an seiner Klarheit erscheinen alle früheren Aktivitäten und Ideale, alle ehemaligen Bemühungen um Wahrheit, Sinnerfüllung oder Entwicklung, alle Krisen und Lebensprobleme als nichtige Kleinigkeiten, im Grunde nur als Probesituationen.

Der alte Goethe ahnte diese Wesensverwandtschaft von Auge und Licht:

„Wär nicht das Auge sonnenhaft,
Die Sonne könnt' es nie erblicken;
Läg' nicht in uns des Gottes eigne Kraft,
Wie könnt' uns Göttliches entzücken?"[5]

Dieselbe Verwandtschaft besteht offenbar zwischen dem relativen Bewußtsein im polar eingeschränkten Rahmen und dem absoluten Bewußtsein im uneingeschränkten Rahmen der alles umfassenden Einheit. Im toten Zustand wird das Trennende in dieser Einheit

5 Johann Wolfgang von Goethe: Werke in 14 Bänden. Hamburg 1949ff. Band 1, 8. Aufl., 1966, S. 367.

aufgehoben. Das Entzweite erkennt sich als das in zwei Teile aufgespaltene Eine.

Wir glauben, daß diese Vereinigung mit dem göttlichen Geist der entscheidende Grund für die Wandlung der Personen ist, die eine Nahtodeserfahrung gehabt haben. Viele Reanimierte sagen, daß sie nach ihrem Erlebnis sich wie neu geboren gefühlt und ein gänzlich anderes Leben begonnen hätten. Nachdem sie deutlich und klar gesehen und begriffen hätten, worin eigentlich der Sinn ihres irdischen Daseins gelegen habe, hätten sie nach ihrer Wiederkehr nur noch die Erfüllung dieses Sinnes angestrebt. Wir werden diese Deutung bei der Darstellung von Jankovichs Erlebnis noch deutlicher herausarbeiten. An dieser Stelle zitieren wir eine Passage aus Moodys Untersuchung:

> „Da erreichte der Gedanke mein Bewußtsein: ‚Liebst du mich?‘ Er kam nicht ausdrücklich in Form einer Frage, aber ich glaube doch, daß das Wesen damit zugleich sagen wollte: ‚Wenn du mich liebst, dann geh zurück und vollende, was du in deinem Leben begonnen hast.‘ Währenddessen fühlte ich mich die ganze Zeit in überwältigende Liebe und Barmherzigkeit eingehüllt." (S. 70).

Für das Vereintsein des Bewußtseins mit dem Geist, dem es entstammt, steht der Ausdruck *Liebe*. Sie taucht immer dann auf, wenn es um ernsthafte und verantwortungsvolle Erfüllung eines Sinnes geht, der ursprünglich Zusammengehörendes, aber Getrenntes wieder zusammenbringt. Daß Getrenntes zusammenwachsen will, zeigt die innere Tendenz aller Polarität, so daß wir in allem Lebendigen die Tendenz zur Einswerdung, das *Grundbedürfnis Liebe*[6], beobachten können.

6 Bijan Adl-Amini: Basic Need „Love". In: Gerhard Schaefer (Ed.): Biological Education for Future Needs. Münster 1992.

9. Die Rückschau

Vor dem Lichtwesen liegt das ganze Leben des Individuums ausgebreitet. Seine wortlosen Fragen haben lediglich die Absicht, zur Rück- und Selbstbesinnung anzuregen. Nun tauchen bei dem Sterbenden Erinnerungsbilder auf, ganze Szenen, die mit unvorstellbarer Geschwindigkeit vor seinen Augen wie ein Film ablaufen. Es ist ein und derselbe, der da sein Leben, sein Handeln, seine Gedanken und Wünsche sieht, wiedererinnert und jetzt mit einem absolut klaren Bewußtsein selbst beurteilt und bewertet. Hier ist kein Unterschied mehr zwischen *Begreifen* und *Reifen.* Das liegt in der Logik der Einheit, in der die Zeit nicht mehr dahinfließt.

Manchen Berichten zufolge laufen die Bilder nicht nacheinander ab, sondern sind vielmehr alle gleichzeitig da. Andere behaupten, daß sich die Szenen in einer bestimmten Zeitfolge abgespielt hätten. „Von den geringfügigsten bis zu den bedeutsamsten Handlungen", kommentiert Moody, „sei in der Rückschau alles enthalten gewesen, was sie in ihrem Leben je getan hätten." (S. 72).

„Als das Licht erschien, sagte es als erstes zu mir: ‚Was hast du in deinem Leben getan, das du mir jetzt vorweisen kannst?' oder so ähnlich. Im selben Augenblick fingen die Rückblenden an. ‚Nanu, was ist denn jetzt?' dachte ich, als ich mich plötzlich in meine Kindheit versetzt sah. Von da an durchschritt ich dann praktisch jedes einzelne Jahr meines Lebens, von meiner frühesten Kindheit bis zur Gegenwart." (S. 73).

10. Die Grenze oder Schranke

In einigen Fällen wird von einer Grenzlinie, einer Schranke, einem Zaun oder ähnlichem berichtet. Es handelt sich um die Scheidelinie zwischen Diesseits und Jenseits oder, wie wir im Anschluß an unsere These vermuten, zwischen dem polaren und dem *singularen* Bewußtseinszustand.

„Während das Licht zugegen war, erreichten mich die Gedanken oder Worte: ‚Willst du sterben?' Ich wisse es nicht, antwortete ich, da ich den Tod nicht kennte. Darauf erklärte das Licht: ‚Komm über diese Linie, und du wirst es erfahren.' Obwohl ich sie nicht wirklich sehen konnte, hatte ich doch das Gefühl, zu wissen, wo die Linie verlief. Als ich sie überschritten hatte, ergriff ein unvorstellbar wohltuendes Gefühl der Ruhe und des Friedens von mir Besitz. Alle Sorgen waren vergangen." (S. 83).

Was meinen hier die Ausdrücke *Ruhe* oder *Frieden*? *Ruhe* können wir nur im polaren Kontext *Ruhe/Unruhe* wahrnehmen, *Frieden* nur im polaren Kontext *Krieg/Frieden* einschätzen. Was aber geschieht, wenn der polare Kontext verlassen wird? Herrscht da nicht absolute *Entspannung*?

Goethe schreibt:

„Wenn im Unendlichen dasselbe
Sich wiederholend ewig fließt,
Das tausendfältige Gewölbe
Sich kräftig ineinander schließt,
Strömt Lebenslust aus allen Dingen,
Dem kleinsten wie dem größten Stern,
Und alles Drängen, alles Ringen
Ist ewige Ruh in Gott dem Herrn."[7]

11. Die Umkehr

Wenn die Sterbenden die Grenze einmal überschritten haben, dann aber wieder ins körperliche Leben zurückkehren, so sind sie darüber meist traurig. Nach der Transzendenzberührung sträuben sie sich, das Lichtwesen zu verlassen und wieder in ihren Körper zurückzukehren. Trotzdem kehren einige freiwillig zurück, aus Verantwortung ihren Kindern oder ihrer Familie gegenüber.

7 Johann Wolfgang von Goethe: Werke ... Band 1, S. 367.

12. Mitteilungsversuche

Die Realität des Erlebnisses wird von keinem der von Moody befragten Personen angezweifelt. Trotzdem wird das Erlebte nur zögernd mitgeteilt. Einer der Reanimierten berichtet:

„Ich versuchte, mit meinem Pfarrer darüber zu sprechen, aber er erklärte mir, ich hätte Halluzinationen gehabt. Da hielt ich dann lieber den Mund." (S. 93).

Ein anderer berichtet:

„Nachdem ich wieder aufgewacht war, wollte ich den Krankenschwestern erzählen, was geschehen war, aber sie rieten mir, lieber nicht darüber zu reden, ich hätte bloß phantasiert." (S. 94).

Moody selbst bemerkt dazu: „Es ist erstaunlich, daß in sämtlichen von mir untersuchten Fällen nur ein einziger Mediziner Vertrautheit mit dem Erlebnis der Todesnähe bekundet oder eine positive Haltung dazu eingenommen hat." (S. 94).

13. Folgen im Leben

Das Erlebnis hinterläßt tiefe Spuren und verändert die bisherige Lebensweise gänzlich. Gleichwohl gehen die im Tode verwandelten Menschen nicht in die Welt, um die anderen zu bekehren. Ihre Wandlung verläuft still. Sie werden nachdenklich und beschäftigen sich mit „großen philosophischen Fragen" (S. 96). In einem Bericht ist zu lesen:

„Ich bemühe mich neuerdings, Dinge zu tun, die mehr Sinn haben. Und das bekommt meinem Geist und meiner Seele viel besser. Ich fühle mich wohler." (S. 97).

Eine Frau erzählt:

„Dadurch ist mir das Leben etwas sehr viel Kostbareres geworden." (S. 98).

Ein Mann hatte gespürt, „daß die ‚Frage', die das Wesen ihm stellte, darauf hinauslief, ob er andere in der gleichen Weise lieben könne. Heute hat er das Empfinden, seine Aufgabe auf Erden sei es, diese Art von Liebe zu erlernen." (S. 100). Wir können diese Sinnerfüllung vor dem Hintergrund unserer These auch so ausdrücken: Dieser Mensch hat begriffen, daß alle polare Zweiheit dem Sinn und Zweck dient, ganz Eines und ein Ganzes zu werden, und daß er in seinem individuellen Leben zu dieser inneren Bewegung, die den geistigen Weg der Liebe offenbart, einen Beitrag leisten soll.

Moody schließt diesen Abschnitt mit dem Resümee, daß die meisten Befragten „sich als immer weiter Strebende und Suchende empfinden. Ihre im Sterben empfangene Vision erfüllte sie mit neuen Zielen, mit neuen sittlichen Grundsätzen und mit einer erneuerten Entschlossenheit, sich nun auch in ihrem Leben danach zu richten" (S. 101).

14. Neue Sicht des Todes

Alle Befragten haben in der einen oder anderen Weise zum Ausdruck gebracht, daß sie nunmehr keine Angst vor dem Tode hätten. „Sie haben alle das Gefühl, daß sie eine Aufgabe zu erfüllen haben, solange sie am Leben sind" (S. 101). Worin besteht diese Aufgabe? Moody faßt die Befragungsergebnisse zu diesem Punkt so zusammen: „Viele haben die alten Vorstellungen von Lohn und Sühne fallengelassen und sind zurückgekehrt mit einem neuen Denkmodell und einem neuen Verständnis von der jenseitigen Welt – sie tragen in sich eine Vision, die nicht von einseitiger Verurteilung spricht, sondern von gemeinsam vorangetriebener Entwicklung auf das Endziel der Selbstverwirklichung hin. Aus dieser neuen Sicht endet die Entwicklung der Seele, besonders ihrer geistigen Fähigkeiten der Liebe und des Wissens, nicht mit dem Tode. Vielmehr geht sie weiter auf der anderen Seite, vielleicht ewiglich ...“ (S. 105).

15. Bestätigung
In etlichen Fällen sind die Ärzte selbst überrascht, mit welcher Präzision die klinisch toten Patienten ohne jegliche medizinischen Kenntnisse die Vorgänge der Reanimation in einwandfreier Fachsprache wiedergegeben hätten. Dabei sind sich die Ärzte sicher, daß die Reanimationsversuche erst eingeleitet wurden, nachdem aus medizinischer Sicht der „Tod“ klinisch bestätigt worden war.

Soviel zum *allgemeinen* Modell, das alle Elemente der Begegnung mit dem Tod in sich vereinigt. Wir haben versucht, die Schwelle zum Tod als einen Übergang des Bewußtseins von dem Zustand der Zweiheit zu dem der Einheit zu interpretieren. Die Berichte von Reanimierten bestätigen diese Auffassung in vollem Umfang.

Im klinisch toten Zustand erfährt das Bewußtsein eine Erweiterung, die es dem Menschen ermöglicht, Gedanken (aber auch alle Sinneseindrücke) mit unvorstellbarer Klarheit und absoluter Eindeutigkeit zu vollziehen, den Sinn der Wahrnehmungen und Gedanken mit absoluter Sicherheit zu erkennen und den Zweck des irdischen Daseins zu begreifen. Offenbar vereint sich das Bewußtsein an der Grenze zum Tod mit dem absoluten Bewußtsein, mit dem Geist.

Damit schließen wir den *allgemeinen* Teil der Ausführungen über das Nahtodeserlebnis ab und kommen nun zu dem bereits erwähnten *besonderen* Fall des Architekten Stefan von Jankovich. Er gehört zu den Menschen, die sich seit ihrem Nahtodeserlebnis wie verwandelt fühlen. Sein Buch trägt den Titel „Ich war klinisch tot."[8] (Zitate daraus im folgenden nur mit der Angabe der Seitenzahl) und verrät im Untertitel, „Der Tod: Mein schönstes Erlebnis", daß es mitnichten ein mittelalterliches Schreckensbild („memento mori!" – gedenke des Todes!) ausmalt.

Niemand wird wohl den überaus erfolgreichen Architekten und Kaufmann Jankovich für einen „Spinner" halten. Im Gegenteil: Er ist der typisch erfolgsorientierte Realist, der es nicht nur im harten Berufsleben, sondern auch im Sport zu beachtlichen Leistungen gebracht hat. Jankovich steht mit beiden Beinen fest auf dem Boden der Tatsachen und hat keine verdrängte Sehnsucht nach Mystik oder Esoterik. Was also könnte einen solchen Menschen derart verwandeln, daß er seit seinem Nahtodeserlebnis „nur noch" als Menschenfreund und Lebensberater tätig ist? Die Antwort lautet: Eine Krise! Eine Krise, die ihn mit jenem Erlebnis der Einheit, das unserem polar strukturierten Bewußtsein versagt bleibt, vertraut gemacht hat.

Ein schwerer Autounfall beschert ihm einen langen Krankenhausaufenthalt, während dessen er „zum Nichtstun verurteilt" ist. Er nutzt diese Zeit zur lückenlosen Erinnerung an sein Nahtodeserlebnis. Im nachhinein stellt Jankovich fest: „Es mußte zu einer Tragödie kommen, damit die göttlichen Kräfte in mir erwachen konnten." (S. 9). Die zentrale Einsicht, die ihm aus dieser Krise erwächst, lautet: „Man muß die Wahrheit in sich selbst suchen. [...] Dies war meine erste und größte Erkenntnis, nämlich, daß ich in mir selbst forschen mußte, weil der Göttliche Funke in meiner Seele bzw. in meinem Geist ist." (S. 9f.).

Nachdem er durch Tonbandaufzeichnungen seine

8 Stefan von Jankovich: Ich war klinisch tot. Der Tod: Mein schönstes Erlebnis. München 1984, 2. Auflage, 1985.

Erinnerungen so vollständig wie möglich festgehalten hat, versucht er, ähnliches auch in den kulturellen Überlieferungen sowohl der östlichen als auch der westlichen Welt zu finden. Ein solcher Fund ist der folgende Spruch von Lao-Tse:

„Wenn die Sinne des Wahrnehmens aufgehoben sind:
Wird der Mensch fähig, sich von allen Reizen der Welt zu lösen, rein, offen und vollständig in vollkommener Einung mit dem All, weit, schrankenlos wie ein belebender Lufthauch, keinen Trennungen des Menschentums untertan.„ (S. 12).

Am 16. September 1964 erlebt Jankovich als Beifahrer eines offenen PKW einen Frontalunfall mit einem LKW. Er ist nicht angeschnallt (damals gab es keine Sicherheitsgurte) und wird durch die Windschutzscheibe, die er mit seiner Stirn zerschlägt, in Fahrtrichtung hinausgeschleudert. Hier eine Passage aus dem Unfallprotokoll der Polizei:

„Der Patient hatte u. a. sichtbare Verletzungen am Schädel (Kopfschwartenriß, Riß der Galea aponeurotica). Der Schädelknochen lag bloß, diverse Frakturen an den Extremitäten, wahrscheinlicher Befund einer Beckenläsion bzw. -fraktur, mehrere Rippenbrüche, (dadurch respiratorische Schwierigkeiten). Der Zustand des Patienten war als sehr schwer verletzt zu bezeichnen." (S. 47).

Ein Arzt, der sich zufällig am Unfallort befand, eilt sofort zum Verunglückten. Er berichtet: „Ich leistete dem Verletzten Erste Hilfe, indem ich den völlig zusammengebrochenen Kreislauf mit einer Cardinazol-Injektion i. m. stützte. Dies geschah ca. 5½ bis 6 Minuten nach seinem Herzstillstand." (S. 47). Und diese wenigen Minuten beträgt auch die Dauer der Transzendenzberührung. Soviel zum Tatsachenbericht, nun zum Erlebnisbericht.

Jankovich unterteilt sein Todeserlebnis in drei Phasen. In der *ersten Phase* hat er das Gefühl, den Unfall überlebt zu haben. Doch diese scheinbare Wiederkehr seines Bewußtseins stellt sich als das Bewußtwerden seines Sterbens heraus:

„Ich fühlte, daß ich schwebte und hörte gleichzeitig wunderschöne Klänge. Zu diesen Klängen nahm ich dazugehörende harmonische Formen, Bewegungen und Farben wahr. Irgendwie hatte ich das Gefühl, daß ich nicht allein war. Doch ich sah niemanden. Ein göttlicher Friede und eine noch nie wahrgenommene Harmonie erfüllten mein Bewußtsein. Ich war restlos glücklich und wurde durch keine Probleme belastet." (S. 51).

Die *zweite Phase* zeichnet sich dadurch aus, daß Jankovich etwa 3 Meter über der Erde schwebt. Er nimmt alles wahr, was die Menschen mit seinem Körper tun oder was sie über ihn sagen und denken: das Gebet einer Frau, die Schadenfreude eines älteren Mannes usw. Er ist Zuschauer seines eigenen Sterbevorgangs und befindet sich zugleich in einem mehrdimensionalen Raum. Der Versuch, mit den Menschen „da unten" zu sprechen, scheitert allerdings, denn Jankovich hat da „‚oben' keine Kehle und keinen Mund." (S. 54).

Die *dritte Phase* ist der Lebensfilm und das Urteil. Es handelt sich um Bilder und Szenen, die für sich jeweils „vollständig abgerundet" sind. „Der Regisseur hat dieses ganze Theater seltsamerweise von hinten aufgerollt, so daß ich als erste Szene meinen Tod auf der Straße sah, während der letzte Akt dieser Vorstellung meine Geburt bei Kerzenlicht zu Hause in Budapest zeigte. [...] Ich sah alle Szenen so, daß ich nicht nur Hauptdarsteller, sondern gleichzeitig auch Beobachter war. Mit anderen Worten: Es schien, als ob ich über mir und meiner Umgebung im vier- oder mehrdimensionalen Raum schwebte und von oben, von unten und von allen Seiten gleichzeitig das ganze Geschehen miterlebt hätte." (S. 57).

Bei solchen Formulierungen zeigt sich deutlich, daß die Raumpolarität (*oben/unten*, *innen/außen*, *rechts/links* usw.) aufgehoben ist. Der klinisch Tote erlebt den Raum ungespalten. Das gilt entsprechend auch von der Zeit. Es gibt nicht das Vorher und das Nachher, alles Geschehen vollzieht sich vielmehr gleichzeitig. Das Zeitkontinuum ist außer Kraft gesetzt. Alles Erleben, Handeln und Denken vollzieht sich in dem *einen* Bewußtsein, das nicht polar strukturiert ist. Es erkennt ohne Mühe unmittelbar den absoluten Sinn von Ereignissen, die im Lebensfilm vorgeführt werden. Jankovich erkennt spontan den eigentlichen Zweck der zahlreichen Ereignisse, die er selbst bewerten muß. Und er begreift das Wozu dieser Ereignisse für sein Leben. Ihr Zweck bestand nämlich darin, ihn vor Probesituationen zu stellen, in denen er sich zu bewähren hatte.

Die Frage ist: An welchen Wertvorstellungen oder Maßstäben sollte sich Jankovich bewähren? Das nachzuvollziehen, ist für uns polare Wesen unmöglich. An der Schwelle des Todes erfahren wir indessen den Bewertungsmaßstab kristallklar. Jankovich beschreibt ihn mit dem Ausdruck *kosmisches Harmoniegesetz der Liebe*. Das ist lediglich ein Versuch, das Unbeschreibliche des Erlebnisses mitzuteilen und das Unaussprechliche in Sprache zu fassen. Unsere Deutung lautet: Jankovich hat die *Einheit* oder *Singularität* für eine kurze Zeit erlebt, und darin liegt der Grund für seine Wandlung.

„Meine Seele, bzw. mein Gewissen war ein sensibles Gerät. Es wertete mein Handeln und meine Gedanken sofort aus und beurteilte mich selbst, ob diese oder jene Tat gut oder schlecht gewesen war. [...] Gut und böse werden im Jenseits mit einem ganz anderen Maßstab gemessen. Dieser ist absolut und daher nicht durch menschliche vorprogrammierte Meinungen und Denkmodelle begrenzt [...], da dort nur das allgemeine, kosmische Gesetz der Liebe gilt. Die Schwierigkeit besteht darin, daß wir diese nicht erkennen und für uns formulieren können.

[...] Dieser kosmische Maßstab in der Beurteilung der Taten erschien mir zuerst merkwürdig, aber nach jahrelangem Nachdenken erkannte ich, daß sich hier die wunderbare Göttliche Gerechtigkeit manifestiert" (S. 57f.).

Das hier urteilende Bewußtsein muß offenbar nicht erst nach Erkenntnis ringen, nicht erst durch Irrungen und Wirrungen wandern, um zum Sinn zu gelangen. Die Rekonstruktion von Handlungen und – wichtiger noch – von Gedanken kann im Spiegel dieses Bewußtseins überhaupt keine Verzerrung erfahren. Alles wird hier transparent. Probleme werden durchsichtig, wo ihre Lösungen sich sozusagen von selbst anbieten. Durch die Berührung der *Einheit* erkennt das Bewußtsein spontan und absolut, was Sinn und Zweck einer bestimmten Lebenssituation war. Es erkennt und begreift jetzt sofort auch, ob es damals die Botschaft dieser Lebenssituation *richtig* hatte entschlüsseln können. Der Akteur sieht also, wie er sich damals verhalten hat und zugleich auch, wie er sich gemäß des kosmischen Harmoniegesetzes der Liebe eigentlich hätte verhalten sollen. Übereinstimmung oder Unterschied erscheinen ihm nun unzweifelhaft und augenfällig. Das Bewußtsein erkennt sofort *den* einzig richtigen Sinn. Mit anderen Worten: *In der Berührung mit der Einheit überwindet das Bewußtsein seine Relativität, Polarität und Perspektivität. Es fühlt sich eins mit dem absoluten Bewußtsein und erblickt seinen eigenen Sinn, seinen Entwicklungsauftrag, sein Wozu.* Es braucht nicht länger mühsam Sinn zu suchen oder zu erfüllen. Wir können auch sagen: Das Bewußtsein leidet nicht mehr unter seiner polaren Natur, ist nicht länger fehlbar, sondern hat sich endlich mit seinem eigenen und eigentlichen Ziel und Sinn, nämlich dem Geist, vereint. An dieser Stelle erkennt das Selbstbewußtsein des Menschen nicht nur das wahre Selbst und dessen Bestimmung, sondern sieht auch dem höheren Selbst, dem es entstammt, gleichsam ins Auge.

Eigentlich ist es unmöglich, sich über ein solches Bewußtsein im Zustande der *Einheit* aus der niedrigeren Dimension der *Zweiheit* ein Bild zu machen. Trotzdem mag das folgende Beispiel dazu eine gewisse didaktische Hilfe bieten:

Stellen wir uns vor, wir hätten ein Kreuzworträtsel gelöst. Dabei sind wir natürlich Irrwege gegangen, haben falsche Assoziationen gehabt und auch falsche Wörter eingesetzt, die im Verlaufe des Lösungsprozesses korrigiert werden mußten. Wenn wir das Rätsel aber einmal vollständig gelöst haben, betrachten wir unsere fertige Lösung und sind froh, daß wir alle Fragen richtig beantwortet haben. Jetzt stellen wir diese Aufgabe einem anderen Menschen und bitten ihn, das Rätsel zu lösen und dabei laut zu denken. Da wir im Besitz des richtigen *Bewußtseins* bezüglich der einzelnen Lösungen sind, können wir bei jedem Gedanken, bei jedem Wort und bei jeder Assoziation unserer Versuchsperson sofort und absolut richtig erkennen, ob ihre Lösungseinfälle und Vermutungen richtig oder falsch sind.

Ähnlich muß es wohl Jankovich ergangen sein, wobei er und die Versuchsperson identisch gewesen sind:

„Ich sah alle Szenen so, daß ich nicht nur Hauptdarsteller, sondern gleichzeitig auch Beobachter war. Mit anderen Worten: Es schien, als ob ich über mir und meiner Umgebung im vier- oder mehrdimensionalen Raum geschwebt und von oben, von unten und von allen Seiten gleichzeitig das ganze Geschehen miterlebt hätte. Ich schwebte über mir selbst. Ich betrachtete mich von jeder Seite und hörte zu, was ich selber sagte. Ich registrierte mit allen Sinnesorganen, was ich sah, hörte, spürte und auch, was ich dachte. Die Gedanken wurden Wirklichkeit." (S. 57).

Bezogen auf das Kreuzworträtsel verfügt der Versuchsleiter gewissermaßen über ein *absolutes Bewußtsein*, die Versuchsperson hingegen über ein *relatives*. Im Tod verfügt Jankovich über beide Arten des Bewußtseins zugleich – über ein uneingeschränktes Bewußtsein, das im Kontext der Einheit steht, und über ein eingeschränktes, das den Gesetzen der Polarität und Relativität unterworfen ist. Nun steht das relative Bewußtsein vor dem absoluten und gibt ihm Rechenschaft darüber, was es im Verlaufe des Lebens unternommen hat, um sich mit ihm zu vereinen. Hier wird nichts und niemand bestraft. Vielmehr erkennt das Bewußtsein in seiner absoluten Gestalt nunmehr klar und deutlich, was es zu lernen hatte, wo ihm das eher gelang oder eher mißlang. Das höhere Bewußtsein beobachtet das niedrigere und urteilt: *So hättest du eigentlich denken und handeln sollen, und so hast du in jener Situation gedacht und gehandelt; diesen Sinn hättest du erfüllen sollen, und jenen hast du erfüllt oder erfüllen können.* Ideal und Wirklichkeit, Wahrheit und Verwirklichung stehen einander gegenüber, aber – und das ist das Wesentliche und Entscheidende – sie sind nicht getrennt, sondern eins. Die (Sinn-) Richtung der Entwicklung wird am Maßstab des Richtungssinnes beurteilt. Vom Ausgang her wird der Gang beleuchtet, und das alles von und vor dem Selbst.

Übertragen wir dieses Phänomen auf das Verstehen und Bestehen von Lebenskrisen! Das relative Bewußtsein muß den Sinn einer Krise suchen und im Krisenereignis die individuell richtige Sinnbotschaft erfüllen. Aber welchen Sinn soll es erfüllen? Eben das herauszufinden, ist ja gerade der Sinn der Entwicklung. Das absolute Bewußtsein hingegen befindet sich jenseits von Entwicklung. Es braucht keinen Sinn mehr zu suchen oder zu erfüllen, denn es selbst hat sich zum absoluten Sinn entwickelt. Das absolute Bewußtsein ist mit dem Sinn als seiner anderen polaren Hälfte vollkommen einig und eins geworden. Die Sinnsuche ist beendet und die Sinnerfüllung vollendet. Der Sinn einer Krise liegt somit darin, dem unvollkommenen Bewußtsein einen, wenn auch schmerzlichen, Anlaß zur Vervollkommnung zu geben. Jankovich, dem ich das Manuskript dieses Buches zuschickte, bestätigte die Richtigkeit dieser

Deutung und schrieb mir in einem Brief, es gebe für ihn keine Krisen, sondern nur Aufgaben im Leben. Dies wäre die höchste Erkenntnis, die uns Lebenskrisen lehren könnten.

Auch im Falle Jankovichs dient die Wiedererinnerung des Lebens und das eigene Urteil über das, was er im Leben zustandegebracht hat, nicht der Strafe, sondern der *Einsicht* in die Sinnrichtung der Bewußtseinsentwicklung. Wo das Urteil als richtig empfunden wird, löst es allerdings bei Jankovich ein wohltuendes Gefühl aus. Wo das Bewußtsein hingegen einen Gedanken oder eine Handlung verurteilt, geht dies mit einer höchst unangenehmen Empfindung einher. Bemerkenswert ist, daß diese unangenehmen Szenen verschwinden, während die anderen Szenen, „bei denen ich und alle Beteiligten glücklich waren; wo Harmonie nicht nur in mir selbst, sondern auch in der ganzen Umgebung herrschte" (S. 58), übrigbleiben.

Es kommt offenbar auf Harmonie an, nicht auf Strafe, auf die Einsicht in das *Sinnganze* oder in den *ganzen Sinn*, nicht auf die Sanktionierung der Fehltritte, die auf dem Weg zur Vollendung unvermeidbar sind. In der göttlichen Sphäre der Einheit herrscht keine Spannung und Spaltung, keine Trennung und Polarität. Liebe und Vergebung verhelfen dem Toten zur Einsicht in den kosmischen Sinn des Seins. Darin sieht Jankovich eine „Eigenschaft Gottes bzw. der vollkommenen Liebe" (S. 58).

Damit sind die drei Phasen beendet. Nun setzt eine Lichtflut ein, die synästhetisch als Musik und zugleich Schwingung empfunden wird.

„Alles war Licht, alles war Musik, alles war Schwingung. [...] Was ich sah, war nicht einmal die Sonne, sondern eine sonnenartige, wunderschöne, warme lichterfüllte Erscheinung. Es war ein wunderbares Gottes-Erlebnis; das Erlebnis des über uns stehenden URPRINZIPS des Universums." (S. 60).

Was hält Jankovich nach dieser Transzendenzberührung für das Wesentliche im hiesigen Leben? Welchen Sinn müssen wir seiner Meinung nach erfüllen, wenn wir unsere Bestimmung, mit unserem geistigen Ursprung wieder eins zu werden, richtig begreifen wollen?

Hier ist seine klare Antwort:

„Damit wurde mir klar, daß es das Ziel des Lebens ist, die Proben, die uns das Schicksal stellt, so zu bestehen, daß anderen Menschen kein Schaden zugefügt und das kosmische Gesetz der Liebe nicht gestört wird. Alle Taten und Gedanken sollen der selbstlosen Liebe entspringen. Liebe ist das Prinzip der Harmonie. [...] Die ganze Schöpfung ist durch unfaßbare Energien entstanden und der Kosmos wird durch diese göttliche Energie zusammengehalten. Losgelöst vom Körper habe ich diese Energie geahnt. Ich bezeichne sie als LIEBE." (S. 81f.) Und an anderer Stelle heißt es: „Das Fernziel ist die Vereinigung mit Gott; das Ziel des jetzigen Lebens ist: durch Entwicklung step-by-step diesem Endziel näher zu kommen." (95).

Wir können diese Erlebnisse für unsere Argumentation folgendermaßen übersetzen: Der Mensch soll sich mit Gott wieder vereinen. Darin liegt unsere Bestimmung. Doch jeder Mensch erreicht dieses Ziel auf seinem individuellen Weg. Der beste Weg scheint nach den Berichten von Reanimierten der Weg der *Liebe* zu sein. Es ist der Weg, den uns das Leben in seiner polaren Struktur weist, der Weg der Einswerdung bzw. Ganzwerdung.

Wir sehen also, daß die Polarität das Sein und das Sollen in sich trägt, die Entzweiung als Ausgangsposition und die Vereinung als Zielpunkt. Setzen wir aber voraus, daß Gott selbst die Entzweiung gewollt hat, um Vereinung durch Liebe begreiflich und erfahrbar zu machen, so stand am Urbeginn das, was am Ende des Entwicklungsweges wieder stehen wird: *Ganzheit durch Liebe.*

Erinnert das nicht an Hegels Ausdruck „Spielen der

Liebe mit sich selbst", womit er das Leben Gottes meinte? Dieses Spiel bedarf keines Gegenspielers, keines Gegenparts, und schon gar nicht eines Gegners oder Widersachers. Es ist das Spielen der Einheit mit ihrer eigenen Entäußerung in Zweiheit und Rückkehr zu sich selbst, zur Ganzheit. Im Todeserlebnis wird es Jankovich bewußt, daß er ein Teil dieser All-Einheit ist. Darum reagiert er mit Gefühlen des Bedauerns und der Verärgerung darauf, daß man ihn aus dieser harmonischen Sphäre der göttlichen Einheit wieder in das polare Leben zurückgeholt hat.

Was das Nahtodeserlebnis hinterläßt, mag auf den ersten Blick widersprüchlich erscheinen, doch es ist offenbar die volle Wahrheit: Im Tod offenbart sich dem Menschen der Sinn seines Lebens. Es ist der Tod, der uns in höchster Vollendung lehrt, unser Leben sinnerfüllt zu gestalten. Der Tod stellt keineswegs ein leeres Ende dar, er ist vielmehr polar mit dem Leben verknüpft. *Wir leben täglich den Tod und sterben das Leben.* Nur, wir wissen es nicht. Der Thanatologie verdanken wir die Erkenntnis, daß eigentlich nur sinnerfüllt lebt, wer einmal gestorben ist. Es klingt paradox, und doch liegt es in der Konsequenz dieser Erkenntnis, daß der Tod wohl als der beste Wegweiser eines sinnerfüllten Lebens gelten muß.

Für die Erhellung der Sinnrichtung des Bewußtseins sind die Forschungsergebnisse der Thanatologie außerordentlich aufschlußreich, weil sie das aufdecken, was im *normalen* Leben verborgen bleibt, nämlich der Richtungssinn der Bewußtseinsentwicklung. Das Bewußtsein hat den Weg zur Einheit zu finden, dieser Weg führt über unzählige Prüfungssituationen, zu denen auch die Krisen gehören. Der Weg zur Einheit führt durch die Zweiheit, d.h. durch Brüche und Krisen. *Deshalb gibt es keinen Weg aus der Krise, es sei denn der sinnerfüllende Weg durch die Krise.*

2. *Die Schöpfung als Auftrag*

Der paradiesische Garten Eden enthält, wie es wörtlich heißt, „allerlei Bäume, verlockend anzusehen und gut zu essen“ (Gen. 2, 9).[9] Zwei dieser Bäume werden besonders hervorgehoben, und zwar erstens dadurch, daß sie namentlich gekennzeichnet und damit gegen die anderen abgehoben werden und zweitens dadurch, daß sie „mitten im Garten“ stehen und somit im konkreten wie übertragenen Sinne eine zentrale Stellung im Paradies einnehmen: der Baum der *Erkenntnis des Guten und Bösen* und der Baum des *ewigen Lebens.* Ob es sich in Wahrheit um zwei verschiedene Bäume handelt oder um denselben mit zwei verschiedenen Namen, haben die Gelehrten noch nicht eindeutig ausmachen können.[10]

Als unzweifelhaft gilt indessen, daß der Mensch (Adam) den symbolischen Mittelpunkt des göttlichen Gartens nicht hätte anrühren dürfen und daß er durch die Übertretung von Gottes Verbot *Schuld* auf sich geladen hat. Das dritte Kapitel des Buches *Genesis* trägt die Überschrift: „Der Sündenfall“.

In der Tat klingt Gottes Hinweis auf den ersten Blick wie ein Verbot:

> „Du darfst essen von allen Bäumen im Garten, aber von dem Baum der Erkenntnis des Guten und Bösen sollst du nicht essen; denn an dem Tage, da du von ihm issest, mußt du des Todes sterben.“ (Gen. 2, 16/17).

9 Die Bibel nach der Übersetzung Martin Luthers, herausgegeben von der Evangelischen Kirche in Deutschland und vom Bund der Evangelischen Kirchen in der DDR, revidierte Fassung von 1984. Stuttgart 1985.

10 Vgl. das umfangreiche Werk von Claus Westermann: Genesis. 1. Teilband Genesis 1–11. Neukirchen-Vluyn 1974.

Wir wollen dem tiefen Sinn dieses Hinweises nachgehen, weil wir darin eine *Feststellung*, aber kein Verbot sehen. Wenn sich diese These am Text belegen ließe, so wäre die Folge der Handlung von Adam und Eva zwar eine *Krise*, aber keine Sünde. Wir meinen, daß diese Urkrise gleichsam eine Ur-Botschaft in sich birgt, einen göttlichen Auftrag, den der Mensch zu erfüllen hat. Mit dieser interpretatorischen Leitlinie verfolgen wir keinerlei theologische Ambition, sondern lediglich die Absicht, jede Krise als eine potentielle Entwicklungschance zu betrachten.

Fragen wir zunächst, wann ein Ereignis als vollzogen und real betrachtet werden darf – wenn es gedanklich nur durchgespielt oder erst wenn es durch Handlung ausgeführt wird? Im juristischen Sinne vermutlich immer dann, wenn eine Tat (z.B. ein Diebstahl oder Mord) begangen wird; im Sinne der Schöpfung indessen bereits, wenn es gedacht wird.

Wann also entsteht die Trennung zwischen Mensch und Gott – mit dem Biß als Tat oder als Gedanke? Da Gott selbst den Gedanken bei Adam und Eva ins Spiel brachte, die ja bis zum Zeitpunkt der Kenntnisnahme von diesem Gedanken unwissend waren und folglich Gut und Böse voneinander nicht zu unterscheiden vermochten, erzeugt bereits der Gedanke in ihnen das Bewußtsein von Gut und Böse.

Der Hinweis Gottes enthält somit implizit die Erkenntnis des Guten und Bösen. Sie erzeugt bei Adam und Eva zwar nicht direkt ein Wissen über das Gute und das Böse, wohl aber ein Wissen darüber, wie sie es erwerben könnten. Hinter dem Hinweis Gottes kann daher schwerlich ein Verbot vermutet werden, sondern vielmehr ein gezielter Hinweis und eine erkenntnisträchtige Feststellung. Jede Scheidung oder Unterscheidung setzt Bewußtsein voraus. Es ist unlogisch und im übrigen auch müßig, auf eine Unterscheidung oder Erkenntnis hinzuweisen, wenn es kein Bewußtsein dafür gibt.

Insofern läßt sich nicht von der Hand weisen, daß die Erkenntnis des Guten und Bösen nur vordergründig durch den Biß in den Apfel erhandelt wurde. In Wahrheit steckt sie schon in jenem zitierten Hinweis Gottes, den man gewöhnlich für ein Verbot hält – ein Verbot, das, merkwürdig genug, mehr informiert als verhütet. Wieso, fragt man sich, hat sich Gott entschlossen, ohne jeden aktuellen oder gar akuten Anlaß einen solchen Hinweis zu geben, in dem gerade das zutage tritt, was verdeckt bleiben sollte? Ist es nicht so, als würde der Vater seinem Sohn sagen: „Wisse, daß du nicht wissend werden sollst!"?

Gottes Hinweis enthält nicht nur irgendeine Mitteilung oder Warnung, sondern einen exemplarischen Inhalt von universaler Bedeutsamkeit. *Gut* und *Böse* zu erkennen, heißt die Polarität schlechthin zu erkennen. Und Erkennen heißt, wie wir noch sehen werden, sich selbst bewußt hervorbringen. Indem Adam und Eva den Sprung ins polare Bewußtsein wagten, wurden sie sterblich, aber auch erst lebendig im normalen Sinne des Wortes. Zuvor verfügten sie über ein Sein in Einheit mit Gott, also außerhalb von Polarität. Mit dem polaren Wissen verwandelte sich dieses Leben in ein neuartiges, in ein zeitlich begrenztes Leben, das den Tod als seine polare Gegenhälfte in sich trägt.

Daß es so kam, muß als ein Teil des Schöpfungsplanes verstanden werden. Und es ist kein Zweifel daran erlaubt, daß Gott jeden anderen Ausgang in dieser Geschichte ebensogut hätte herbeiführen wie verhindern können. Deshalb haftet der Behauptung, der Schöpfungsplan sei durch Luzifer oder die Schlange hintertrieben worden, ein blasphemischer Zug an. Es darf vielmehr als Gottes eigener Wille angenommen werden, daß der Mensch ein polares Bewußtsein erhalte, auf daß er das Gute und das Böse scheide, um von nun an bewußt unterscheiden zu können, wohin er sich entwickeln könnte oder sollte. Warum Gott dies so wollte, wird uns Menschen unerklärlich bleiben, aber nach dem Wozu dürfen wir wohl fragen.

Die Kernfrage lautet also: Wozu? Welchen Sinn mag der Mensch diesem Willen des Schöpfers abgewinnen? Welchen Auftrag mag er in der Einpflanzung eines polaren Bewußtseins erkennen? Indem wir in diesem Abschnitt nach dem Auftrag der Schöpfung fragen, betrachten wir den Fall Adams, diese *Urkrise* der Menschheit, zugleich als einen Weg aus der Krise. Unsere These lautet: Die Wendung „... des Todes sterben" leitet die erste *krisis* (entscheidende Wende) im Leben des Menschen ein. Hier muß sich die Wozu-Frage bewähren und der Doppelsinn der Krise (wei-ji = Gefahr/Chance) erweisen. Das soll in fünf Argumentationsschritten geschehen.

1. Wir stellen zunächst fest, daß die Menschennatur neugierig wird auf das, was ihr verboten wird. Schlimmer noch: Sagt man einem Kind etwa, es dürfe mit allen seinen Spielsachen nach freiem Belieben und Willen spielen, *nur mit dieser einen Puppe nicht*, so ist wohl klar, daß das Kind früher oder später alles stehen läßt, um das Geheimnis dieser einen Puppe zu lüften. Sollte Gott diese von der menschlichen Intelligenz zeugende Tatsache etwa nicht bedacht haben?

Da kein Zweifel an Gottes Allwissenheit und absoluter Weisheit erlaubt ist, muß angenommen werden, daß der sogenannte „Sündenfall" vorprogrammiert war. Welchen Sinn hat es dann aber, diese im Grunde vorauszusehende und – zumindest im Bewußtsein Gottes – vorausbestimmte Tat zu bestrafen? Wird der vollkommene Gott sein eigenes Geschöpf wegen dessen Unvollkommenheit bestrafen? Wir sehen, daß *Strafe* keinen

Sinn für dasjenige Bewußtsein macht, das die Zukunft kennt. Versuchen wir also, die Geschichte anders zu verstehen, nämlich als *Auftrag*! Adams und Evas *Urkrise* muß im Schöpfungsplan Gottes als eingeplant angenommen werden. Nur dann macht sie Sinn. Und nur dann unterstellt sie Gott absolute Vollkommenheit. Und wir vermuten, daß diese Urkrise der entscheidende Anstoß zur Entwicklung war und sein mußte. Denn erst mit ihr begann die Möglichkeit und damit auch die Fähigkeit des Menschen zur geistigen Entwicklung.

2. Um diese Vermutung zu erhärten, fragen wir, wann der Hinweis gegeben wurde. Und es ist in der Tat bemerkenswert, daß sich die *Urkrise des Menschen* erst ereignete, nachdem Gott Adam eine „Gehilfin" mit der Begründung beigesellte: „Es ist nicht gut, daß der Mensch allein sei" (Gen. 2, 18). Die Versuchung des Erkennens kann überhaupt erst stattfinden, nachdem der Mensch (Adam) sein polares „Gegenstück" (Eva) erhalten hat. Zur Versuchung gehören zwei. Gott sorgt dafür, daß diese Voraussetzung erfüllt wird.

3. Diese Deutung läßt sich mit dem Hinweis auf die Namensgebung noch untermauern. Das Wort „Eva" („chawwa", „chaja") bedeutet „Leben". „Adam" steht für „der Mensch", aber auch kollektiv für „die Menschheit". In Eva kommt Adam also zum Leben aus Fleisch und Blut – und nicht aus Lehm und Odem. Durch sie erst wird er Mensch, d.h. sterblich, und als solcher in den Kontext der Polarität versetzt. Zuvor lebte er eins mit Gott.

Mit dem Eintritt in den Kontext der Polarität vollzieht sich auch die Geschlechtlichkeit. Das erste, was Adam und Eva mit ihrem neuen Bewußtsein vollbringen, wird lapidar formuliert: „Und Adam erkannte sein Weib Eva, und sie ward schwanger..." (Gen. 4, 1). Im

Hebräischen hat das Verb *erkennen* den gleichen Sinn wie *einer Frau beiwohnen.*[11] Erst nachdem das Bewußtsein befähigt wurde, polar zu erkennen, konnte aus Adam, „dem Menschen", ein Mann, aus Eva, „dem Leben", die Frau werden. Es ist höchst bemerkenswert und wohl auch bedeutsam, daß Gott sie *nach* ihrem Bewußtseinswandel - aber schon *vor* ihrer geschlechtlichen Vereinigung - als „Mann und Weib" anspricht (Gen. 3, 16/17). Der Schöpfung genügt - wie gesagt - schon der Gedanke, der die Realität vorwegnimmt und schafft, noch bevor sie Gestalt angenommen hat. Der Rest ist Einlösung, Bestätigung und Erfüllung.

4. Der Hinweis „...des Todes sterben" kann nicht als Strafe aufgefaßt, sondern muß vielmehr als eine *Feststellung* über zwei grundverschiedene Seinsarten interpretiert werden, nämlich ein Leben in der Einheit mit Gott und ein anderes in der Zweiheit (Polarität). Noch der Schlange gegenüber wiederholt Eva brav und wörtlich Gottes Hinweis:

„aber von den Früchten des Baumes mitten im Garten hat Gott gesagt: Esset nicht davon, rühret sie auch nicht an, daß ihr nicht sterbet!" (Gen. 3, 3).

Doch die Schlange bietet eine überraschende Deutung an, vor deren Wahrheit Eva kapitulieren muß. Die Schlange beruft sich auf Gott und versichert:

„Ihr werdet keineswegs des Todes sterben, sondern Gott weiß: an dem Tage, da ihr davon esset, werden eure Augen aufgetan, und ihr werdet sein wie Gott und wissen, was gut und böse ist." (Gen. 3, 4/5).

Die Schlange darf zwar sehr wohl des *Verrats*, jedoch keineswegs der *Lüge* bezichtigt werden. Was sie verrät,

11 Vgl. Wilhelm Gesenius: Hebräisches und aramäisches Handwörterbuch über das Alte Testament. Berlin, 17. Auflage, 1962, S. 287.

ist dem Inhalte nach zutreffend. Gott selbst bestätigt es in vollem Umfang:

„Siehe, der Mensch ist geworden wie unsereiner und weiß, was gut und böse ist. Nun aber, daß er nur nicht ausstrecke seine Hand und breche auch von dem Baum des Lebens und esse und lebe ewiglich!" (Gen. 3, 22).

Hier liegt eine strenge Logik vor, und keine Strafaktion. Solange nämlich Adam und Eva in der Einheit und Eintracht mit Gott lebten, konnten sie aus logischen Gründen nicht des Todes sterben. Sobald aber in ihnen das Bewußtsein über Polarität entstand, verwandelte sich auch ihr Wesen in ein polares, in ein sterbliches.

Übrigens läßt sich an dieser Stelle nachweisen, daß es sich bei dem eingangs erwähnten *Baum der Erkenntnis* „und" dem *Baum des ewigen Lebens* doch wohl um zwei verschiedene Bäume handeln muß. Denn nach ihrer polaren Verwandlung in einen sterblichen Mann und ein sterbliches Weib dürfen Adam und Eva den Baum des *ewigen Lebens* auf keinen Fall anrühren und auch noch unsterblich werden. In diesem Punkt trifft Gott eindeutige und strenge Vorkehrungen und beauftragt den Cherub mit dem flammenden Schwert mit der Aufsicht. Denn es darf nicht eintreten, daß beides zugleich da ist: Polarität und Singularität, Auftrag zur Vervollkommnung und Zustand der Vollkommenheit.

5. Ohne Anspruch auf tiefschürfende Exegetik[12] oder gar vollständige Berücksichtigung der unübersehbaren Literatur über das Kapitel *Genesis* interpretieren wir die biblische Erzählung so, daß Gott dem Menschen folgenden Hinweis geben wollte: Es gibt 1. eine Art *Leben* in absoluter Einheit und Unmittelbarkeit mit ihm (Singu-

12 Vgl. etwa die Beiträge des I. Abschnittes im Sammelband Manfred Fuhrmann u.a. (Hrsg.): Text und Applikation (Poetik und Hermeneutik IX). München 1981.

larität), und es gibt 2. eine andere Art *Leben* in der Polarität. Das *erste Leben* steht außerhalb von Zeit und Entwicklung, weil dieses Leben in sich vollkommen und eben darum auch keiner Entwicklung bedürftig ist. Es ist eben ein Leben in Einheit und vollkommener Eintracht mit Gott. In diesem Leben existieren weder Geburt noch Tod, weder Gut noch Böse, weder Mann noch Weib, weder Reflexion noch Gegenstand, weder Bewußtsein noch Sinn, weder Krise noch Entwicklung. Das *zweite Leben* hingegen vollzieht sich in der Zeit, dient der Entwicklung und Vervollkommnung und ist in seinem Wesensgrund polar beschaffen. Über diese zweite Lebensart wußten Adam und Eva nichts, bis Gott selbst sie mit seinem Hinweis darauf brachte. Sich für eine der beiden Lebensarten entscheiden zu sollen wäre Adam und Eva ohne den Wink Gottes also gar nicht eingefallen. Denn ohne Erkenntnis des Guten und Bösen konnten sie kein Bewußtsein und ohne Bewußtsein keine Erkenntnis über Polarität haben.

Gott selbst *informiert* gleichsam den Menschen – wenn auch indirekt – über diese beiden alternativen Seinsarten und überläßt ihm die Wahl. Daß der Mensch sich für die Entwicklung entscheidet, muß als Gottes Absicht und Willen angenommen werden, wenn Gott nicht als fehlbar gelten soll. Insofern gehört auch die Entscheidung des Menschen zum Schöpfungsplan Gottes, dessen Auftrag lautet: *Gehe den Weg der Polarität, und wenn du den Sinn alles Polaren begriffen hast, bist du reif für die Einswerdung, für Liebe und Ganzheit.* Diesen Auftrag halten wir für einen exemplarischen Weg aus der Krise (vgl. auch Kapitel „Ganzheit und Krise“).

Die eigene Krise zu verstehen heißt, sich Sinn suchend und Sinn erfüllend auf die Krise einzulassen – und das ist Entwicklung. Verschließen wir unsere Augen vor der Botschaft der Krise, dann verpassen wir auch die in ihr steckende Entwicklungschance. *Entwicklung* verweist immer auf *Werden.* Dieses Werden muß erkannt, d.h. zum Gegenstand des Bewußtseins erhoben werden. Dadurch macht das Bewußtsein, wie Hegel sagt, eine „Erfahrung". Aber das Bewußtsein kann auch den Vorgang seiner eigenen Erfahrung erfahren und damit eine Selbsterfahrung machen. Das Bewußtsein erkennt sein eigenes Werden als seine eigene Entwicklung. So ist das Bewußt-sein immer schon angelegt auf Bewußt-werden. Ohne den Biß in den Apfel wäre diese hohe Selbsterkenntnis, die in Gotteserkenntnis gipfelt, unmöglich.

Die Selbsterkenntnis des Bewußtseins ist der Weg und das Ziel der mentalen Entwicklung. Man könnte sie als Schöpfungsauftrag verstehen. Die Form, in der das Bewußtsein sein eigenes Werden erkennt, zeigt sich im Prozeß des Selbsterkennens als ein Sinnerkennen. Gottes Hinweis erhält für den Menschen den Sinn, zu erkennen, daß Entwicklung mit dem Verlust der Einheit erst möglich wird. Der Weg zurück zur Einheit und zu Gott weist also vorwärts auf unendliche Stufen der Bewußtseinsentwicklung. Er führt durch die Trennung und Enteinung zur Vereinigung, zur Ganzheit zurück. Dieser Weg trägt den Namen: *Entwicklung* – trotz und dank Krisen. Indem wir den Sinn einer Krise für unser Leben zu verstehen suchen, überstehen wir nicht nur die Krise, sondern wir verstehen auch den Lebens- und Schicksalsauftrag subjektiv. Krisenverstehen führt so über Selbstverstehen und Sinnverstehen zum Gottverstehen. Darin könnte der allgemeine Schöpfungsauftrag liegen.

Rudolf Steiner hat die Darstellung der Schöpfung in der Bibel mit der Mysterienweisheit bei Plato in Verbindung gebracht. Steiner zufolge erlebt der Mensch im Erkennen Gottes zugleich den Schöpfungswerdegang „als eigenes seelisches Schicksal" subjektiv nach.

„Geschichte der Schöpfung und Geschichte der sich vergöttlichenden Seele fließen dadurch in Eins zusammen. [...] Die Seele muß also – darin nur kann ihr mystisches Weisheitsstreben bestehen – in sich die Wege Gottes mikrokosmisch wiederholen. Es muß sich in jeder Seele das Weltendrama abspielen. [...] Moses hat nicht nur geschrieben, um geschichtliche Tatsachen zu erzählen, sondern um in Bildern zu veranschaulichen, was die Seele für Wege nehmen muß, wenn sie Gott finden will."[13]

Durch diese Deutung erhält jede Spaltung, jede Polarität und jede Entzweiung einen Sinn. Die Aufspaltung der Eins in Zwei, d.h. das Verlassen der ursprünglichen Einheit mit Gott, löste zwar die Urkrise der Menschheit aus. Doch sie kann nicht sinnlos gewesen sein, da sie mit der exemplarischen Erkenntnis der Polarität *Krise/Entwicklung* verkettet ist. *Wie der Fötus erst nach der Entbindung von der Mutter die Sinnrichtung seines Werdens erkennen kann, so kann auch der Mensch erst nach der Enteinung von Gott den Sinn dieser Trennung erfahren und den Auftrag zur Wiedervereinung mit Gott begreifen. Hier liegt ein universales Muster, in dem wir einen exemplarischen Weg aus jeder Krise erkennen. Die Abnabelung von Gott mag man nun noch immer als Sünde auffassen oder nicht. Ihr Sinn liegt offenbar in der Ermöglichung des individuellen Vollzugs von Entwicklung.*

Was das abgebildete Tier tut (vgl. Abb. 4), können wir bei kleinen Kätzchen beobachten, die ihren Schwanz als den eigenen erst *schmerzlich erkennen*, wenn sie im Eifer des Spiels einmal hineinbeißen. Die Katze vermag die Kreisbewegung nur körperlich auszuführen. Der Mensch aber kann abstrahieren und den Sinnkreis seiner Entwicklung geistig nachvollziehen. Der Mensch und der Apfel, so legt die Zeichnung von Maturana

13 Rudolf Steiner: Das Christentum als mystische Tatsache und die Mysterien des Altertums. Ausgewählte Werke, Band 3, Frankfurt a.M. 1985, S. 160f.

Abb. 4, aus: Humberto Maturana/Francisco Varela: Der Baum der Erkenntnis ..., S. 258.

nahe, waren eins. Um diese Einheit wahrzunehmen und zu erkennen, fehlte dem Menschen das Bewußtsein und die Erkenntnis. Indem er wissend wurde, lernte er zu scheiden. Doch nur mit der Fähigkeit zu scheiden, hat er die Chance erhalten, zwischen sich und Gott zu unterscheiden. Wer diesen Unterschied erkennt, ist Gott sehr nahe. Erkennen entzweit und vereint – darin liegt die Polarität *Gefahr/Chance.*

„Die vorgelegte Betrachtungsweise", schreiben Maturana und Varela, „versetzt uns zweifellos in eine kreisläufige Situation ...: Das ist der kognitive Kreis, der unser Sein in einem Werden charakterisiert".[14] Wer den

14 Humberto Maturana/Francisco Varela: Der Baum der Erkenntnis. Die biologischen Wurzeln des menschlichen Erkennens. Bern 1987, S. 258 und 260.

Sinn des Seins im Werden begreift, kann die Notwendigkeit von Krisen nicht negieren. Sie sind Anlässe, die uns unseren Erkenntnisprozeß bewußtmachen. Sie fordern uns auf, gerade im Schlimmsten Sinn zu suchen. Dem Schönen und Angenehmen Sinn abzugewinnen, ist ohnehin ein Leichtes.

Der „Vertreibung“ aus dem Paradies, dieser Urkrise der Menschheit, haben wir die Fähigkeit zu verdanken, unser Bewußtsein bis zu der Höhe zu entwickeln, die es uns ermöglicht, Gott zu erkennen und dadurch der Einheit mit ihm nahezukommen. Das Wozu unseres Lebens könnte darin liegen, unser wahres Sein als ein ewiges Werden zu begreifen. *Gottes Sein ist unser Werden*, schreibt Meister Eckehart.

Das setzt voraus, daß wir lernen, in jedem Lebensereignis – und erst recht in unseren Lebenskrisen – bewußt einen Anlaß oder Auftrag zur Entwicklung zu suchen und zu erfüllen. Wir haben das im Anschluß an Frankl *Sinnerfüllung* genannt und sehen darin einen individuell zu leistenden Auftrag zur Erfüllung des Schöpfungsplans.

Warum aber müssen wir etwas tun, damit Göttliches sich auch erfüllt? Das hat seinen Grund darin, daß der Mensch nicht nur durch Zeugung, sondern durch Erkenntnis sein Leben und Werden gestaltet. Denn „indem wir erkennen, wie wir erkennen, bringen wir uns selbst hervor.“[15] Mit der Erkenntnis, daß wir ein Produkt unserer eigenen Erkenntnis sind, geht eine ethische Verpflichtung einher. Maturana und Varela, als Biologen nicht gerade der Moralpredigt verdächtig, bringen es auf die Formel: *„Die Erkenntnis der Erkenntnis verpflichtet* … Sie verpflichtet uns dazu einzusehen, daß die Welt sich nur ändern wird, wenn wir anders leben.“[16]

15 Maturana/Varela: Der Baum der Erkenntnis …, S. 262.
16 Maturana/Varela: Der Baum der Erkenntnis …, S. 263f.

Übertragen wir das auf den Umgang mit Lebenskrisen, so ergibt sich folgende Einsicht: Die Krise zwingt uns dazu, unser Leben zu ändern, und das ist seit jener Urkrise nicht anders. Im Erkennen dieser Wandlung, die wir dank unseres Bewußtseins und unserer reflexiven Erkenntnisfähigkeit selbst vollziehen, übernehmen wir dem Schöpfungsauftrag gegenüber eine Verantwortung. Wenn Gott gewollt hat, daß wir aus der Singularität in die Polarität springen – und das unterstellen wir –, dann liegt darin auch ein Sinn, ein Auftrag oder – wie Thomas Mann sagt – eine *Verheißung*.

Im Begriff „Verheißung" sind Gegenwart und Zukunft sinnhaft miteinander verschmolzen. In dem Augenblick, wenn die Verheißung ergeht: „So wird es sein", ist sie bereits göttlich garantierte historische Realität; sie wartet lediglich auf ihre Erfüllung, sozusagen auf ihre empirische Bestätigung. Aber das ist Form- und Nebensache. Keine Verheißung kann ohne menschliches Zutun in Erfüllung gehen. Denn jede Verheißung hat Auftrags- und Aufforderungscharakter. Das Geschehen hat zu geschehen und ist im Grunde schon mit dem göttlichen Ausspruch vollbracht. Die Wahrheit der Schöpfung liegt darin, „daß alles Geschehen ein Sicherfüllen ist und daß das Geschehene geschehen war, weil es zu geschehen gehabt hatte nach geprägtem Urbild".[17]

„Der Bund Gottes mit dem in Abram, dem Wanderer, tätigen Menschengeist war ein Bund zum Endzwecke beiderseitiger Heiligung, ein Bund, in welchem menschliche und göttliche Bedürftigkeit sich derart verschränken, daß kaum zu sagen ist, von welcher Seite, der göttlichen oder der menschlichen, die erste Anregung zu solchem Zusammenwirken ausgegangen sei, ein Bund aber jedenfalls, in dessen Errichtung sich ausspricht, daß Gottes Heiligwerden und das des Menschen einen

17 Thomas Mann: Joseph und seine Brüder. Jubiläum-Ausgabe. Frankfurt a.M. 1986, S. 201.

Doppelprozeß darstellen und auf das innigste aneinander ‚gebunden' sind."[18]

Daraus ergibt sich ein wechselseitiges Verhältnis, eine polare Beziehung zwischen Mensch und Gott, dahingehend, „daß Gott seine wirkliche Würde nur mit Hilfe des Menschengeistes erlangt, dieser aber wieder nicht würdig wird ohne die Anschauung der Wirklichkeit Gottes und die Bezugnahme auf sie".[19] Das will sagen, die Ehre, die Gott gebührt, ist an die geistige Entwicklung des Menschen rückgebunden, denn „die Rückkehr zur Gottheit, aus der der Mensch geboren ist, schließt den Zirkel seiner Entwicklung."[20]

3. Die Wogen des Lebens

Der dritte exemplarische Weg aus der Krise soll an Thomas Manns Roman *Joseph und seine Brüder*[21] aufgezeigt werden (Zitate daraus im folgenden nur mit der Angabe der Seitenzahl). Es geht in diesem Werk um die Wogen des Lebens im Schicksal des Romanhelden. Wir wollen von Joseph lernen, wie er dem Auf und Ab des Lebens Sinn abzugewinnen versteht.

Jaakobs Söhne sind neidisch auf ihren Halbbruder Joseph, weil er das Lieblingskind ihres Vaters ist. Im Jähzorn prügeln sie ihn eines Tages fast zu Tode, werfen ihn in einen Brunnen und erzählen dem Vater, Joseph sei von einem wilden Tier getötet worden. Joseph indessen wird nach drei Tagen von einer Karawane entdeckt,

18 Thomas Mann: Joseph und seine Brüder ..., S. 319.
19 Thomas Mann: Joseph und seine Brüder ..., S. 320.
20 Georg Wilhelm Friedrich Hegel: Werke ... Band 1: Frühe Schriften, S. 389.
21 Thomas Mann: Joseph und seine Brüder ...

noch bevor einer seiner Brüder, von Gewissensbissen geplagt, ihn retten kann. Da nun der Mordversuch an Joseph enthüllt zu werden droht, verkaufen ihn seine Brüder an den Karawanenführer. Dieser bringt Joseph nach Ägypten und verkauft ihn als Sklaven an das Haus eines reichen Herrn namens Petepré. In diesem Haus macht Joseph eine beachtliche Karriere. Vom Sklaven steigt er auf zum Meier, einem hohen Posten, den nur Peteprês vertrautester Knecht übernehmen darf. Hier endet Josephs erster Fall oder – wenn man will – Aufstieg.

Josephs weitere Karriere soll die Polarität von Fall und Aufstieg wiederholt demonstrieren. Die Frau seines Herrn hat sich in ihn verliebt und steigert sich um so ohnmächtiger in diese aussichtslose Liebe, je erfolgloser sie bei Joseph um Erfüllung wirbt. Josephs aufrichtige und gleichlautende Antwort lautet über Jahre hinweg: „Herrin, das darf nicht sein." Auf Peteprê's Gattin wirkt diese ebenso beständige wie stereotype Wendung zunächst abweisend, aber nicht hoffnungslos, mit der Zeit zunehmend kränkend und nach Ablauf von drei Jahren nur noch demütigend.

Die vor Liebe kranke, vor Kränkung haßerfüllte Herrin schmiedet schließlich einen teuflischen Plan. Ob aus Rache oder Verzweiflung, gleichviel: Sie greift in ihrer zwiespältigen Gefühlslage der Haßliebe zur Magie und läßt einen Zaubertrank bereiten. Und der wirkt. Wenigstens für einige Minuten scheint Joseph berauscht, sein Wille nicht mehr fest zu sein. Diesen Anflug von Zweisamkeit nutzt die Herrin jedoch wider Erwarten nicht zur Erfüllung, im Gegenteil. Sie schlägt Alarm, ruft um Hilfe und bezichtigt Joseph der gewaltsamen Liebeserschleichung. Als Beweis hält sie Josephs zerfetzten Rock in der Hand.

Daß Joseph sich an seiner Herrin auf derart schändliche Weise zu vergehen versucht haben sollte oder könnte, will zwar niemand so recht glauben – nicht einmal neidische oder ihm mißgünstig gesonnene Knechte, und schon gar nicht Petepré, der Herr des Hauses. Gleichwohl wiegt die Aussage der Herrin ungleich schwerer, und das Corpus delicti untermauert sie auch augenscheinlich. In gewisser Weise rundet sich die Anschuldigung auch dadurch ab, daß Joseph sich zur Sache gar nicht äußert. Das will nicht sagen, daß er die Aussage verweigert. Aussageverweigerung schiene angesichts seiner aussichtslosen Situation durchaus verständlich. Nein, Joseph verzichtet auf jegliche Klarstellung, geschweige denn Verteidigung oder gar Gegendarstellung. Selbst den Grund für sein Schweigen gibt er nicht an – er schweigt einfach zu allem. Das schwächt seine ohnehin schwierige Position zusätzlich und läßt seine Sache besonders suspekt erscheinen.

Petepré, dem der ungeheure Vorwurf gegen seinen höchsten, vertrautesten und treuesten Knecht sehr befremdlich erscheint, besteht darauf, die Wahrheit herauszufinden. Er läßt ein Hausgericht abhalten, vor dem Joseph eine faire Chance zur Verteidigung erhält. Doch vergebens, Joseph senkt das Haupt und schweigt. Dem Gericht bleibt keine andere Wahl, als sein unerklärliches Schweigen als ein indirektes Schuldbekenntnis zu deuten. Für Joseph wird die Lage außerordentlich ernst, es droht ihm nämlich die Todesstrafe. Gleichviel: er schweigt. Auf welchen Gerechtigkeitsinstinkt er wohl gesetzt haben mag, verrät der Erzähler nicht. Joseph wird verurteilt, doch Petepré läßt Gnade vor Recht walten und wirft ihn lebenslänglich in den Kerker. Und so kommt der Held des Romans, wie es heißt, *zum zweiten Mal in die Grube.*

Der in Fesseln gelegte Joseph wird in elendem und ehrlosem Zustand auf einem Kahn zum Kerker gebracht. Hier erst, auf den Wellen des Wassers, reflektiert der Erzähler über die Wogen des Lebens.

„Auch Joseph gedachte der Flut, nach dem Gesetz der Entsprechung von oben und unten. Die Gedanken begegneten sich oder gingen, wenn man will, in großem Abstande nebeneinander her – nur daß das Menschenreis hier unten auf den Wellen des Jeôr, unter der geistigen Pressung schwerer Erlebnisse, des Urvorganges und Musters aller Strafheimsuchung mit viel mehr Eindringlichkeit und ideenverknüpfender Energie gedachte, als das leid- und erlebnislose, nur eben zart klatschhafte Geschlecht dort oben je aufgebracht hätte." (S. 1288).

Es ist wohl die Frage erlaubt, was eigentlich in Joseph vorgegangen sein muß, das ihn derart eisern schweigen ließ. Fühlte er sich doch schuldig oder akzeptierte er sofort und vorbehaltlos sein Schicksal? Seine Lage war so schlimm nicht. Denn er stand hoch in der Gunst seines Herrn. Da wäre wenigstens ein taktvoller Versuch der Klarstellung statthaft gewesen. Das sind gewiß berechtigte, geradezu naheliegende Fragen, über die weder er selbst reflektiert noch der Erzähler Aufschluß gibt.

Spielen wir das doch einmal in Gedanken durch, welche Möglichkeiten Joseph gehabt hätte. Was wäre, wenn Joseph geredet, sich tapfer verteidigt und den Scheinbeweis mitsamt der verlogenen Behauptung seiner Herrin erfolgreich widerlegt hätte? Das dreijährige Werben der Herrin konnte in einem solchen Hause nicht immer geheim bleiben. Die Wahrheit hätte sich schon ermitteln lassen. Zudem läßt sich das Verhältnis zwischen Petepré und seiner Gattin nicht gerade als spannungsfrei bezeichnen. Im Grunde also hätte Joseph gar nicht so schlechte Aussichten gehabt.

Gleichwohl muß man bedenken, welches Unheil Joseph im Falle einer erfolgreichen Abweisung der verleumderischen Behauptung seiner Herrin hätte anrichten müssen. Petepré's Haus wäre derart in Verruf geraten, daß darin so oder so für Joseph kein Platz mehr gewesen wäre. War also dies das edle Motiv für sein beharrlich selbstloses Schweigen? Wir vermuten, daß Joseph angesichts der schweren Ungerechtigkeit, die ihm widerfuhr, schon die Anschuldigung als *schicksalhafte Krise* aufgefaßt und vom ersten Augenblick an hingenommen haben muß. Und nun, da unten auf den Wellen des Jeôr, spürt er, daß es mit ihm abwärts geht. Daß aber jedem Ab auch ein Auf folgt, weiß Joseph zu gut. Auch glaubt er unerschütterlich an den Sinn jedes noch so hart erscheinenden Lebensereignisses. Der folgende Dialog zwischen ihm und seinem Bewacher findet gewiß nicht zufällig in dem sich auf und ab bewegenden Kahn statt.

„‚Bei Pharao's Leben!'", ruft Josephs Bewacher aus, „‚Ex-Meier, was ist aus dir geworden und wie bist du heruntergekommen unter uns alle, die du so behend überstiegst!'" Und nun, als wäre er der Richter persönlich, rekonstruiert er Josephs Schuld: „Und zwar warum? Aus lauter Leichtsinn und Unzucht. Wolltest den Großen spielen in einem solchen Hause und konntest nicht einmal den Gähhunger zähmen deiner Lust – ausgerechnet auf die heilige Herrin hat sich deine Habsucht und Lubrizität geworfen, wo sie doch beinahe wesensgleich mit Hathor ist, – die Unverschämtheit war schon enorm. Nie vergesse ich, wie du dastandest vor dem Herrn beim Hausgericht und ließest den Kopf hängen, weil du nicht das kleinste Wort der Ausrede fandest und dich nicht weiß zu machen wußtest von dieser Schuld – wie solltest du auch..." (S. 1294f.)

Joseph schweigt nun nicht länger, doch auch jetzt hebt er nicht den Kopf, um sich zu verteidigen, sondern um dem ungebildeten Geplapper und der schadenfrohen Schwelgerei seines Bewachers Einhalt zu gebieten:

„‚Tu mir die Liebe'", erwidert er, „‚und rede nicht über Dinge, von denen du nichts verstehst! Es ist schrecklich, wenn eine zarte und schwere Sache, die viel zu heikel ist für den großen Haufen, unter die Leute kommt, daß jeder seine Zunge daran wetzt und redet den größten Mist darüber – das ist fast nicht zu ertragen und ist unausstehlich, noch nicht so sehr um der

Personen wie um der Sache willen, um die es einfach zu schade ist.'" (S. 1295f.).

Und dann erklärt er dem Bewacher, wie er die Wogen des Lebens zu deuten versteht:

„,Was bestaunst du, nicht ohne Vergnügen, mein Unglück? Petepré's Sklave war ich, von ihm gekauft. Nun bin ich Pharao's Sklave, nach seinem Spruch. Da bin ich doch mehr worden, als ich war, und habe zugenommen! Was lachst du so einfältig? Gut denn, hinab geht's mit mir augenblicklich. Aber ist denn das Hinabgehen ohne Ehre und Feierlichkeit, und kommt dir dies Ochsenboot nicht vor wie Usirs Barke, wenn er niederfährt, den Unteren Schafstall zu erleuchten und die Bewohner der Höhlen zu grüßen auf seiner nächtlichen Fahrt? Mir kommt es auffallend so vor, das wisse! Wenn du meinst, ich scheide vom Land der Lebendigen, so magst du recht haben. Aber wer sagt, daß meine Nase nicht das Lebenskraut riechen wird und ich nicht morgen über den Weltenrand steigen werde, wie ein Bräutigam hervorgeht aus seiner Kammer, strahlend, daß dich die blöden Augen beißen?'" (S. 1296f.).

Die Warum-Frage derart in eine Wozu-Frage wendend, kommt Joseph nach einer langen und beschwerlichen Fahrt im Kerker, seiner *anderen Grube*, an. Er hat nichts außer seinem unerschütterlichen Glauben, daß alles, was ihm Gott widerfahren läßt, Sinn hat und zu seinem Besten gedeihen wird. Im Kerker, dessen Beschreibung hier ausgespart bleiben soll, zeichnet sich Joseph durch seine Fähigkeit zur Traumdeutung aus. Und diese vergnügliche Kleinigkeit soll ihm die düstere Zukunft noch glanzvoll gestalten.

Eines Tages nämlich werden zwei Herren, die bei dem Pharao hohe Ämter bekleidet haben, unter schwerer Anschuldigung in den Kerker geworfen. Einer von ihnen ist schuldig, der andere – wie Joseph – Opfer einer Verleumdung. Beide träumen eines Nachts jeweils einen sonderbaren Traum und sind begierig, wie Joseph ihren Traum deutet. Josephs Fähigkeit zur Traumdeutung kommt nun voll zur Geltung. Er prophezeit, daß der Schuldige mit der Todesstrafe rechnen müsse, während der Unschuldige binnen einer bestimmten Frist wieder in sein ehrenvolles Amt zurückkehren werde. Der Unschuldige klammert sich an diese hoffnungsträchtige Deutung und ist außer sich vor Freude. Und da er von Josephs Unschuld unterrichtet ist, verspricht er in der euphorischen Stimmung, sich persönlich bei dem Pharao für Josephs Freilassung zu verwenden, falls natürlich alles so kommen sollte, wie Joseph vorausgesagt hat. Freilich kommt es so, wie Joseph, der Träumer und Traumdeuter, gesagt hat, pünktlich und präzise. Und trotzdem – wie fast zu erwarten war – vergißt der aus der Not Befreite, sein Versprechen einzulösen und den Pharao um Gnade für Joseph zu bitten.

Während Joseph im Kerker schmachtet, träumt der Pharao einmal höchst persönlich einen rätselhaften Traum, bei dessen Deutung alle Landesgelehrten und Astrologen versagen. Er träumt, daß am Ufer Hapi's, des Ernährers, sieben fette und überaus prachtvolle Kühe aus dem Wasser gestiegen seien, um zu weiden. Der anmutige Anblick sei indessen bald durch sieben weitere Kühe gestört worden, die mager, ja, gräßlich verhungert und häßlich aus dem Wasser gekommen seien, die prachtvollen Kühe nach Bullen Art zunächst besprungen und dann gänzlich aufgefressen hätten.

Wie ist das möglich, daß so abgemagert-kraftlose Kühe sich der prächtigen derart bemächtigen, sie mißhandeln und vernichten können? Das Traumrätsel raubt dem Pharao die Ruhe, denn seiner Intuition zufolge verbirgt dieses sonderbare Geschehen eine lebenswichtige Botschaft.

Da erinnert sich nun der ehemals unschuldig eingekerkerte hohe Herr wieder an sein Versprechen und berichtet dem Pharao von Josephs außerordentlicher

Traumdeutungskunst. Eilig wird Joseph aus dem Kerker geholt, äußerlich rasch herausgeputzt und dem Pharao vorgeführt.

Joseph deutet den geheimnisvollen Traum des Pharaos sowohl der Form als auch dem Inhalt nach meisterhaft. Seine Auslegung lautet, daß Ägypten zuerst sieben fette, dann sieben magere und von Hungersnöten gezeichnete Jahre bevorstünden. Diesen Deutungsinhalt vermittelt Joseph aber rhetorisch in der Weise geschickt, daß er die Deutung nicht selber auslegt oder ausspricht, sondern gleichsam dem Pharao in den Mund legt. Der Herrscher, begeistert davon, den eigenen Traum selbst enträtselt zu haben, entwickelt spontan eine tiefe Zuneigung zu Joseph, will ihn fortan in seiner Nähe sehen und schenkt ihm uneingeschränktes Vertrauen. Er bevollmächtigt Joseph, alle nötigen Maßnahmen zu treffen, um die zu erwartende Hungersnot abzumildern. Hier endet die zweite Grube und beginnt der nächste Aufstieg. Von nun an führt Josephs Weg ihn zur höchsten Höhe der Macht, des Amtes und Ansehens. Er wird zum zweitmächtigsten Mann nach dem Pharao.

Die sieben fetten Jahre kommen und ziehen vorüber, gefolgt – wie vorhergesagt – von sieben mageren Jahren der Dürre und Armut. Die Not der Bevölkerung, insbesondere die der Bauern, ist überaus groß, aber Josephs Speicher sind sorgsam mit Vorrat gefüllt. Aus dem ganzen Land kommen die Bauern in die Hauptstadt, um unter Josephs Aufsicht Saatgut zu kaufen. Auch seine Brüder sind zu dieser Anreise und zum Getreidekauf gezwungen. Joseph erkennt sie sofort, bleibt selbst aber von ihnen unerkannt.

Was er nun tut, bleibt rätselhaft. Er greift zu einem unfairen Trick, bezichtigt die unschuldigen Brüder des Diebstahls und läßt sie ins Gefängnis werfen. All ihre Versuche und Bemühungen, die Anschuldigung abzuweisen, bleiben erfolglos. Joseph bleibt hart. Schließlich gibt er sein abgekartetes „Spiel" auf, läßt seine Maske fallen und versöhnt sich mit seinen Brüdern. Es kommt zum Wiedersehen mit dem Vater Jaakob. Alles ist nun wieder gut. Unabgegolten und unausgesprochen bleibt indes die Untat der Brüder. Auch die erfundene Geschichte von dem bösen Tier, das Joseph zerrissen haben soll, wird nicht in Erinnerung gerufen.

So liegt bei aller Versöhnung doch eine dumpfe Spannung in der Luft. Die Brüder haben unterschwellig Angst vor Josephs Rache, zumal er ihnen durch sein makabres *Spiel* eine Kostprobe seiner Härte gegeben hat. Auch diese unterschwellige Angst wird nicht thematisiert, jedenfalls so lange der Vater lebt. Unter der Obhut des Vaters wähnen sich die Brüder vor Josephs Rache sicher. Doch der Vater ist alt, und sein Leben geht dem Ende zu.

Jetzt wird die Situation für die Brüder gefährlich. Den Bauern steht der zweitmächtigste Mann des Staates gegenüber. Er ist zwar ihr Halbbruder, aber was zählt solche Blutsverwandtschaft angesichts der Gewalt, die sie damals in ihrer Überzahl dem zarten Jüngling antaten? Eine Gewalt, auf die der Vorwurf des geplanten gemeinschaftlichen Mordversuchs wohl in vollem Umfang zuträfe.

Die Brüder beschließen nach gemeinsamem Ratschluß, Joseph in gewisser Weise zuvorzukommen und ihn um Vergebung zu bitten. Zögernd suchen sie ihn auf, offenbaren ihm ihre Angst und flehen ihn um Gnade für sich und für das Leben ihrer Frauen und Kinder an.

Der Schlußhöhepunkt des Romans läßt sich als die vollendete Verwirklichung der polaren Lebensphilosophie bzw. der ganzheitlichen Weltsicht lesen. Da kommen die Brüder auf ihren Knien gekrochen und bitten Joseph demütig um Vergebung für ihr Verbrechen. Ihre Worte klingen jämmerlich und Mitleid erregend. Der beste Redner unter ihnen trägt die Sache, so gut er kann, vor, und die anderen stimmen folgendermaßen ein:

„,Hier sind wir, Diener des Gottes deines Vaters, und sind deine Knechte. So vergib uns nun doch unsre Bosheit, wie dir dein Bruder gesagt hat, und vergilt uns nicht nach deiner Macht! Wie du uns vergeben hast zu Jaakobs Lebezeit, also vergib uns auch nach seinem Tode!'" (S. 1817).

Für die Leserinnen und Leser des Romans ist es schwer zu erraten, wie Josephs Reaktion ausfallen wird. Daß er sie nicht töten oder bestrafen lassen würde, liegt wohl nahe. Aber wie wird die Aussprache ausfallen? Wer den Roman nicht kennt, sollte einmal versuchen, diese Situation bei sich selbst zu Ende zu denken. Ein möglicher Ausweg wäre etwa, wenn Joseph dem Sinne nach sagen würde: „Nun gut, ich vergebe euch, aber sagt mir doch um Himmels willen, warum ihr mir das angetan habt? Was hatte ich Euch denn getan, das einen so brutalen und qualvollen Mordversuch hätte rechtfertigen können?" Eine andere Möglichkeit wäre die sentimentale Verdrängung: „Liebe Brüder! Laßt uns die böse Vergangenheit vergessen und nicht mehr darüber reden! Was war, ist gewesen und soll nicht aus der Tiefe des schändlichen Brunnens wieder hervorgeholt werden."

Solche oder ähnliche Reaktionen wären denkbar und durchaus verständlich, sie wären jedoch kaum Ausdruck einer Lebenseinstellung, die in einer Krise nur die *eine* Hälfte des Ganzen sieht. Hören wir, was Joseph sagt:

„,Aber Brüder, ihr alten Brüder!' antwortete er und beugte sich zu ihnen mit gebreiteten Armen. ,Was sagt ihr da auf? Als ob ihr euch fürchtetet, ganz so redet ihr und wollt, daß ich euch vergebe! Bin ich denn wie Gott?'" (S. 1817).

Und nun erklärt er ihnen die *ganze* Version der Geschichte, wie er sie durch Sinnsuche und Sinnerfüllung versteht:

„‚Geht ihr mich um Vergebung an, so scheint's, daß ihr die ganze Geschichte nicht recht verstanden habt, in der wir sind. Ich schelte euch nicht darum. Man kann sehr wohl in einer Geschichte sein, ohne sie zu verstehen. Vielleicht soll es so sein, und es war sträflich, daß ich immer viel zu gut wußte, was da gespielt wurde. Habt ihr nicht gehört aus des Vaters Mund, als er mir meinen Segen gab, daß es mit mir nur ein Spiel gewesen sei und ein Anklang? Und hat er wohl gedacht, in seinen Bescheiden an euch, des Argen, das sich einst abgespielt zwischen euch und mir? Nein, sondern er schwieg davon, denn er war auch im Spiel, dem Spiele Gottes. Unter seinem Schutz mußt' ich euch zum Bösen reizen in schreiender Unreife, und Gott hat's freilich zum Guten gefügt, daß ich viel Volks ernährte und so noch etwas zur Reife kam. Aber wenn es um Verzeihung geht unter uns Menschen, so bin ich's, der euch darum bitten muß, denn ihr mußtet die Bösen spielen, damit alles so käme. Und nun soll ich Pharao's Macht, nur weil sie mein ist, brauchen, um mich zu rächen an euch für drei Tage Brunnenzucht, und wieder böse machen, was Gott gut gemacht? Daß ich nicht lache! Denn ein Mann, der die Macht braucht, nur weil er sie hat, gegen Recht und Verstand, der ist zum Lachen.'" (S. 1817 f.).

Eine solche geistige Betrachtung der Welt und des Lebens halten wir für einen exemplarischen Weg aus der Krise. Thomas Mann kommentiert ihn am Schluß des Romans in einer Schlüsselreflexion folgendermaßen:

„Es ist bewundernswert und schmeichelt dem Geiste, wie in dieser Geschichte die schönen Entsprechungen sich ordnen und ein Stück sich in seinem Gegenstücke erfüllt." (S. 1693).

Ganzheit und Krise

> *„Der Gott ist Tag-Nacht, Winter-Sommer, Krieg-Frieden, Sättigung-Hunger – alle Gegensätze, das ist die Bedeutung –“*
>
> Heraklit, Fragment Nr. 45

> *„Wie dem Auge das Dunkle geboten wird, so fordert es das Helle; es fordert das Dunkel, wenn man ihm Hell entgegenbringt, und zeigt eben dadurch seine Lebendigkeit, sein Recht, das Objekt zu fassen, indem es etwas, das dem Objekt entgegengesetzt ist, aus sich selbst hervorbringt“*
>
> Goethe: Werke ... Band 13, S. 337.

Im vorliegenden Schlußkapitel wird der Versuch unternommen, die dargelegten Gedanken und Thesen zum Zusammenhang von Krise und Entwicklung zu bündeln. Die drei Abschnitte entfalten einen ganzheitlichen Kontext, in dem der allgemeine Sinn der Polarität herausgearbeitet und auf die spezielle Fragestellung dieses Buches angewandt wird. Das Kapitel enthält drei Abschnitte, die in ihrem Aufbau eine Kreisbewegung beschreiben. Am Anfang steht die ursprüngliche Einheit, durch deren Spaltung erst die Zweiheit (Polarität) entstehen konnte. Diese Entzweiung des Einen blieb nicht frei von Spannung und dem Bestreben zur Überwindung der Trennung. Seitdem wollen die Doppelthalben zusammenwachsen, um wieder ganz zu werden, wodurch der ursprüngliche Zustand wiederhergestellt würde. In dieser Eigenbewegung in Richtung Ganzheit erkennen wir nicht nur eine Form, sondern auch einen Sinn, der jeder Polarität innewohnt.

1. Einheit

Im täglichen Sprachgebrauch bedeutet der Ausdruck *Einheit* den Zusammenschluß von mehreren Personen, Elementen, Funktionen oder dergleichen. Der Ausdruck *Einheit der Familie* z.B. deutet darauf hin, daß drei oder mehr Personen als zusammengehörig und darum als eine Einheit betrachtet werden. Der Vater kann zwar fortgehen; er bleibt trotzdem und unersetzlich der Vater. Die Mutter mag sterben; gleichwohl bleibt sie die einzige Mutter, die es gibt und geben kann. In dieser geläufigen Bedeutung wird zur Bildung einer Einheit etwas vorausgesetzt, aus dem sie hervorgeht, nämlich *Vielfalt* und *Verschiedenheit*. Der Einheit der Familie geht die Verschiedenheit von Mann und Frau voraus. Erst ihr Zusammenwachsen läßt sie zu Gliedern einer Familie werden, zu Vater, Onkel, Mutter, Tante, Kind, Enkel usw.

Auf diese tagtägliche Bedeutung des Begriffs *Einheit* zielen die Ausführungen im vorliegenden Abschnitt *nicht*. Wir konzentrieren uns nicht auf die *Entstehung* von Einheit*en*, sondern auf den *Ursprung der Einheit*. Statt von Verschiedenheit auszugehen, um zur Einheit zu gelangen, gehen wir von der Ur-Einheit aus, der alle Vielfalt und Verschiedenheit entstammt. Wir fragen also nicht, wie sich zwei, drei oder mehr Personen, Elemente oder Funktionen zu einer Eins zusammenschließen, sondern umgekehrt, wie sozusagen aus der *Mutter-Eins*, die anfangs alles war, die Zwei, Drei, Vier usw. entstanden sind.

Die Frage ist metaphysischer Natur. Sie setzt an dem Punkt an, der *die Welt im Innersten zusammenhält*. Und

Welt meint hier das Universum, nicht bloß unser Sonnensystem. Nun weiß niemand, wie das Universum vor dem Urknall ausgesehen haben mag. Ein solches Wissen steht uns Menschen nicht zur Verfügung. Und da der Mensch ein polares Wesen ist, ein Wesen, das in und von der Zweiheit lebt, ist es ihm eigentlich nicht möglich, Einblick in die Ur-Eins zu gewinnen. Gleichwohl hat die Frage seit Menschengedenken die Menschheit beschäftigt. Davon zeugen Märchen und Mythen, literarische und philosophische Reflexionen, metaphysische Denksysteme, aber auch naturwissenschaftliche Forschungen. Zwei Beispiele mögen das belegen.

Als erstes Beispiel für ein Modell über den Anfang der Welt soll eine Wendung näher betrachtet werden, mit der jedes persische Märchen anfängt. Warum mit Märchen beginnen?

> „Nicht die Kinder bloß, speist man
> Mit Märchen ab.„[1]

Persische Märchen beginnen immer mit der Wendung: „Jeki bud, jeki nabud“, wörtlich: „Einer war, einer war nicht“. Auf den ersten Blick läßt diese Wendung keinen rechten Sinn erkennen. Bei näherer Betrachtung entdeckt man indessen einen interessanten Hinweis auf den Ur-Beginn des Universums. Die Wendung hieß ursprünglich: „jek bud, jeki nabud“, was bedeutet: „die Eins war, sonst keiner.“ Die Sprachgemeinschaft hat zwischen den ersten beiden Wörtern „Jek“ und „bud“ den Vokal „i“ eingefügt – vermutlich aus Gründen der Sprachmusikalität, damit nicht zwei harte Konsonanten (je*k* *b*ud) aufeinanderfolgen müssen.

Eine Bestätigung dafür, daß diese Deutung zutrifft, liefert der nächste Satz, der immer auf „jeki bud, jeki

1 Gotthold Ephraim Lessing: Nathan der Weise, III/6. In: Lessing: Werke in 3 Bänden. München o. J. Band 1: Dichtungen, S. 773.

nabud“ folgt. Er heißt übersetzt: „Außer Gott war niemand“. Somit haben wir zweifellos einen märchenhaften Hinweis auf den Zustand der ursprünglichen Einheit. Persischen Märchen zufolge bestand er darin, daß die Ur-Eins Gott war. Außer ihm war niemand. Wir können auch sagen, außerhalb seiner befand sich niemand.

Märchen und Mythen haben oft einen tiefen philosophischen Sinn und sind mit naturwissenschaftlichen Erkenntnissen in Verbindung gebracht worden.[2] Interessanterweise bezeichnet Hawking, der sich als Physiker mit Theorien über die Entstehung des Universums befaßt, diesen Zustand der Ur-Einheit als „Singularität“.[3] Mit diesem Ausdruck will er auf einen Horizont hinweisen, der zeitlich noch vor dem Urknall angesetzt werden muß. Wir können hier durchaus eine parallele Interessenlage bei zwei völlig unterschiedlichen Denkweisen feststellen. Die Astrophysik will mit naturwissenschaftlichen Methoden und Modellen nachweisen, wie das Universum vor dem Urknall ausgesehen haben mag. Und das Märchen bemüht sich darum, das Geschehen, von dem es erzählt, sogleich zum Ur-Geschehen zu erheben. Denn mit der zitierten Eröffnungswendung leitet es jedesmal eine Erinnerung an das Ur-Geschehen ein.

Das zweite Beispiel wählen wir aus dem Bereich der Naturwissenschaften. Wir gehen der parallelen Interessenlage ein wenig nach.

Die Kernphysik stellt die Frage, welches Teilchen als das Ur-Teilchen betrachtet werden muß. Noch vor 30

2 Vgl. Kurt Hübner: Die Wahrheit des Mythos. München 1985, insbes. Kapitel II.

3 Vgl. Stephen W. Hawking: Eine kurze Geschichte der Zeit. Die Suche nach der Urkraft des Universums. Reinbek 1988. Ergänzend dazu: John Boslough: Jenseits des Ereignishorizonts. Stephen Hawking's Universum. Reinbek 1985.

Jahren nahm man an, es gebe etwa 300 Elementarteilchen. Doch es zeigte sich zunehmend, daß jedes dieser Teilchen ein zusammengesetztes war, und damit kein *Elementar*teilchen. Diese Reduktion wurde konsequent weitergeführt, bis man glaubte, bei zwei Elementarteilchen angelangt zu sein, nämlich dem *Proton* (dem positiv geladenen Atomkern) und dem *Elektron* (der negativ geladenen Atomhülle). Doch auch diese These, daß der Atomkern fest und unteilbar sei, wurde mit Recht in Frage gestellt. Heute weiß man, daß der Atomkern sich aus weiteren Teilchen zusammensetzt, den sogenannten *Quarks*. Daß die Reduktion fortgesetzt und weitere Teilchen gefunden werden, ist wohl anzunehmen. Ihr Nachweis hängt von der Entwicklung im wissenschaftlich-technischen Bereich ab. Noch vor 50 Jahren bauten die Wissenschaftler Elektronenbeschleuniger von der Größe einer Schuhschachtel, heute sind es gigantische Anlagen, in denen das Ur-Teilchen isoliert und identifiziert werden soll.

Die wohl modernste Anlage dieser Art ist HERA[4] in Hamburg. Es handelt sich um einen ringförmigen Elektronenbeschleuniger mit einer Länge von ca. 6 km. In den verschiedenen Ringen werden Elektronen und Protonen gebündelt und beschleunigt. Beschleunigung bezieht sich hier nicht nur auf die Geschwindigkeit, die die Lichtgeschwindigkeit nicht überschreiten kann, sondern vor allem auf die Energie. Positiv und negativ geladene Teilchen (Protonen und Elektronen) werden – gleichsam „paketweise" – mit Milliarden Volt elektrischer Energie geladen und an bestimmten Punkten des Beschleunigerrohres in Kollision gebracht. Unter die-

4 Bei dem Projekt HERA sind es ca. 600 der besten Atomphysiker aus 18 verschiedenen Nationen, die sich gemeinsam um die Beantwortung derselben Frage nach unserem *Woher* bemühen.

sem Druck lösen sie sich aus ihrer Zusammensetzung und Verbindung. Sie zerfallen so lange, bis – so die Hoffnung – nur noch die Ur- bzw. Elementarteile übrigbleiben. Diese werden dann von hochsensiblen Meßgeräten an der hinterlassenen Energiespur gemessen und von Computern ausgewertet. Schließlich werden diese Auswertungen von Wissenschaftlern interpretiert. Der ungeheure Aufwand dient einem einzigen Zweck. Am Ende will man wissen: Wie sehen die Urteilchen aus, aus denen alle anderen Teile aufgebaut oder zusammengesetzt sind, und welche Kraft hält sie zusammen?

Es ist, wie man sieht, dieselbe Grundfrage, die die Menschen bewegt, Philosophen ebenso wie Dichter, Physiker ebenso wie Metaphysiker, nämlich die Frage nach der Ur-Eins, nach der Singularität, nach dem „Jek", nach dem Urgrund und Ursprung aller Spaltung, Entzweiung und Differenzierung. Indem der Mensch die Klärung solcher Fragen in Angriff nimmt, unternimmt er den Versuch, seine eigene Geschichte, sein eigenes Werden zu begreifen. Denn der ursprünglichen Einheit entstammt alles, auch der Mensch. Sie ist unser Woher. Aufwendige technische Forschungen und phantasievolle poetische Reflexionen dienen beide dem Zweck der Erhellung unseres Woher. *Der Mensch muß aus innerer Notwendigkeit sein Woher verstehen, um sein Wozu zu bestehen. Begreift er nicht seine Vergangenheit, so reift er nicht für die Zukunft. (Wo-)Her*kunft und *(Wo-)Zu*kunft hängen polar zusammen. Sie verweisen auf die Sinnrichtung unserer Entwicklung und auf den Richtungssinn unseres Werdens. Sie zusammenzudenken, würde bedeuten, den eigenen Werdegang von kosmischen Entwicklungsgesetzen her zu begreifen.

Die zwei Beispiele sollten verdeutlichen, was der Begriff *Einheit* meint. *Einheit* deutet auf den Ur-Zustand vor der Entstehung der Vielfalt und Verschiedenheit. Sie ist als der Zustand zu denken, der vor dem Urknall geherrscht haben muß, als alles noch eins und die Eins alles war.

Der Ur-Eins beizukommen, ihr Geheimnis zu lüften, einmal einen Blick zu werfen auf das, was sich jenseits der Polarität abspielt – dieser Reiz ist für den Menschen unermeßlich groß, denn sein Bewußtsein vermag zu erkennen, wo die Grenzen dieser Erkenntnismöglichkeiten liegen. Der Faustische Wissensdrang symbolisiert die Versuchung, einmal die Grenzlinie zu überschreiten, um das Unbegreifliche zu begreifen: Was war vor dem Urknall? Was tat Gott, bevor er das Universum schuf?

Die letzte Frage hat man bekanntlich in provokanter Weise an Martin Luther gestellt. Er soll geantwortet haben, Gott habe Ruten geschnitten für Leute, die so dumme Fragen stellten. Er wußte zu gut, daß dies eine Fangfrage ist und daß jede Antwort darauf letzten Endes auf Gotteslästerung hinauslaufen müßte. Antwortet man beispielsweise, Gott habe Pläne gemacht, wie er die Welt schaffen sollte, unterstellt man, daß Gott nicht vollkommen gewesen sei und sich wie ein Mensch erst Pläne habe machen müssen. Jede andere menschendenkbare Antwort endet in ähnlicher Weise blasphemisch. Diese Frage wird unbeantwortet bleiben, weil alles, was wir Menschen wissen oder erkennen können, sich im Rahmen der polaren Struktur unseres Bewußtseins abspielt. Die Erkenntnis des Außerpolaren aber erfordert das Überschreiten der polaren Grenze. Das ist, wie wir gesehen haben, nur in existentiellen Grenzsituationen möglich.

Was ist seit dem Urknall mit all den unzähligen Teilen der Ur-Eins geschehen? Sie alle sind vollständig vorhanden. Physikalisch weiß man immerhin, daß nicht das geringste davon verlorengehen kann. Wäre es somit nicht denkbar, daß sich der Spaltungs- und Differenzierungsprozeß einmal umkehrt, so daß am Ende alles wieder in die Ur-Eins zurückfließt? Der Gedanke ist nicht als bloße Spekulation abzutun. Nach Einsteins Relativitätstheorie ist die Möglichkeit, daß die Zeit rückwärts läuft, durchaus gegeben. In einem solchen Fall würde der Schöpfungsprozeß rückläufig und alles flösse wieder in den einen Ursprung zurück.

Vor diesem Hintergrund erscheint die Frage interessant, wie das Bewußtsein in der Ur-Einheit ausgesehen haben mag. Vergegenwärtigen wir uns zunächst, wie wir das Bewußtsein bestimmt haben, nämlich als die Nahtstelle zwischen Innen und Außen, so erhebt sich folgende Frage: Kann es in der Ur-Einheit überhaupt ein Bewußtsein im Sinne von Denken einerseits und Gegenständen andererseits gegeben haben? Offenbar nein, denn in der Ur-Einheit gab es kein *Innen* und *Außen*, keine Trennung von Denktätigkeit und Objekt. Wir haben gesehen, daß das Bewußtsein in der Verknüpfung der Denktätigkeit (Reflexion) mit den Objekten unentwegt Sinn produziert. Wir haben gesagt, Sinn sei ein Gegenstand des Bewußtseins. Diese Sinnerschließungstätigkeit des Bewußtseins haben wir weiterhin als eine Selbstleistung und Selbstproduktion des Bewußtseins aufgefaßt. Nun müssen wir aber erkennen, daß diese Tätigkeit im Bezugssystem der Zweiheit funktioniert, nämlich auf der Basis der Trennung von Reflexion und Objekt. In der ursprünglichen Einheit existierte eine solche Trennung aber nicht. Trennung ist der Ur-Einheit in jedem Sinne fremd. Vom Bewußtsein im oben bestimmten Sinne kann somit logischerweise in jenem Zustand keine Rede sein.

Hier ist die Grenze zwischen Mensch und Gott, zwischen *jek* (eins) und *jeki* (einer), zwischen der relativen Sinnproduktion im Bezugssystem der Zweiheit und dem absoluten Sinn im Bezugssystem der Einheit. Alles menschliche Wissen kommt in der Polarität *Reflexion/Objekt* zustande. Es bleibt immer ein relatives Wissen. Jeder Sinn, den sich unser Bewußtsein erschließt,

schließt nur einen relativen Sinnaspekt auf, nie den absoluten Sinn. Das treibt den Menschen zur Vervollkommnung seiner Sinnerschließungsfähigkeit. In dieser geistigen Tendenz mag er große Fortschritte machen. Doch er kann nicht das ihm eigene Bezugssystem verlassen. Den absoluten Sinn erfährt kein Mensch mit seinem polar strukturierten Bewußtsein. Dies ist und bleibt eine schmerzliche Tatsache. Daher die Versuchung.

Prometheus raubte Zeus das Feuer, um es den Menschen zu bringen. Eva und Adam bissen in den Apfel der Erkenntnis. Es handelt sich hier um Mythen, gleichwohl um Zeugnisse der Sehnsucht, das Geheimnis der Einheit zu enthüllen. Das Ergebnis ist bekannt, nämlich die Trennung von Gott, die wir als Abnabelung und Entwicklungsauftrag gedeutet haben. Erkennen entzweit seitdem, weil es im polaren Kontext geschieht. Diese Ur-Krise setzte aber ein unaufhaltsames Voranschreiten in Richtung der ursprünglichen Einheit in Gang. So mag unendliches Erkennen einst wieder vereinen, was der erste Erkenntnisakt einmal entzweite.

Indem aus der Ur-Eins die Zwei, aus der Singularität die Polarität, hervorging, vollzog sich eine schmerzvolle Entzweiung. Wir Menschen und alles Erkennbare um uns herum sind Wesen der Zweiheit. Uns ist es nicht gegeben, die höhere Sphäre der Einheit zu erkennen. Gleichwohl ist es uns aufgegeben, uns um diese Erkenntnis zu bemühen, weil wir um sie wissen.

2. *Zweiheit*

Im täglichen Sprachgebrauch sprechen wir von der Zahl zwei, wenn ein Gegenstand zu einem anderen hinzugetan wird. Wenn wir z. B. ein Radio besitzen und ein zweites kaufen, so erreichen wir die Zahl zwei durch die Addition von eins und eins. Das aber ist mit dem Ausdruck *Zweiheit* gerade *nicht* gemeint.

Mit der Bezeichnung *Zweiheit* soll die Aufmerksamkeit auf die Spaltung der Ur-Eins gelenkt werden. Irgendwann muß sich die ursprüngliche Einheit aufgespalten haben. Was hier entsteht, muß man eigentlich ein *Teil* oder eine *Hälfte* nennen. Es handelt sich um die zwei Teile oder Hälften der Ur-Eins. Sie entstehen erst durch die Ur-Spaltung. Vor dieser Spaltung war alles Eins und die Eins alles, insofern war Addition nicht möglich. Addieren können wir, wenn zwei Dinge oder Teile da sind, und davon kann erst nach der Spaltung der Ur-Eins gesprochen werden.

Bemerkenswert ist nun, daß auch aus der Teilung die Zahl zwei hervorgeht. Ob wir einen Apfel in zwei Hälften schneiden, oder zu ihm einen zweiten hinzutun – im Ergebnis entsteht so oder so die Zahl zwei. Die Urzwei allerdings, die wir Zweiheit nennen, kann nur aufgrund der Teilung der Ur-Eins entstanden sein. Die Addition von eins plus eins muß als eine nachfolgende Variation gedacht werden. Der Unterschied liegt darin, daß bei der Ur-Teilung zwei Hälften entstehen, die ursprünglich zusammengehörten. Diese Zusammengehörigkeit kommt bei der Zweiheit dadurch zum Ausdruck, daß niemals eine der Hälften weggedacht werden kann, ohne daß auch die andere mitverschwände. Die Zwei mit dieser besonderen Wesenseigenschaft haben wir *Polarität* genannt. Zweiheit ist somit die Ur-Form aller Polarität.

Form heißt aber nicht bloß die leere Hülse. Sie ist die

Art und Weise, wie der Inhalt erscheint. Sie bringt sozusagen das Wesen zum Vorschein. Die Zahl als solche ist reine Form, die ohne Inhalt nicht und nichts wäre. Niemand hat eine Eins oder Zwei gesehen. Zahlen sind an die Substanz gebunden, wenn sie faßbar sein sollen. Die Zahl Zwei macht die Idee der Spaltung des Einen begreiflich, denn sie „kommt von dem Einen her", schreibt Plotin, und trägt den Vorgang ihrer Entstehung bereits mit sich. Insofern ist jede Zahl Plotin zufolge „gleichsam Substanz, und Zahl ist auch die Seele".[5]

Die Zusammengehörigkeit von polaren Hälften wird in unzähligen Lebensformen demonstriert. Wer das Wesen der Polarität begreifen will, braucht nur die Augen zu öffnen. *Links/Rechts, Oben/Unten, Innen/Außen* sind die einfachsten Beispiele für die Polarität.

Um zu verdeutlichen, wie aus solchen Polaritäten eine Einheit hervorgeht, stellen wir uns einmal vor, daß wir keinen Begriff von *Oben* hätten. Natürlich handelt es sich bei einer solchen Vorstellung um ein Gedankenexperiment. Nehmen wir also an, wir wüßten nicht, was *Oben* überhaupt bedeutet. In diesem Fall verschwindet auch sofort das *Unten* aus unserem Wissen. Und das gilt entsprechend für alle polaren Begriffe. Indem wir den Begriff *Rechts* in unser Bewußtsein aufnehmen, nehmen wir zugleich unabdingbar auch seinen dazugehörigen polaren Gegenbegriff *Links* in es auf. Keine Polarität läßt sich nur auf die eine oder andere Hälfte reduzieren. Man kann auch sagen: Jede polare Hälfte ist wesensmäßig auf ihre andere Hälfte angewiesen. Polarität gibt es in Zweihälftigkeit, oder es gibt sie gar nicht. Der Unterschied zur Addition wird nun noch augenfälliger. Das *Oben* ist keine Addition zu *Unten*, sondern – wie der Atomphysiker Niels Bohr sagte –

5 Plotin: Seele – Geist – Eines. Hamburg 1990, S. 221.

eine „Komplementarität“.[6] In der Addition sind die beiden Elemente einander gleichgültig. Dem Apfel ist es sozusagen gleich, ob der zweite, der zu ihm hinzugetan wird, rot, grün, klein oder groß ist. Das ist bei der Polarität anders. Begriffe, die wie zwei Hälften ein und derselben *Sache* derart zusammengehören, daß sie sich ursächlich wechselseitig bedingen und so ein Ganzes oder ganz Eines bilden, nennen wir polare Begriffe.

Wie kann man nun aus der Zusammengehörigkeit von polaren Erscheinungen und Begriffen auf ihre ursprüngliche Einheit schließen? Denken wir uns einen Menschen, der auf dem Nordpol steht (A) und einen anderen, der sich zur selben Zeit auf dem Südpol der Erde aufhält (B). Auf die Frage, wo der Himmel sei, würden A und B einhellig antworten: „Oben“. Vom Standpunkt eines dritten Beobachters, der A und B von einem gegenüberliegenden Planeten anschaut (C), ergibt sich ein Widerspruch. Von ihm aus gesehen, zeigt nämlich A nach oben und B nach unten. Das Gedankenspiel läßt sich zahlreich variieren, und jedesmal relativieren sich die Angaben *Oben/Unten* wechselseitig. Dasselbe gilt auch von *Links/Rechts*, *Hinten/Vorn* usw. Schließlich stellt man fest, daß die Frage, wo der Himmel sei, nicht in absoluter Weise zu beantworten ist. Jede Antwort setzt ein bestimmtes Bezugssystem und einen Standort des Beobachters voraus. Vom Ganzen aus gesehen, fließt indessen irgendwie alles in eins: oben, unten, links, rechts, innen, außen usw. Wäre es nicht reizvoll, diesen Gedanken auf die Polarität *Krise/Entwicklung* oder sogar *Leben/Tod* zu übertragen?

Genau dies tut der griechische Philosoph Plato. Ihm zufolge entsteht alle Polarität aus sich selbst heraus.

6 Bohr, Niels: Die Einheit menschlicher Erkenntnis. In: N. Bohr: Atomphysik und menschliche Erkenntnis. Band I, Braunschweig 1958, S. 8–16.

Alles geht aus einem Gegensatze hervor, und alles Gegensätzliche geht aus *seinem* Gegensatze hervor.[7] Demnach geht *Oben* aus *Unten* hervor und umgekehrt. Plato begreift die Polarität als eine dynamische Bewegung, und zwar als Wechselentsprechung oder Doppelprozeß. Keine der Hälften einer Polarität darf aus dem ineinanderschwingenden und dabei ihr eigenes Gegenteil erzeugenden Gesamtzusammenhang losgelöst und für sich betrachtet werden.

Der Gedanke führt uns wieder zur Figur des Kreises zurück. Indem sich ein Punkt so bewegt, daß ein Kreis entsteht, erzeugt er Oben und Unten, Links und Rechts, Anfang und Ende, kurz: die polare Wechselentsprechung und Zusammengehörigkeit. Alles Polare entsteht also durch eine doppelte Bewegung. Das Auf erzeugt das Ab, und das Ab erzeugt das Auf. Die eine Bewegung läßt sich nicht isoliert von der anderen betrachten. Jede Bewegung erzeugt, Hegelisch gesprochen, ihre eigene Negation. Isoliert man die eine Bewegung von ihrer polaren Negation, so verliert man den Blick für das Ganzheitliche. Und das erzeugt Paradoxien und Ungereimtheiten.

Ein Beispiel für eine solche Paradoxie ist die berühmte Frage, ob das Ei oder die Henne zuerst da war. Ihr liegt ein Denken zugrunde, das die Wahrheit halbiert und sie dann für etwas Ganzes hält. Die Frage verwirrt, weil sie falsch gestellt ist. Sie versucht, eine pulsierende Bewegung in eine linear progressive zu verwandeln. Das Ei und die Henne erzeugen sich ursächlich wechselseitig. Sie sind die beiden Hälften derselben Eins und können daher nicht in eine lineare Abfolge oder Ursache-Wirkung-Kette aufgelöst werden. Das Ge-

7 Vgl. Plato: Phaidon. In: Sämtliche Werke in drei Bänden, hrsg. von Erich Loewenthal. Heidelberg, 8. Auflage, 1982, insbes. Band I, S. 748.

heimnis der Antwort lüftet sich erst, wenn wir das lineare Denken verlassen und uns auf die Logik des Kreises, auf das schwingende Auf und Ab einlassen.

Plato demonstriert das wechselseitige Hervorgehen der Gegensätze aus ihrem jeweiligen Gegenteil an folgendem Beispiel. Nehmen wir als polare Begriffe „Schlafen" und „Wachen" an. Aus dem Schlafen geht das Wachen hervor und aus dem Wachen das Schlafen. Wenn hier der Pol „Schlafen" und dort der Pol „Wachen" angenommen wird, so heißt der Vorgang, aus dem das Schlafen hervorgeht, *Einschlafen* und der, aus dem das Wachen hervorgeht, *Aufwachen*. Wenn die Bewegung, die aus dem Schlafen ins Wachen hinüberführt, nicht zurückfließen würde, müßten irgendwann einmal alle Menschen nur noch schlafen oder nur noch wachen. Plato führt diesen Gedanken konsequent durch und beweist dann durch Analogie-Schluß, daß er in allgemeingültiger Weise für jede Polarität Geltung beanspruchen darf, auch und gerade für die Polarität *Leben und Tod.* Aus dem Leben geht der Tod und aus dem Tod das Leben hervor. Die Bewegung, die vom Leben in den Tod führt, heißt Sterben und die umgekehrte Wiedergeburt.[8]

Ob es wirklich eine Wiedergeburt gibt oder nicht, wollen wir hier auf sich beruhen lassen. Wichtig ist, daß Platos Gedanke auf ein Lebensgesetz hinweist, das den Tod in den ganzheitlichen Kontext einschließt. Leben und Tod sind keine kontradiktorischen Widersprüche, sondern die zwei Hälften der einen Ganzheit. Die Ergebnisse der Thanatologie bestätigen, wie wir im Kapitel „Wege aus der Krise" gesehen haben, Platos Gedanken in beeindruckender Weise. Wir dürfen somit festhalten:

Polare Begriffe bestehen aus zwei Hälften, die sich

8 Plato: Phaidon ..., S. 747ff.

gegenseitig hervorbringen. Das wechselseitige Hervorbringen beschreibt eine Kreisbewegung. Es ist unmöglich, die eine Gegensatzhälfte ohne die andere zu denken.

Der Gedanke der Zugehörigkeit und Unabtrennbarkeit der Polarität läßt sich in allen Kulturen finden. Für die ostasiatische Philosophie ist die Polarität die Grundlage des Lebens überhaupt, und zwar im Makrokosmos ebenso wie im Mikrokosmos. Das 5000 Jahre alte Buch I Ging ist wohl die zuverlässigste Quelle, auf die wir uns beziehen können.[9] Hier gelten Yin und Yang als Grundtypen des Männlichen und des Weiblichen, wobei sich die Bezeichnungen *männlich* und *weiblich* nicht nur auf die Geschlechter beziehen, sondern universell gedacht sind. Visualisiert wird die Polarität im Bild eines Kreises, der durch eine s-förmige Linie in eine weiße und eine schwarze Hälfte geteilt ist. Die weiße Hälfte enthält einen schwarzen, die schwarze einen weißen Kreis. Vermutlich ist jeder der beiden kleinen Kreise wiederum durch eine s-förmige Linie in zwei Hälften geteilt, so daß das eine Prinzip im Großen wie im Kleinen gültig bleibt (vgl. Abb. 5).

Yin und Yang

Abb. 5, aus: I Ging: Das Buch der Wandlungen ..., S.15

Ein Fragment von Heraklit lautet: „Und es ist immer ein und dasselbe, was in uns wohnt: Lebendes und

9 I Ging: Das Buch der Wandlungen. Aus dem Chinesischen übertragen und herausgegeben von Richard Wilhelm. Düsseldorf 1956.

Totes und Waches und Schlafendes und Junges und Altes."[10] Und ein anderes: „Und Gut und Übel ist eins".[11] Mansfeld bemerkt in seiner Ausgabe der Vorsokratiker: „Quintessenz des heraklitischen *Logos* ist die Überzeugung, daß alles eins ist. Diese Einheit wird näher expliziert als eine Einheit von Gegensätzen. [...] Man kann es auch so formulieren, daß die kontinuierliche Abwechslung der Gegensätze deren Einheit bildet, wie andererseits diese Einheit ihr kontinuierliches Abwechseln zeitigt. Zwar gibt es eine große Vielfalt solcher Gegensatzpaare; ihrer strukturellen Form nach aber sind sie eins."[12] Dieses Denken in Zweiheit, durch die eigentlich die Einheit hervorscheint, ist für die griechische Philosophie typisch. Aller pendelnden Gegensätzlichkeit der Erscheinungswelt liegt ein Prinzip zugrunde. Dieses eine Wahrheitsprinzip hält alle Bereiche des Lebens, Erkennens und Erlebens zusammen. Hier spiegelt die Physik die Metaphysik wider, die Natur das Göttliche, das Sein das Sollen.

Goethe hat in der Polarität den pulsierenden Rhythmus des Lebens gesehen und sie in Anlehnung an die Herzmuskeltätigkeit mit dem Begriffspaar *Systole* und *Diastole* belegt. Diese Benennung hat für Goethe symbolischen Sinn und beschränkt sich nicht auf die Tätigkeit der Herzmuskeln allein. Jedes Kennzeichen des Lebens offenbart denselben Rhythmus. In seiner Farbenlehre bemerkt Goethe: „So setzt das Einatmen schon das Ausatmen voraus und umgekehrt, so jede Systole ihre Diastole. Es ist die ewige Formel des Lebens, die

10 Heraklit: Fragment Nr. 88. In: Hermann Diels/Walther Kranz: Die Fragmente der Vorsokratiker. 3 Bände. Berlin, 6. Auflage, 1951, Band 1, 17., unveränderte Auflage, 1974.

11 Heraklit: Fragment Nr. 58. In: Diels/Kranz: Die Fragmente..., Band 1.

12 Jaap Mansfeld (Hrsg.): Die Vorsokratiker. Stuttgart 1987, S. 232–234.

sich auch hier äußert."[13] Das Herz und seine Tätigkeit – Systole und Diastole – stehen bei Goethe nicht in ihrer physiologischen, sondern in ihrer *symbolischen* Funktion.

Das Thema *Polarität* nimmt auch in Thomas Manns Schriften einen bedeutsamen Stellenwert ein. So bemerkt Joseph, der die Polarität zu seiner Lebensphilosophie erhoben hat:

„‚Bedenke aber, daß alles zu zweien ist in der Welt, Stück und Gegenstück, damit man es unterscheide, und wenn neben dem einen das andere nicht wäre, so wären sie beide nicht. Ohne Leben wäre kein Tod, ohne Reichtum die Armut nicht, und käme die Dummheit abhanden, wer wollte von Klugheit reden?'"[14]

Und an einer anderen Stelle reflektiert der Erzähler:

„Die Strecke hat kein Geheimnis. Das Geheimnis ist in der Sphäre. Diese aber besteht in Ergänzung und Entsprechung, sie ist ein doppelt Halbes, das sich zu Einem schließt, sie setzt sich zusammen aus einer oberen und einer unteren, einer himmlischen und einer irdischen Halbsphäre, welche einander auf eine Weise zum Ganzen entsprechen, daß, was oben ist, auch unten ist, was aber im Irdischen vorgehen mag, sich im Himmlischen wiederholt, dieses in jenem sich wiederfindet. Diese Wechselentsprechung nun zweier Hälften, die zusammen das Ganze bilden und sich zur Kugelrundheit schließen, kommt einem wirklichen Wechsel gleich, nämlich der Drehung. Die Sphäre rollt: das liegt in der Natur der Sphäre. Oben ist bald Unten und Unten Oben, wenn man von Unten und Oben bei solcher Sachlage überall sprechen mag. Nicht allein daß Himmlisches und Irdisches sich ineinander wiedererkennen, sondern es wandelt sich auch, kraft der sphärischen Drehung, das Himmlische ins Irdische, das Irdische ins

13 Johann Wolfgang von Goethe: Werke ..., Band 13: Naturwissenschaftliche Schriften I, S. 337.

14 Thomas Mann: Joseph und seine Brüder ..., S. 542.

Himmlische, und daraus erhellt, daraus ergibt sich die Wahrheit, daß Götter Menschen, Menschen dagegen wieder Götter werden können. [...] Wenn man aber fragt, was Usir zuallererst und am Anfang gewesen sei, ein Gott oder ein Mensch, so bleibt die Antwort aus; denn einen Anfang gibt es nicht in der rollenden Sphäre."[15]

Hugo Kükelhaus begreift die Polarität als ein Universalgesetz, nämlich als Schwingung. Sie ist das ureigene Lebensgesetz, das wir schon als Kinder in der Schaukelbewegung der Wiege erfahren, noch lange bevor wir es geistig erfassen können. Am Beispiel der Pendelbewegung veranschaulicht Kükelhaus, wie die polaren Kräfte sich gegenseitig erzeugen. Wenn das Pendel zur Fallbewegung ansetzt, erzeugt es schon im Fallen die Energie für seine Steigebewegung. Aber auch umgekehrt: Im Steigen erzeugt es die Kraft für seine Fallbewegung. Nur wenn das Pendel in seinem Mittelpunkt ruht, sind Steigekraft und Fallkraft beide tot. Nur dann findet kein Geben und Nehmen, kein Pulsieren, keine Schwingung mehr statt. Sonst aber lebt das Pendel von der Erzeugung polarer Kräfte.[16]

Was von dem Pendel und der Schaukel gilt, gilt auch für die menschliche Wahrnehmung, für den gesamten Organismus. Die moderne Technik in Wohn- und Arbeitsräumen berücksichtigt das nicht. Schon das künstliche Licht, das den Arbeits- und Wohnraum gleichmäßig schattenlos ausleuchtet, steht im Widerspruch zur menschlichen Wahrnehmung. Kükelhaus verdeutlicht das an der Beleuchtung einer Kugel:

„Eine Kugel wird bei *totaler* Ausleuchtung als *flache Scheibe* gesehen, während sie bei nur einseitiger Anleuchtung und entsprechender Verschattung als das erscheint, was sie ist: ein dreidimensionaler Körper."[17]

15 Thomas Mann: Joseph und seine Brüder ..., S. 189f.
16 Hugo Kükelhaus: Unmenschliche Architektur. Von der Tierfabrik zur Lernanstalt. Köln 1973, 4. Auflage, 1978, S. 12.

Zum Licht gehört also der Schatten, so wie zum Einatmen das Ausatmen, zur Bewegung die Ruhe gehört. Eliminiert man die eine Hälfte, so verfehlt man das Ganze. An einer Reihe solcher Beispiele aus der konkreten Anschauung gewinnt Kükelhaus fundamentale Einsichten in das Wesen unseres Lebens: „Lebendiges benötigt zu seiner Entfaltung der *Herausforderung* und Störung."[18] In diesem Sinne halten wir Krisen für unumgängliche und produktive Störungen des normalen Lebens. Wer sie aus seinem Leben verbannen will, erwartet vom Leben schattenloses Licht.

Solche Halbierung des Ganzen nennen wir eine *lineare* Betrachtungsweise. Linearer Logik zufolge besteht die Welt aus lauter „Nichts-als-Festlegungen" (sogenannte „Nothing-Else-Butterien"). Da ist Leben nichts als Erfolg und Karriere, Selbstwert nichts als Auto, Liebe nichts als Sex, Glück nichts als Reichtum, Krisen nichts als Katastrophen, Kranksein nichts als Arztbesuch usw. Vor allem gilt es, die Widersprüche auszuschalten, als wären sie ansteckende Krankheiten. In diesem Denken werden polare Erscheinungen auseinandergerissen und jede Hälfte für sich als Ganzes betrachtet. Solches Denken vermag Phänomene wie *Haßliebe* nicht zu erklären.

Polaritätsphilosophisch und ganzheitlich betrachtet, verhält sich hingegen alles im Leben so, daß beide Polarhälften sich in ständiger Wechselwirkung befinden. Sie gehen permanent ineinander über. Wir möchten anregen, sich das Prinzip der Schwingung am Beispiel der alten Waage zu verdeutlichen. Die eine Schale kann immer nur in dem Maße sinken, in dem die andere steigt. Man möchte meinen, die eine gibt und kann

17 Hugo Kükelhaus: Organismus und Technik. Gegen die Zerstörung der menschlichen Wahrnehmung. Mit einem Vorwort von Frederic Vester. Frankfurt a.M. 1979, S. 48.

18 Hugo Kükelhaus: Organismus und Technik ..., S. 48.

immer nur soviel *geben*, wie die andere zu *nehmen* vermag. Geben und Nehmen vollziehen sich als ein doppelseitiger Prozeß. Sie lassen sich nicht voneinander trennen. Wenn ein Mensch einem anderen etwas gibt, so hat sein Geben ohne das Nehmen des anderen keinen Sinn und keine reale Existenz.

In der dynamischen Wechselseitigkeit der Polarität deutet sich der Kreis an. Auf und Ab, Hin und Her, Geben und Nehmen, Sinken und Steigen, überall tritt eine Pendelbewegung ausschnitthaft zum Vorschein. Die ganze Bewegung zeigt sich erst in der Vollendung der Kreisbewegung. Der Kreis stellt die ideale Figur für das polar bewegte Leben dar. Denn in ihm verschmelzen Auf und Ab, Hin und Her, Sinken und Steigen an jedem denkbaren Punkt. Sie sind unterschieden und doch eins.

Für Hegel ist daher die Kreisbewegung, in der sich die Gegensätze dynamisieren und eine Entwicklung erzeugen, der Inbegriff des Dialektischen. Dialektik ist die Bewegung, die durch die Polarität erzeugt wird. Darum ist sie die einzig adäquate Methode, um das Leben zu begreifen, weil sie der Polarität als dem ureigenen Lebensgesetz folgt. Was ist eigentlich eine Bewegung? *Linearer Logik* zufolge passiert der Punkt A während seiner Bewegung eine Reihe von *Stationen*, an denen er sich jeweils – wenn auch nur sehr kurz – *aufhält*. Diese Bewegung wird demnach so beschrieben, daß A sich zum Zeitpunkt t_1 hier, zum Zeitpunkt t_2 da und zum Zeitpunkt t_3 wiederum ein Stückchen weiter befindet.

$$A \text{——} t_1 \text{——} t_2 \text{——} t_3 \text{————————} t_n$$

Die Kritik an der linearen Logik ist ebenso einfach wie einleuchtend. Sie sagt, daß hier nicht die *Bewegung*, sondern im Grunde lauter *Ruhepunkte* beschrieben werden, die auch in ihrer Summe den Zweck, eine Bewegung zu beschreiben, verfehlen. Will man die Bewegung des Punktes A beschreiben, so darf man ihn unterwegs nicht fixieren. Die lineare Logik bringt den bewegten Punkt zum Stehen, aber dadurch wird das Wesen der Bewegung vernichtet.

Wie sieht die Beschreibung einer Bewegung in der *ganzheitlichen Logik* aus? Hegel löst das Problem nun folgendermaßen: In Bewegung ist der Punkt A nur, wenn er zu einem bestimmten Zeitpunkt an einem bestimmten Ort *ist* und zugleich *nicht ist*. Denn in dem Bruchteil einer Sekunde, da man den bewegten Punkt irgendwo fassen will, ist er dort bereits wieder weg. Hält man A wirklich irgendwo an, zerstört man – wie gesagt – das Wesen der Bewegung. Bewegung ist somit kein Zustand, auch nicht die Summe einer Reihe von Zuständen, sondern eben die polare Gegenwärtigkeit von *Da* und *Nicht-da*. Wir erleben dieses Phänomen optisch bei schnellen Bildern, wenn der Filmablauf angehalten wird. Das Verschwommene verweist eben auf das Sein und zugleich auf das Nicht-Sein. Zur Beschreibung der Bewegung gehört also eine ganzheitliche Methode, in deren Kontext sich die Bewegung ohne Ruhe gar nicht bestimmen läßt. Verallgemeinernd können wir sagen: Wo immer Bewegung (auch geistige Bewegung, z.B. *Werden* oder *Entwicklung*) stattfindet, ist Polarität am Werk. Alles, was wir über die Bewegung des Punktes A sagen können, lautet: Wo immer er auch ist, da ist er auch zugleich nicht. „Bewegung heißt", so Hegel, „an diesem Orte sein und zugleich nicht; dies ist die Kontinuität von Raum und Zeit, und diese ist es, was die Bewegung erst möglich macht."[19]

19 Hegel: Werke … Band 18: Vorlesungen über die Geschichte der Philosophie I, S. 314.

Übertragen wir das abstrakte Beispiel auf eine Knospe! Was ist eine Knospe? Sie *ist* kein Zustand, sondern umspannt ein Entwicklungsstadium innerhalb eines Kontinuums. Eine Knospe ist ein *Werden zur Blume*, insofern weist sie eine Bewegung auf. Wir können sie nicht festhalten, es sei denn wir frieren sie ein. Das einzige, was sich da fixieren läßt, ist eben die unentwegte Bewegung, das ständige Werden und Anderssein. Die Konstanz liegt im Wandel. Was bleibt, ist das ewige Verschwinden des Ist-Zustandes.

Dieser Gedanke läßt sich auf alle Lebensphänomene übertragen, und nichts weniger fordert das ganzheitliche Denken. Das Wesen des Lebens liegt ganzheitlich gesehen darin, daß es den Tod in sich einschließt. Das Leben ist ein Werden zum Tode. Hegel wörtlich:

> „So sagt man, der Mensch ist sterblich, und betrachtet dann das Sterben als etwas, das nur in äußeren Umständen seinen Grund hat, nach welcher Betrachtungsweise es zwei besondere Eigenschaften des Menschen sind, lebendig und *auch* sterblich zu sein. Die wahrhafte Auffassung aber ist diese, daß das Leben als solches den Keim des Todes in sich trägt ..."[20]

Alles Lebendige ist Bewegung, und die Bewegung ist das eigentlich Beständige des Lebens. Das Leben selbst spielt sich in der Polarität ab. Sie erzeugt die Bewegung durch ihr zwiefaches Werden, durch das Ineinanderfließen ihrer beiden Pole. Wir alle leben in der Welt der Zweiheit. Wollen wir sie wirklich verstehen, so müssen wir auf ihren pulsierenden Rhythmus hören.

Welcher Sinn mag nun hinter der Polarität stecken? Wir wollen dieser Frage nachgehen, indem wir die Sinnrichtung, d.h. die Eigenbewegung von polaren Doppelhälften näher betrachten.

20 Hegel: Werke ... Band 8, S. 173.

Der Begriff Zweiheit *bezeichnet die Zusammengehörigkeit zweier Hälften, die ursprünglich ungespalten waren.* Zweiheit *entstand durch die Spaltung bzw. Teilung der Ur-Eins. Polarität vergegenwärtigt die Idee der Teilung, erinnert an die Ur-Eins und verweist auf die Wiedervereinung. Alles Leben spielt sich in der Polarität ab, die das Lebensgesetz schlechthin ist. Es ist der Kontext der Zweiheit bzw. Polarität, dem wir unser Werden und unsere Entwicklung verdanken. Denn wir sind Wesen der Zweiheit, und unsere Bestimmung liegt im ständigen Werden.*

3. Ganzheit

Unserem polaren Leben liegt eine *innere Tendenz* zugrunde, die es in Richtung Ganzheit treibt. Wir haben diese innere Tendenz als *Sinnrichtung* des Lebens bezeichnet. In ihr offenbart sich der Wesensgrund unserer Existenz, ihr Sinn und Telos. Das Leben drängt aus innerer Notwendigkeit zur Vollendung und Ganzheit. Mit anderen Worten: Sinnrichtung und der Sinn der Bewegung in dieser Richtung fallen in eins. Die ewige Wechselentsprechung und gegenseitige Hervorbringung von Polaritäten können wir als eine Erscheinung deuten, die dem Zweck dient, zur unendlichen Ruhe und Entspanntheit des ursprünglichen Zustandes vor der Spaltung zurückzufinden.

Ganzheit bedeutet die Wiedererlangung der ursprünglichen Einheit. Sie deutet auf den Richtungssinn, der sich der Sinnrichtung aller Polarität entnehmen läßt: Wiedereins-werden, um ganz zu sein.

Woher rührt diese Tendenz zur Wiedervereinung und Ganzwerdung? Kann sie nicht selbst mit dem Polaritätsgesetz erklärt werden? In der Tat scheint es so zu sein, daß der Akt der Entzweiung der Ur-Eins nicht nur den Spannungsschmerz der Trennung und Spaltung erzeugte, sondern zugleich auch den unaufhörlichen Drang zur Wiedervereinung. Das Wieder-eins-werden-wollen setzt die Teilung der Eins voraus.

Wir stellen hier noch einmal die kreisläufige Bewegung fest, bei der jeder denkbare Punkt in doppeltem Sinne ein Ausgang ist (Anfang und Ende). Der Gedanke, daß in aller polaren Erscheinung ein Hinweis auf die ursprüngliche Zusammengehörigkeit und Einheit der beiden Hälften steckt, läßt Anfang und Ende in eins fallen. *Zu Beginn war die Eins, dann kam die Spaltung in Zwei, am Ende soll wieder die Eins in ihrer Vollkommenheit und Ganzheit hervorgehen, und zwar als bewußte Selbsthervorbringung.*

Wir erkennen hier eine Sinnrichtung, eine klare und auf Sinnerfüllung deutende Tendenz des polar schwingenden Lebens. In diesem Leben erlebt der Mensch mit vollem Bewußtsein die Entwicklung seines eigenen Ich zum Geist. Im Erkennen dieser geistigen Entwicklung kommt das Ich zu seinem vollkommenen Selbst, zu seinem Ursprung und Urgrund. Es findet den Sinn seines Daseins im Geistwerden, weil der Geist als treibende Entwicklungskraft schon im Ich steckt.

Das Bewußtsein erkennt die Welt, um am Ende zum Selbst zu gelangen. Es ist so, als müßten wir einmal um die Welt reisen und alles Mögliche sehen und erleben, um zu uns selbst zu finden. Die Erkenntnis der polaren Struktur der Welt führt das Bewußtsein zur Erkenntnis der eigenen polaren Wahrnehmungs- und Bewußtseinsstruktur und damit zur Selbsterkenntnis.

So erkennt das Bewußtsein, daß es – ohne es recht zu wissen – sich immer schon auf dem Wege zur Ganzheit befunden hat. Nun aber, da es diese eigene Tendenz erkennt, fördert es sie aus Verantwortung. Sinnerfüllung im Leben stellt sich als eine Verantwortung gegenüber dem Geist heraus, dem wir ursprünglich entstammen.

Die Bewegung von der Einheit über die Zweiheit zur Ganzheit ist zu offenkundig, um als sinnlos aufgefaßt zu werden. Unserer Auffassung nach liegt ihr Sinn in der Bewegung selbst, d.h. die Form der kreisläufigen Bewegung verweist auf den Inhalt, darauf nämlich, wie unsere Erkenntnisstruktur aussieht und wie sie sich entwickelt. In der Erkenntnis, daß das Erkennen einer Sache sich in derselben Weise vollzieht wie das Erkennen des Erkennenden (Selbsterkennen) versteckt sich der entscheidende Hinweis. Er besagt: *Alle Erkenntnis führt letztlich zur Selbsterkenntnis, alles Bewußtsein zum Selbstbewußtsein, alles Ichhafte zum Selbst.*

Diese offenkundige Sinnrichtung unserer Erkenntnis ist identisch mit der Struktur unserer Selbstwerdung. Wohin entwickeln wir uns? Wenn wir diese innere Tendenz weiter verfolgen, so zeigt sich deutlich, daß wir die Grenzen des Selbst durchstoßen und zu einem höherem Selbst finden. Diesem höheren Selbst entstammen wir ursprünglich, es ist das Göttliche in uns, auf das wir uns zubewegen. Die Form dieser Bewegung vom Ursprung (Einheit) über die Entwicklung (Polarität bzw. Zweiheit) zurück zum Ursprung (Ganzheit) beschreibt einen Kreis. Anfang (Einheit) und Ende (Ganzheit) sind identisch. Am göttlichen Sein ändert die Bewegung nichts, denn es ist vollkommen. Dazwischen liegt aber unser Werden zu ihm, unsere Entwicklung in Richtung Gott.

Was ist der Nukleus dieses Werdens und dieser Entwicklung? Letztlich nichts als ein Werden zu sich selbst, nichts als eine Selbstwerdung! Sie ist keine blinde oder zufällige Angelegenheit, sondern eine bewußtseinseigene Leistung. Nur durch Bewußtsein werden wir uns des Selbst inne, und nur im Begreifen des wahren Selbst finden wir zu Gott als dem höheren Selbst zurück. Dieser Weg führt über die Zweiheit, deren Urformen in jeder Kultur und Religion zu finden sind (z.B. *Yin und Yang* in der fernöstlichen Kultur und *Himmel und Erde, Licht und Finsternis, Gut und Böse* in der christlich-abendländischen).

Diese Urform war Gegenstand unserer Reflexion. Wir haben sie exemplarisch an der Polarität *Krise und Entwicklung* verfolgt. Sie ist indessen lediglich *eine* Variation des unendlichen Themas *Ganzheit.* Unser Anliegen schien auf den ersten Blick darin zu liegen, Krisen zu verstehen, um sie zu bestehen. Im Lichte des ganzheitlichen Denkens besehen, zeigt sich indessen, daß auch Krisen und ihre Bewältigung *nur* als Mittel zur Wiedervereinung mit Gott betrachtet werden müssen. Solche Mittel oder Gelegenheiten bietet uns das Schicksal nie umsonst (weder ohne Grund noch kostenlos). Es sind Angebote, die Gott bereitstellt, ergreifen muß sie der Mensch selbst.

Wie können wir unsere „Antenne" im Leben so einrichten, daß diese Angebote uns erreichen und ihre Botschaft nicht im Alltag untergeht? Wir empfehlen, folgende drei Schritte bewußt zu vollziehen, wobei sie keineswegs als Rezept gemeint sind:

1. Wahrnehmung der polaren Struktur

Wir sollten Tag für Tag bewußt lernen, in allen Phänomenen die *polare Struktur zu erkennen. Oben* und *Unten, Rechts* und Links, *Dunkel* und *Hell* usw. scheinen relativ einfache Beispiele zu sein. Aber wie steht es mit *Krise* und *Entwicklung* oder mit *Bewußtsein* und *Sinn*? Wäre es nicht einen Versuch wert, herauszufinden, welche Polaritäten unser bisheriges Leben entscheidend geprägt haben?

2. Erkenntnis der inneren Tendenz
Wir sollten nach dem Aufspüren der für uns entscheidenden Polaritäten ihre *innere Tendenz* zu erkennen suchen. Welche Form weist sie auf? Welchen Inhalt könnte diese Form in sich bergen? Hat die Form der inneren Tendenz Hinweischarakter? Tangiert der Hinweis unser Leben?

3. Suche nach dem Sinn
Wir sollten schließlich nach dem möglichen Sinn des Inhalts, des Hinweises bzw. der Botschaft für uns fragen. Es geht dabei nicht nur um einen objektiven Sinn, sondern oft um den subjektiven und individuellen Sinn. Welchen Sinn können wir der inneren Tendenz und dem möglichen Inhalt einer polaren Struktur abgewinnen? Welchen Sinn können oder sollen wir selbst in ihr erfüllen?

Diese drei Schritte zur Sensibilisierung unserer *Empfangsantenne* für die Winke des Schicksals und für die Kultivierung des ganzheitlichen Denkens wollen wir zur Veranschaulichung nun an einem Beispiel aus der Biologie demonstrieren.

Erster Schritt: Wahrnehmung der polaren Struktur des Phänomens

Jede Zelle unseres Körpers enthält zwei identische Chromosomensätze der DNS. In der biologischen Fachsprache heißen solche Zellen daher *diploid.* Eigentlich genügte ja *ein* vollständiger Satz, denn er enthält sämtliche Erbinformationen. „Wieso die Doppelung?“, möchte man fragen. Einen Hinweis auf diese auffällige Regel erhalten wir von der einzigen und daher um so bemerkenswerteren Ausnahme von dieser Regel. Ausschließlich die *Keimzellen* – das sind die Samenzellen des Mannes und die Eizellen der Frau – verfügen jeweils über nur *einen* Chromosomensatz der DNS. Biologen nennen diese Zellen daher *haploid*. Ganz offensichtlich weisen die Keimzellen eine andere Struktur auf als die sonstigen Körperzellen.

Übrigens: Daß eine Zelle des menschlichen Körpers haploid beschaffen ist, paßt im Grunde gar nicht in die *Normalität* des menschlichen Zellaufbaus. Das Immunsystem des Körpers ist darauf programmiert, alle diploiden Zellen als *einheimische* Zellen zu betrachten, jede strukturell andersartige Zelle hingegen als eine *fremde* zu identifizieren, sofort anzugreifen und zu vernichten. Haploiden Zellen droht somit schon bei ihrer Produktion der Tod. Um diese Gefahr abzuwenden, hat die Natur eine perfekte Maßnahme getroffen. Eine sogenannte Schutzzelle legt sich beispielsweise auf die noch unreifen Samenzellen, um sie vor dem Angriff des körpereigenen Immunsystems zu schützen. Von sinnlosem Zufall kann angesichts solcher Perfektion wohl keine Rede sein. Das Phänomen *haploide Zellen* ist derart auffällig, daß man geradezu die Augen davor verschließen müßte, um seine polare Struktur zu übersehen. *Die männlichen Samenzellen stellen die eine, die weiblichen Eizellen die andere Hälfte der Polarität dar.* Die Bestimmung dieser Zweihälftigkeit liegt – biologisch gesprochen- in ihrer Vereinigung, -philosophisch gesprochen – in ihrer Vereinung. Es ist eben ein Unterschied, ob man das Phänomen biologisch betrachtet oder in ihm eine philosophisch aufschlußreiche Variation einer universalen Erscheinung erblickt. Wir meinen: Hier liegt eine polare Struktur mit einer klaren *inneren Tendenz* vor.

Zweiter Schritt: Erkenntnis der inneren Tendenz

Welche innere Tendenz steckt in der Natur der haploiden Zellen? Wollen und müssen nicht auch sie bestrebt sein, ihre Doppelhälftigkeit zu überwinden, sich zu vereinen, um *ganz* zu werden? Es gibt in der Tat keine andere Funktion und keinen anderen Zweck für die

Keimzellen, als sich zu finden und zusammenzuschmelzen. Kein Zweifel: Wir haben es hier mit zwei Hälften zu tun, die – wie in jeder Polarität – jeweils für sich „vollständig“ aussehen. Oberflächlich betrachtet, sieht weder die Samenzelle noch die Eizelle irgendwie „halb“ aus. Jede Keimzelle bildet ein perfektes und in sich vollständiges System. Beide aber wären ohne die andere jeweils sinn- und zwecklos. Und in eben dieser philosophisch-ganzheitlichen Betrachtung offenbart sich ihr Wesen als polare Doppelhälftigkeit. Erst im ganzheitlichen Kontext zeigt sich ihre wahre Natur. Denn in der *Vereinung* erfüllen sie ihre Bestimmung. Dann erst nämlich fügen sich Part und Gegenpart, Satz und Gegensatz, Stück und Gegenstück zusammen. Jedes Gen findet seine andere polare Hälfte. Im Anderen findet sich das, was zum Ganzwerden notwendig ist. Ohne diese innere Tendenz wären die Keimzellen gleichsam funktionslos.

Dritter Schritt: Suche nach dem Sinn
Der Sinn oder *das Wozu*, so unser Deutungsangebot, mag darin liegen, daß hier zwei zusammengehörige Halbe sich finden und buchstäblich *er-gänzen* sollen. Einzeln sind sie zu nichts nutze. In ihrem Zusammenschmelzen findet aber *das* punktuelle Zünden statt, aus dem eine *Welt* hervorgeht. Diese mikrokosmische Welt, die wir *Leben* nennen, variiert dieselbe polare Grundstruktur, die sie auch selbst aufweist, mit jeder Vereinung millionenfach. Denn durch die biologische Vereinigung von Samen- und Eizelle entsteht ein neues Leben, das wiederum in sich polar strukturiert ist. Nun beginnt alles von neuem, Milliarden und Abermilliarden von neuen Keimzellen werden produziert, deren ewiges Bestreben wiederum darin liegt, ihre Halbheit in der Vereinung zu überwinden. Wir sehen darin Sinn: Er ist nicht anders zu nennen als *Liebe*. Dieser Sinn will uns lehren, daß alles Lebendige in der Gestalt der Polarität

auftritt, um sich zu vereinen. Der Ursprung aller Vereinung ist die Einheit mit Gott, so wie die Ur-Spaltung und Ur-Zweiheit die Trennung von ihm gewesen sein muß. *Liebe* meint hier nicht Sex oder Sentimentalität, sondern die kosmische Pflicht zur Erkenntnis, daß wir alle Teile eines Ganzen sind (näheres vgl. weiter unten).

Damit beschließen wir das Beispiel. Es ist wohl ein augenfälliger Beweis für die Ergiebigkeit des ganzheitlichen Denkens. In dieser Weise können wir uns ein pädagogisches Programm zur Sensibilisierung von Menschen für ganzheitliches Denken durchaus vorstellen. Dieses allgemeine Denken und eine solche Weltsicht läßt sich sowohl auf die zwischenmenschlichen Beziehungen als auch auf das Verhältnis von Ich und Welt übertragen.

Soweit das Auge reicht, das Ohr hört, die Sinne wahrnehmen und der Verstand denkt, haben wir es im menschlichen Leben mit Doppelhälftigkeit zu tun. Wir selbst halten uns zwar für ganze Wesen (jede Keimzelle vermutlich auch!), in Wahrheit sind wir aber gleichsam halbierte Erscheinungen – ewig auf der Suche nach unserer anderen Hälfte. In Goethes Faust antwortet Mephisto auf die Frage, wer er sei, „Ich bin ein Teil...". Da ist Faust erstaunt: „Du nennst dich einen Teil, und stehst doch ganz vor mir?" Und Mephisto klärt ihn auf:

„Bescheidne Wahrheit sprech' ich dir.
Wenn sich der Mensch, die kleine Narrenwelt,
Gewöhnlich für ein Ganzes hält
Ich bin ein Teil des Teils, der anfangs alles war,
Ein Teil der Finsternis, die sich das Licht gebar,
Das stolze Licht, das nun der Mutter Nacht
Den alten Rang, den Raum ihr streitig macht."[21]

21 Johann Wolfgang von Goethe: Werke ..., Band 3: Dramatische Dichtungen, S. 47.

Alles Böse, alles Unglück, alle Krisen finden in dieser Sinnrichtung des Lebens ihren Sinn. Wer die eine Hälfte nicht haben oder verstehen will, wird das Ganze nicht begreifen. Das Teuflische an Mephistos Rede liegt indessen nicht darin, daß er die Wahrheit der Polarität ausspricht, sondern daß er der polaren Spannung des Lebens jeglichen Sinn abspricht:

„Ich bin der Geist, der stets verneint!
Und das mit Recht; denn alles, was entsteht,
Ist wert, daß es zugrunde geht;
Drum besser wär's, daß nichts entstünde."[22]

Was Mephisto dabei unterschlägt, ist die geistige Entwicklung und Sinnerzeugung, die mit der Polarität *Entstehen/Vergehen* einhergeht. Im ewigen Kreislauf von Geburt und Tod wird keineswegs ein Nullsummenspiel veranstaltet, bei dem am Ende ein leeres Nichts herauskäme, wie Mephisto behauptet. Vielmehr kann nur in diesem Wechselspiel ein Werdeprozeß in Gang kommen, der unser Bewußtsein für den Sinn des polaren Lebens sensibel macht, für die Liebe. *Liebe* ist der Name für die Ganzheit, die im Drang zur bewußten und verantwortungsvollen Einswerdung erreicht und erfüllt werden soll. Wir wollen diesen Richtungssinn nun exemplarisch bei Plato zeigen.

Platos *Symposion* (Gastmahl), eines der klassischen Werke über Liebe, handelt von Eros, dem Gott der Liebe. Gebildete Menschen sind zum Gastmahl geladen, um Eros zu loben – heute würden wir wohl sagen, um eine Expertentagung über *Wesen und Ursprung der Liebe* abzuhalten. Als Aristophanes an die Reihe kommt, erzählt er folgende Geschichte:

„Unsere ehemalige Naturbeschaffenheit nämlich war nicht dieselbe wie jetzt, sondern von ganz anderer Art. Denn zu-

22 Goethe: Werke ... Band 3: Dramatische Dichtungen, S. 47.

nächst gab es damals drei Geschlechter unter den Menschen, während jetzt nur zwei, das männliche und das weibliche; damals kam nämlich als ein drittes noch ein aus diesen beiden zusammengesetztes hinzu."[23]

Solche Zwitterwesen beschreibt Aristophanes als eine Art Kugelgestalt mit vier Armen und vier Beinen, zwei Gesichtern und zwei Geschlechtsteilen. Diese Geschöpfe sind nicht nur außerordentlich flink, weil sie beim Laufen wie eine Kugel einfach rollen, sondern auch übermütig und stark. Ihr Übermut verführt sie sogar dazu, die Götter anzugreifen. Das geht nicht gut, denn Zeus, dessen Zorn sie dadurch heraufbeschwören, schneidet sie wie einen Apfel kurzerhand in der Mitte entzwei. „Als nun so ihr Körper in zwei Teile zerschnitten war," – so erzählt Aristophanes weiter:

„da trat jede Hälfte mit sehnsüchtigem Verlangen an ihre andere Hälfte heran, und sie schlangen die Arme umeinander und hielten sich umfaßt, voller Begierde, wieder zusammenzuwachsen, und so starben sie vor Hunger und Vernachlässigung ihrer sonstigen Bedürfnisse, da sie nichts getrennt von einander tun mochten. Und wenn etwa die eine von beiden Hälften starb und die andere noch übrig blieb, dann suchte diese sich eine andere und umfaßte sie, [...] und so gingen sie zugrunde."[24]

Um die doppelt Halben jeweils am Leben zu erhalten, erbarmt sich Zeus ihrer und führt an ihnen einige *chirurgische* Operationen durch, z.B. den Kopf einmal herumdrehen, die Haut zusammenziehen und am Bauch festschnüren (daher der Nabel!), die Geschlechtsteile nach vorn versetzen usw. Physiologisch zwar wiederhergestellt und durchaus lebensfähig, sehen sich die halbierten Geschöpfe, die symbolisch für uns Heutige stehen, nun aber einem völlig neuen Problem gegenüberge-

23 Plato: Gastmahl. In: Sämtliche Werke ... Band I, S. 659–727, Zitat, S. 681.

24 Plato: Gastmahl..., S. 683.

Abb. 6: Pablo Picasso: Die Liebenden © VG-Bild-Kunst, Bonn 1992

stellt, das ihrer früheren Natur fremd war, nämlich dem unwiderstehlichen Drang zur Wiedervereinung. Aristophanes begründet das folgendermaßen:

„Der Grund hiervon nämlich liegt darin, daß dies unsere ursprüngliche Naturbeschaffenheit ist, und daß wir einst ungeteilte Ganze waren. Und so führt die Begierde und das Streben nach dem Ganzen den Namen *Liebe.* Und vor Zeiten, wie gesagt, waren wir *eins*; nun aber sind wir um unserer Ungerechtigkeit willen getrennt worden von dem Gott“.[25]

Liebe, so läßt sich Aristophanes' Lobrede auf Eros begreifen, sei die im menschlichen Wesen angelegte Kraft, alles Doppelthalbe zu überwinden und die ursprüngliche Einheit wieder herzustellen.

25 Plato: Gastmahl..., S. 685.

Abb. 7a: Flächenhafte Formdarstellung der weiblichen Figur …

Abb. 7b: … der männlichen Figur …
Aus: Rolf Hermann Geller: Zur Vermittlung von Anschaulichkeit …

Pablo Picasso hat wiederholt versucht, die Idee des Einswerdens im Liebesakt als eine geistige Vereinigung zweier Personen darzustellen (vgl. Abb. 6). Was der Mensch im orgiastischen Zusammenschmelzen erlebt, ist zunächst einmal ein phänomenal körperlicher Akt. In unzähligen Bilddarstellungen hat dieses Erlebnis eine mehr oder weniger dezente Visualisierung erfahren. Von all diesen Versuchen hebt sich Picassos Bild allerdings durch eine unverwechselbare Besonderheit ab. Es veranschaulicht nicht eigentlich den körperlichen, sondern den geistigen Akt der Einswerdung. Seine Darstellung ist von der Wiedergabe triebhafter Erotik (vgl. Abb. 8) weit entfernt. Sie zielt vielmehr auf die *Idee der Liebe als eine geistige Einswerdung*.

Abb. 8, aus: Tantra, Reigen der vollkommenenen Lust

Ein Vergleich macht es augenfällig. In der Zeichnung L' Étreinte (die Umarmung) visualisiert Picasso durch das Verschlungensein der beiden Figuren ein Ganzes, das mehr und zugleich anders ist als die Summe der Versuch, die Körperteile des Mannes oder der Frau jeweils für sich zu einer vollständigen Figur zu montieren[26], führt zu einer unvollständigen Figur (vgl. Abb. 7a und 7b). Hier wird sinnlich dargestellt, was geistig nachzuvollziehen ist: die in der Polarität angelegte Tendenz der beiden Hälften zur Verschmelzung.[27]

Eine Frage muß noch im Anschluß an Aristophanes geklärt werden, bevor wir die Ausführung des Beispiels beenden, nämlich: Warum sterben die beiden Zwitterwesen in absoluter Untätigkeit, wenn sie sich wiedergefunden haben? Sollten wir nicht eher erwarten, daß sie in Freude das Leben genießen? Wenn Liebe ursächlich das Urmenschliche ist, – warum beendet ihre Erfüllung denn das menschliche Leben? So mögen wir aus unserer pragmatischen Sicht denken und fragen; der Mythos indessen hat seine eigene Logik, die ins Grundsätzliche geht, nämlich: Wenn die Zweiheit (Polarität) den Rahmen bildet, in dem sich unser Lebens abspielt, so ist die Einheit (Ganzheit) das Ende dieses Rahmens und damit der Schluß dieses Lebens.

Die Antwort auf die Frage, warum die Zwitterwesen sterben, wenn sie sich wiedergefunden haben, liegt nun logisch auf der Hand. Erst nachdem Zeus sie entzweigeschnitten hat, wird ihnen bewußt, welche unendliche Harmonie sie verloren haben. Fortan leben sie also nur

26 Zur zeichnerischen Analyse vgl. Rolf-Hermann Geller: Zur Vermittlung von Anschaulichkeit. Eine erotische Zeichnung Picassos. In: BDK-Mitteilungen, Heft 2, 1989, S. 4–8.

27 Zur ausführlichen Analyse vgl. Bijan Adl-Amini: Basic Need „Love". In Gerhard Schaefer (Ed.): Biological Education for Future Human Needs. Münster 1992.

noch, um ihre verlorene Einheit wiederzufinden. Und sofern ihnen das gelingt, fehlt ihnen dann auch absolut nichts mehr, weder Nahrung noch sonst etwas. So sterben sie lieber, als daß sie die Einheit wegen der Nahrungsaufnahme auch nur für kurze Zeit vernachlässigen. Erinnert uns diese Geschichte nicht in gewisser Weise an das Buch *Genesis*? *Hier* hebt Gott mit Worten die Zweiheit ins Bewußtsein von Adam und Eva, *dort* tut er es mit einem Messer. Durch Wort oder Tat – in beiden Fällen wird die Erfahrung der Polarität möglich, damit aber auch der Trennungsschmerz und die unendliche Sehnsucht nach Wiedervereinung.

So verweist die Polarität nicht bloß auf das *Faktum* der Trennung und Spaltung, sondern auch auf den *Drang zur Wiedervereinung*, also zur Rückkehr zu dem Ganzen, das anfangs Eins war. Gelingt die Rückkehr, d.h., schmelzen die beiden Polaritätshälften tatsächlich wieder einmal zusammen, so erfährt die polare Struktur des Lebens eine *Wesenswandlung*. In unserem Sprachgebrauch heißt sie Tod und markiert bekanntlich das Ende des Lebens. Doch es handelt sich keineswegs um das Ende, sondern nur um eine Umwandlung, um einen Übergang. „Alles ist Werden und Wandlung in dem ‚großen Haus' der Ewigkeit."[28]

Es zeugt daher von konsequenter Erkenntnis, daß für Plato der Tod nichts Furchterregendes hat, denn im Tod vereinigt sich das Leben mit seiner ihm zugehörenden polaren Hälfte. Philosophieren – also die Wahrheit suchen – heißt für Plato *Sterben lernen.* Seneca bringt es auf die pointierte Formel: „Schlecht lebt jeder, der nicht gut zu sterben weiß."[29]

28 Tschuang-Tse: Reden und Gleichnisse ..., S. 206.
29 L. Annaeus Seneca: Von der Gemütsruhe. In: Seneca: Vom glückseligen Leben und andere Schriften. Stuttgart 1984, S. 30–63, Zitat, S. 51.

Die Ur-Eins, der alles entstammt und auch wir alle entstammen und in der alles wieder enden will und wird, nennen wir Gott. Er ist Anfang und Ende, Ursprung und Ziel. Ihn können wir nicht erkennen, obwohl wir uns im Kreislauf der Entwicklung befinden und so schon auf dem Wege zu ihm sind. Unser Leben, unser Werden und unser eigenes Bewußtsein davon stellen sich – Hegel zufolge – als ein „Werden seiner selbst" in einem „Kreis dar, der sein Ende als seinen Zweck voraussetzt und zum Anfange hat". Dadurch nehmen wir Teil am göttlichen Geist. In diesem Sich-Entwickeln zu sich selbst sieht Hegel das „Leben Gottes und das göttliche Erkennen". Da einzig Gott den Sinn dieses „Spiels" des Werdens zu sich selbst absolut durchschaut, bezeichnet Hegel das Selbstwerden im Kreis als ein göttliches „Spielen der Liebe mit sich selbst".[30] Für uns Heutige mag eine solche Formulierung befremdlich klingen. Was meint Hegel damit?

Wann immer wir von *Liebe* sprechen, setzen wir Zweiheit oder Polarität voraus. Zwei Menschen lieben sich, das will sagen, sie leiden unter der Last ihrer Zweiheit, wollen sie überwinden und Eins werden. In jeder Polarität steckt dieselbe Struktur. Immer ist es die Zwei, die nach dem Einswerden strebt. Das ist Liebe: das Getrenntsein, das in sich die Tendenz zur Wiedervereinung trägt. In der Liebe erfährt der Mensch den Schmerz des Getrenntseins und die Wonne der Einswerdung. Darin liegt der Richtungssinn des Lebens selbst.

Was aber könnte diese Trennung und der Sog zur Wiedervereinung für *Gott* bedeuten? Er ist die absolute Einheit, läßt jedoch – gleichsam aus Freude am Spielen „mit sich selbst" – eine Trennung zu, damit der Prozeß der Wiedervereinung für uns *erfahrbar* werde. Für ihn

30 Hegel: Werke ...Band 3: Phänomenologie des Geistes, S. 24.

gibt es die Spannung in der Polarität nicht so wie für uns. Daher ist der Kreislauf der Entwicklung von der ursprünglichen Einheit über die Zweiheit bis hin zur Ganzheit nichts als ein *göttliches Spielen der Liebe mit sich selbst.* Hier findet lediglich eine Veranstaltung statt, die *Leben* heißt. In der Liebe, so Hegel, „findet sich das Leben selbst, als eine Verdoppelung seiner selbst, und Einigkeit desselben; das Leben hat, von der unentwikkelten Einigkeit aus, durch die Bildung den Kreis zu einer vollendeten Einigkeit durchlaufen; [...] die Rückkehr zur Gottheit, aus der der Mensch geboren ist, schließt den Zirkel seiner Entwicklung."[31] Wer diesen kreisläufigen Werdegang versteht, besteht auch die *Prüfungen* auf dem Weg zur Ganzheit und begreift sie als Liebe.[32]

Im Kontext dieses ganzheitlichen Denkens und in diesem Kreislauf der göttlichen Liebe findet jede Krise ihren Sinn und Stellenwert. Sie ist der polar gemeinte Beitrag zur individuellen Entwicklung. Jede Krise, in der wir Sinn erfüllen, führt uns auf diesem Weg ein Stück vorwärts, und das heißt, zurück zu unserem wahren göttlichen Selbst. Das ist der Grund, weshalb Menschen sich in und nach einer Krise Gott näher fühlen. Deshalb bestehen wir nicht nur eine Krise, deren Botschaft wir verstehen, sondern wir erhalten dadurch auch eine Chance, das göttliche Phänomen *Liebe* – die schönste Transzendenzberührung – zu erfahren. Die wohl schlimmste Krise ist, so gesehen, die Unfähigkeit zu lieben.

31 Hegel: Werke ... Band 1: Frühe Schriften, S. 246 und 389.
32 Vgl. Bijan Adl-Amini: Innere Harmonie. Körper, Seele und Geist im Gleichgewicht. Reinbek 1990.

Das durch den Tod zur Ganzheit gelangte Leben offenbart uns seinen Zweck, wenn wir den Richtungssinn der Polarität von Leben und Tod zu verstehen suchen. Dieser Sinn heißt: Einheit und Ganzheit, die verlorene und die wieder zu erlangende. Der Weg weist voran – kreisförmig zur Einheit zurück. Wer zur Einheit gelangen will, muß durch die Zweiheit, und dieser Weg führt zur Ganzheit, zur Liebe. *So vollendet sich der Kreis der menschlichen Entwicklung, in der Krisen die besonderen Antriebskräfte zur Sinnsuche und Sinnerfüllung darstellen. Der höchste Sinn jedoch besteht darin, das göttliche Phänomen* Liebe *geistig zu erfahren.*

Anhang: Krise und Entwicklung

> *„Denn alles Wissens ist in letzter Linie von der Gottheit – und für die Gottheit.“*
>
> Max Scheler: Späte Schriften ..., S. 119.

Das verbindende Wort „und“ im Titel des Anhangs stellt die beiden Polarbegriffe *Krise* und *Entwicklung* nur dem Anschein nach nebeneinander. Den folgenden drei Analysen liegt die Absicht zugrunde, das Nebeneinander von Krise und Entwicklung aufzuheben. Jede Krise *ist* die Kehrseite einer Entwicklung, und jede Entwicklung *ist* die Kehrseite einer Krise. So zeigt sich bei näherer Betrachtung, daß jede Krise *als* Entwicklung zu begreifen ist, und umgekehrt. In diesem explikativen *als* liegt der Zweck des vorliegenden Anhangs, der sich mit drei faszinierenden Theorien der *Entwicklung* bzw. *Krise* befaßt, nämlich:

1. Mit der *Anthroposophie* von Rudolf Steiner;
2. Mit der *psychoanalytischen Entwicklungstheorie* von Erik H. Erikson und
3. Mit der *genetischen Epistemologie* von Jean Piaget.

Jede der drei Theorien – sie alle gehören zu den großartigsten wissenschaftlichen Errungenschaften des 20. Jahrhunderts – untersucht auf ihre besondere Weise die menschliche Entwicklung, deren Komplementärseite die Krise ist. Jede Theorie hat allerdings auch eine andere Ausgangsposition.

• Der *Anthroposophie* zufolge korrespondiert die leibliche, seelische und geistige *Entwicklung* des Menschen mit der Globalentwicklung seines Planeten Erde. Das Menschenkind und die Mutter Erde weisen parallele Entwicklungszyklen auf.

- Für die *Psychoanalyse* bedeutet *Entwicklung* die Entfaltung eines körperlich, psychisch und geistig angelegten epigenetischen Grundplanes.

- Für die *genetische Epistemologie* stellt jeder *Entwicklungsprozeß*, sei es im organischen, seelischen oder geistigen Bereich, ein Gleichgewicht dar, das aus einem Ungleichgewicht (Bruch, Krise o.ä.) hervorgeht und in ein neues, höheres Gleichgewicht einmündet.

Gemeinsam ist allen drei Theorien – und das war ein zentrales Auswahlkriterium – ihre globale Auffassung von *Entwicklung*. In keiner der drei Theorien meint der Begriff einen speziellen Vorgang, der sich nur auf einen einzigen Bereich (Körper, Seele oder Geist) beschränkt. Alle drei Theorien beanspruchen Allgemeingültigkeit für alle Bereiche, und sie argumentieren vor dem Hintergrund eines sehr weiten Horizonts. Die Anthroposophie zielt auf die Enthüllung *des kosmischen Schöpfungsplans*, die Psychoanalyse auf die Ermittlung *eines transkulturell gültigen Grundplans der menschlichen Entwicklung* und die genetische Epistemologie auf die Aufdeckung *der allgemeinen Gesetze der Entwicklung*.

Wir analysieren diese drei Theorien nicht in der Absicht, sie vollständig darzustellen. Unser Interesse konzentriert sich vielmehr auf die Frage nach ihrem jeweiligen Verständnis von *Entwicklung*. Überraschenderweise zeigt sich, daß in allen Theorien *Entwicklung* als *Krise* im Sinne von *entscheidender Wendung* verstanden wird. Aber umgekehrt ebenso: Auch *Krise* wird zugleich als *Entwicklung* begriffen und dargestellt. Das untermauert unsere These von der polaren Wechselentsprechung von *Entwicklung* und *Krise*.

1. Krise und Entwicklung in der Anthroposophie

Die Anthroposophie ist mit dem Namen ihres Begründers Rudolf Steiner (1861–1925) verbunden. Sie zielt auf eine aus Weisheit und Lebenslehre zusammengesetzte Weltanschauung, die Auswirkungen auf Handeln, Denken und Erleben des Menschen hat. Im Mittelpunkt dieser Weltanschauung steht die Wissenschaft vom Geiste; Steiner selbst spricht von *Geisteswissenschaft.* Der Begriff *Geist* bildet hier keinen Gegensatz zum Begriff *Natur.* Im Gegensatz zum Philosophen Wilhelm Dilthey (1833–1911), dem Begründer der Geisteswissenschaften[1], nimmt Steiner keine Scheidung von Natur und Geist aufgrund ihres spezifischen Objektbereichs vor. Vielmehr hängen Natur und Geist eng zusammen, und der zentrale Begriff, der ihre ursprüngliche Einheit aufdeckt, heißt „Entwickelung" (so Steiners plastische Schreibweise). Der Geist steckt ebenso in der Natur wie die Natur im Geiste. Beide entwickeln sich nach demselben Prinzip, das zu lehren eben die Aufgabe der *Geisteswissenschaft* ist.

Es liegt auf der Hand, daß es hier nicht wie bei Dilthey um Lebens- und Geschichtsphilosophie geht, sondern um eine übersinnliche Erkenntnis. Daher ist *Geisteswissenschaft* auch gleichbedeutend mit *Geheimwissenschaft*, dem Bestreben nämlich, sich Einblick in Gottes Schöpfungsplan zu verschaffen. In Steiners Worten:

> Die Geistes- bzw. Geheimwissenschaft „kommt zu der Meinung, daß ein Zusammenhang bestehe zwischen der Entwikkelung des Menschen und derjenigen seines Himmelskörpers, der Erde."[2]

1 Wilhelm Dilthey: Gesammelte Schriften. Band 1. Leipzig und Berlin 1922.

2 Rudolf Steiner: Die Geheimwissenschaft im Umriß. Ausgewählte Werke, Band 3. Frankfurt a.M. 1985, S. 137f. Es sei an dieser Stelle

Das kündigt sogleich den globalen Anspruch dieser Weltsicht an. Die Anthroposophie erhebt in der Tat Anspruch auf eine allumfassende Erkenntnis der Entwicklung des Planeten Erde, ihrer gesamten Bewohner und Bestandteile (Gestein, Pflanzen, Tiere und Mensch). Sämtliche Entwicklungszüge und -phasen der Evolution sind als „Spuren alles Geistigen" in der sogenannten „Akasha-Chronik" aufgezeichnet. Diese Geheimschrift enthalte das „Geistig-Bleibende des Weltgeschehens im Gegensatz zu den vergänglichen Formen des Geschehens"[3] und könne durch übersinnliche Wahrnehmung jedem Menschen, der sich aufrichtig um sie bemühe, erschlossen werden. Steiner selbst hat – auf welche Weise auch immer – Einblick in diese Geheimschrift erhalten und beschreibt die kosmische Globalentwicklung in einem *Siebener-Rhythmus*. Seine Kernthese lautet: Die Erde wird, nachdem sie den geistigen Zustand verlassen hat, in sieben Entwicklungsstufen wieder zu dem Geist, dem sie ursprünglich entstammt, zurückfinden. Jede der sieben Stufen gliedert sich ihrerseits in sieben Zeitalter, diese wiederum jeweils in sieben Perioden. Die Zahl sieben spielt offenbar eine Schlüsselrolle im Schöpfungsplan Gottes.

Selbstverständlich folgt auch die Entwicklung des Menschen diesem Zyklus. Wir Menschen erleben nach unserer Geburt alle sieben Jahre eine einschneidende (leibliche, seelische und geistige) Veränderung bzw. Entwicklung, und zwar insgesamt sieben Mal.[4] Jedesmal

angemerkt, daß der Ausdruck „Geheimwissenschaft" ein Widerspruch in sich selbst offenbart. Wenn etwas zum Gegenstand des Wissens oder gar der Wissenschaft erhoben wird, verliert es gerade seinen Geheimstatus.

3 Steiner: Die Geheimwissenschaft im Umriß ..., S. 142.

4 Eine vollständige Darstellung der sieben Entwicklungszyklen von der Geburt an bis zum 42. Lebensjahr bietet das Buch des Steiner-Schülers Rudolf Teichler: Die Entwicklung der Seele im Lebenslauf.

wird der bisherige Verlauf unterbrochen, so daß wir durchaus von einer *Krise* sprechen dürfen. Eine solche Krise *als Entwicklung* ist z. B. die Pubertät etwa um das 14. Lebensjahr.

Wir werden im folgenden versuchen, erstens einen Überblick über Steiners Gesamtauffassung aller sieben Entwicklungsstufen zu geben, und zweitens drei Entwicklungszyklen, die unserer Meinung nach am faßlichsten darzustellen sind (die sogenannten drei „Geburten" des Menschen), auszuführen. Was den ersten Teil anbetrifft, müssen wir eingestehen, daß auch Sekundärquellen konsultiert werden mußten. Denn Steiners Schriften umfassen mehr als 300 Bände. Nun hat Steiner seine Entwicklungstheorie nicht in einem einzigen Werk niedergelegt. Man muß suchen, und auch das wird durch seine zahlreichen Querverweise eher erschwert.[5] Selbst den treuesten Schülern von Rudolf Steiner ist es nicht gelungen, diese kosmisch angelegte Entwicklungstheorie ohne eigenes Zutun vollständig zu vermitteln.[6] Bei der Darstellung der drei „Geburten" folgen wir dem Original.

Im Gegensatz zum üblichen Sprachgebrauch unterscheidet Steiner nicht nur eine, sondern drei „Geburten". Sie bilden zugleich die Schnittstellen der bereits angedeuteten globalen Entwicklungszyklen im *Siebener-Rhythmus*. Die erste „Geburt" findet mit der *Ent-*

Stufen, Störungen und Erkrankungen des Seelenlebens. Frankfurt a.M. 1984.

5 Klaus Prange hat völlig zu Recht bemerkt, daß der geduldige Leser in diesen zahllosen Schriften unentwegt hin und her geschickt wird. Im übrigen meinen wir aber, daß Steiners Werk nur intellektuell, wie es Prange versucht, ohnehin nicht zu verstehen ist. Vgl. Klaus Prange: Erziehung zur Anthroposophie. Darstellung und Kritik der Waldorfpädagogik. Bad Heilbrunn 1985.

6 Exemplarisch sei genannt: Walther Bühler: Anthroposophie als Forderung unserer Zeit. Eine Einführung auf der Grundlage einer spirituellen Naturanschauung. Schaffhausen 1987.

bindung statt, die zweite mit dem *Zahnwechsel* etwa um das siebente Lebensjahr, die dritte mit der *Pubertät* um das 14. Lebensjahr. Wie man sieht, wird der anthroposophische Ausdruck „Geburt" in einem anderen Sinn des Wortes verwendet. Gemeint ist damit die Widerspiegelung einer Entwicklungsstufe, die auch unsere Erde im Laufe der Jahrmillionen ihrer Entwicklung durchlebt hat und die jeder Mensch sozusagen noch einmal individuell nachvollzieht. Durch die erste Geburt wird der „physische Leib", durch die zweite der „Ätherleib" und durch die dritte der „Astralleib" geboren.

Es fragt sich nun, welche der insgesamt sieben Entwicklungsstufen der Mensch und die Erde in der Vergangenheit bereits vollzogen und abgeschlossen haben und welche ihnen noch in Zukunft bevorstehen. Steiners Theorie zufolge sind derzeit vier von insgesamt sieben Entwicklungsstufen bereits ausentwickelt. Woher Steiner dies weiß, konnten wir nicht ausmachen. Wir erinnern an die Akasha-Chronik, in die er Einblick gewonnen hat, wobei es unklar bleibt, ob diese Chronik eine gegenständliche Quelle (ein Buch, eine Schrift) darstellt oder auf das Erlebnis einer Transzendenzberührung zurückgeht. Hier beginnen deshalb auch unsere Anleihen bei der Sekundärliteratur.

Die Erde hat 1. Mineralien, 2. Pflanzen, 3. Tiere und 4. den Menschen hervorgebracht. Dementsprechend birgt der Mensch die vorausgegangenen drei Hervorbringungen, die Steiner „Leiber" nennt, in sich. Der Mensch hat also bereits entwickelt:

1. Einen physischen Leib, den er mit dem Mineralbereich teilt,
2. Einen Ätherleib, den er mit der Pflanzenwelt gemeinsam hat,
3. Einen Astralleib, den er mit den Tieren teilt, und schließlich

4. Einen Ich-Leib, den einzig er besitzt und mit keinem anderen Wesen teilt.

Während nun die ersten drei Leiber durch drei *Geburten* (vorzustellen wohl als: strukturelle Entwicklungsschübe in Körper, Seele und Geist) zustandekommen, wird das „Ich" im Sinne Steiners eigentlich nicht geboren, sondern durch Wegfall der anderen drei Hüllen gleichsam freigesetzt. Damit der Kern aber frei werden kann, müssen die drei *Geburten* sozusagen als notwendige Entwicklungsstufen vorausgehen. Das „Ich" ist etwas Geistiges. Es kommt zur Reife, wenn die drei Hüllen (die physische Hülle, die Ätherhülle und die Astralhülle), die es umgeben, jeweils durch eine „Geburt" abgeworfen worden sind. Erst dann tritt der geistige Kern des Menschen hervor, der diese Entwicklung als Voraussetzung für seine eigene Reifung erkennt und sich im Kontext dieser Selbstwerdung als „Ich" anspricht. Weder Tiere noch Pflanzen noch Mineralien können zu sich selbst „Ich" sagen. Diese Fähigkeit zeichnet den Menschen in hervorragender Weise vor allen anderen Repräsentanten der Entwicklungszyklen aus und macht ihn zum bislang höchstentwickelten Wesen seines Planeten.

Das hat entscheidende Konsequenzen für die Fortsetzung der Entwicklung. Denn in der Fähigkeit, „Ich" zu sich selbst zu sagen, liegt die Möglichkeit zur Selbsterkenntnis und damit auch zur Gotteserkenntnis. Darin liegt zugleich die Verpflichtung zur Teilhabe und Teilnahme am geistigen Leben. Steiner zufolge ist der Ich-Leib „der Träger der höheren Menschenseele. Durch ihn ist der Mensch die Krone der Erdenschöpfung."[7] Im Ich-Leib will sich Gott dem Menschen offenbaren und

7 Rudolf Steiner: Die Erziehung des Kindes vom Gesichtspunkte der Geisteswissenschaften. Dornach 1969, S. 13f.

zu ihm sprechen. Die Verpflichtung zur geistigen Entwicklung entsteht durch die Fähigkeit des Ich-Leibes, die anderen drei Leiber geistig zu *veredeln.* Dadurch erst kann die Entwicklung der nächsten drei Zyklen eingeleitet und vollbracht werden. Steiner spricht von „Umwandlung" der anderen drei Leiber durch das Ich, wodurch die vier genannten Entwicklungsstufen von nun an auf zwei Ebenen bis zur siebten Stufe fortgesetzt werden. Auf einer *niedrigeren Stufe der Umwandlung* (a) wirkt das Ich:

5a) auf den Astralleib und erzeugt die *Empfindungsseele,*
6a) auf den Ätherleib und erzeugt die *Verstandesseele,*
7a) auf den physischen Leib und erzeugt die *Bewußtseinsseele.*

Damit wäre der eine Strang der *Siebener-Stufenentwicklung* vollbracht. Das Ziel der Entwicklung liegt jedoch höher in Richtung Geist. Auf einer *höheren Stufe der Umwandlung* (b) wirkt das Ich auf die übrigen drei „Leiber" und bildet jetzt den *Geist.* Aus der höheren Stufe der Umwandlung bildet sich

5b) aus dem Astralleib das *Geistselbst*
6b) aus dem Ätherleib der *Lebensgeist* und
7b) aus dem physischen Leib der *Geistesmensch.*

Damit sind alle sieben Stufen der Gesamtentwicklung gemäß der Akasha-Chronik vollständig dargelegt. In der gegenwärtigen Entwicklungsstufe ist der Mensch dabei, den Ich-Leib zu vervollkommnen.

Übrigens wurde der vorgesehene Gesamtplan der Entwicklung dadurch gestört, daß der Mensch dem Einfluß Luzifers erlag und früher als geplant materialisiert wurde. Die Gefahr, daß er die vorgesehenen weiteren Entwicklungsstufen bis zum *Geistesmenschen* verpaßt und im Stofflichen verharrt, besteht freilich noch immer. Daher schafft Christus als Retter und Erlöser den notwendigen Ausgleich. Soweit die Darstellung des

Gesamtüberblicks, den wir im Anschluß an Hans Scheuerl vorgenommen haben.[8]

Wir setzen nun unsere Analyse mit der Darstellung der sogenannten „Geburtenlehre" bei Rudolf Steiner fort.[9] Wie bereits angedeutet, wird bei der Geburt eines Säuglings lediglich sein physischer Leib freigesetzt. Der Mensch teilt ihn mit allen Mineralien, die es auf der Erde gibt. Unter dem Aspekt des physischen Leibes besteht der Mensch gleichsam aus Biochemie. Diese eine Sicht steht heute in der traditionellen Schulmedizin wohl im Vordergrund. Viele Mediziner betrachten daher den Menschen nicht als eine leiblich-psychisch-geistige Einheit, sondern vielmehr als ein komplexes biochemisch beeinflußbares Gebilde. In dieser Hinsicht kommen der anthroposophischen Sichtweise des Menschen große Verdienste zu. Ihr verdanken wir eine ganzheitliche Sicht des Menschen und seiner (Um-)Welt.

Der physische Leib ist von einer Äther- und einer Astralhülle umgeben. Um das 7. Lebensjahr fällt die Ätherhülle, wodurch der Ätherleib geboren wird. Deutliches Anzeichen dafür ist der Zahnwechsel. Mit dieser „Geburt" vollzieht der Mensch eine Strukturveränderung nach, die es zwischen dem Mineralbereich und der Pflanzenwelt gibt und von einer höheren Entwicklung zeugt. Im Gegensatz zur toten Materie können Pflanzen wachsen, und ihr Wachstum hängt wesentlich mit dem Äther zusammen.

Der Ätherleib seinerseits bleibt sieben Jahre, etwa bis zum 14. Lebensjahr, von einer Astralhülle umgeben, die erst mit der Pubertät abfällt, so daß eine *dritte Geburt*

8 Hans Scheuerl: Stichwort „Anthroposophie". In: Religion in Geschichte und Gegenwart. Handwörterbuch für Theologie und Religionswissenschaft, herausgegeben von Kurt Galling. Band 1, Tübingen, 3. Auflage, 1957, Spalte 425–431.

9 Vgl. Rudolf Steiner: Die gesunde Entwickelung des Leiblich-Physischen als Grundlage der freien Entfaltung des Seelisch-Geistigen. Dornach 1978.

stattfindet, nämlich die des Astralleibes.[10] Damit vollzieht der Mensch wiederum eine weitere Strukturveränderung nach. Während Pflanzen das Charakteristikum des *Wachstums* aufweisen, können Tiere nicht nur wachsen, sondern auch Schmerz, Freude usw. *empfinden.* Astralleib ist der Empfindungsleib, den der Mensch mit der Tierwelt teilt, so wie er den Ätherleib mit der Pflanzenwelt teilt.

Jede der drei *Geburten* spiegelt nicht nur eine Entwicklungsstufe der Evolution wider, sondern bringt auch entscheidende *Krisen* mit sich, und zwar stets in körperlicher, seelischer und geistiger Hinsicht, so daß es sich bei jeder *Geburt* um den Doppelaspekt *Entwicklung/Krise* oder *Gelegenheit/Gefahr* (Wei-ji) handelt.

Das Besondere an der Anthroposophie liegt nun in der Behauptung, daß sich seelisch-geistige Entwicklungen vorher in den Entwicklungserscheinungen des Körpers buchstäblich *ankündigen.* Es handelt sich dabei um Kräfte und Energien, die für den *seelischen Bereich* erst frei werden, wenn bestimmte Entwicklungen *im Körper* abgeschlossen sind. Mit jeder „Geburt" vollzieht sich also eine Umlenkung der Aufbauenergie. Das hängt mit Steiners Auffassung zusammen, daß dieselben Aufbaukräfte, die etwa vor der zweiten „Geburt" im leiblichen Bereich gewirkt haben, danach seelisch wirksam werden. Der Energiefluß nimmt sozusagen nach einem abgeschlossenen Entwicklungszyklus einen anderen Verlauf. Flossen *vor* der zweiten „Geburt" bestimmte Kräfte in den Aufbau und in die Entwicklung bestimmter Körperorgane, so werden sie *nach* der zweiten „Geburt" in seelische Entwicklung umgelenkt. Es kann auch sein, daß die Energie latent vorhanden war und erst nach der entsprechenden „Geburt" zum Einsatz kommt. Steiner veranschaulicht das an folgendem Vergleich:

10 Rudolf Steiner: Die Geheimwissenschaft im Umriß... S. 524f.

„Nun, gerade wie durch einen materiellen Vorgang Wärme frei werden kann, die vorher latent war, so werden um das siebente Jahr herum im Denken, Fühlen und Wollen des Kindes Kräfte frei, die vorher in dem kindlichen Organismus drinnengesteckt haben, die vorher nicht abgesondert seelisch tätig waren. Sie sind jetzt nach dem siebenten Jahre abgesondert seelisch tätig. Vorher waren sie organisch tätig, sie waren verbunden mit den Wachstums-, mit den Ernährungsvorgängen. Aus denen heraus sind sie frei geworden; sie sind Seelisches geworden."[11]

Diese Verwandlung oder Umleitung der Energie – wie immer sie vorzustellen sein mag – verursacht eine Krise, obwohl sie als Entwicklung tätig ist. Die Entwicklung vollzieht sich *vor*, die Krise *nach* der „Geburt".

Wer also eine psychische Krise wie die Pubertät verstehen will, muß versuchen, die ihr im Körper vorausgehenden Entwicklungen zu begreifen. Denn im Körper kündigt sich die Krise bereits *als* Entwicklung an, noch lange bevor sie *als* Krise durchgreift. Verallgemeinernd ausgedrückt: Alle Krisen kündigen sich vor ihrer Erscheinung in der Gestalt einer Entwicklung an. Man muß nur das anthroposophische Gesetz des Entwicklungsverlaufs kennen, um sich richtig auf sie einzustellen und ihre Bedeutung für das leiblich-seelisch-geistige Leben des werdenden Menschen entsprechend einzuschätzen. Entwicklung und Krise erweisen sich in anthroposophischer Sicht als Facetten der Verwandlung, als Wirkweisen von Kräften und Energien.

Im Kern besagt die anthroposophische Entwicklungstheorie mithin, daß dieselben Kräfte, die vor einer „Geburt" in einem Bereich gleichsam *Entwicklungsarbeit* geleistet haben, danach *Krisenarbeit* vollbringen. Ihre Korrespondenz läßt sich durch anthroposophische *Spurenlese* erkennen und erwarten. Wer also die Hin-

11 Steiner: Die gesunde Entwickelung ..., S. 123.

weisschilder der Entwicklung zu lesen vermag, begreift auch die ihnen folgenden Krisen. Da Steiner den Menschen als eine Ganzheit betrachtet, begleiten *Krise* und *Entwicklung* sozusagen abwechselnd den menschlichen Werdegang. Insofern ist die anthroposophische Entwicklungstheorie ebensogut auch als eine Krisentheorie aufzufassen.

2. *Krise und Entwicklung in der Psychoanalyse*

Erik H. Erikson, einer der führenden zeitgenössischen Psychoanalytiker, hat in einer Reihe von inzwischen klassisch gewordenen Studien den Versuch unternommen, die Entwicklung des menschlichen Lebens von der Geburt bis zum Tode als eine *achtphasige Stufenfolge* darzustellen.[12] Erikson geht von der zentralen Einsicht Sigmund Freuds aus, daß der Mensch während seiner Kindheit *Konflikte und Krisen* zu bestehen hat, die jeweils den Übergang von einer Entwicklungsphase zur nächsten markieren. Von der *Art und Weise* der Bewältigung solcher Übergänge bzw. Krisen hängt es ab, wie sich die individuelle Persönlichkeit entwickelt.

Eriksons Untersuchungen zielen darauf, ein gesundes Gleichgewicht zu ermitteln, und zwar einmal innerhalb der einzelnen und zum anderen in der Gesamtabfolge der acht Entwicklungsphasen. Denn darin – so Erikson – liege der Schlüssel zur *normalen und gesunden Entwicklung der Persönlichkeit*, die er „Ich-Identität“ nennt. Wichtig für unsere Untersuchung des Zusammenhangs von Krise und Entwicklung ist der von Erikson verwendete Ausdruck *Entwicklungskrise.*

12 Erik H. Erikson: Identität und Lebenszyklus. Drei Aufsätze. Frankfurt a.M. 1966. E. H. Erikson: Kindheit und Gesellschaft. Stuttgart, 4. Auflage, 1971.

Zur Charakterisierung seines Ansatzes verwendet Erikson das Attribut *epigenetisch*, das darauf deutet, daß „alles, was wächst, einen *Grundplan* hat, dem die einzelnen *Teile* folgen“[13]. Wenn Erikson die Epigenese der menschlichen Entwicklung untersucht, so bedeutet das, daß er diesen universellen Grundplan unserer Natur aufdecken will. Gibt es wirklich einen transkulturell gültigen Plan, nach dem wir Menschen uns überall auf der Welt entwickeln? Wie man sieht, ist der *Geltungsanspruch* dieser Theorie sehr hoch angesetzt.

Zwar – so räumt Erikson ein – gibt es von Kultur zu Kultur zweifellos unterschiedliche *Verhaltensmuster*, die die Entwicklung der Persönlichkeit jeweils in besonderer Weise beeinflussen und prägen. Aber gerade deshalb erscheint die Tatsache um so bedeutsamer, daß die Entwicklung der Persönlichkeit offensichtlich überall, also kulturunabhängig, bestimmte und anscheinend *stufenweise aufgebaute Phasen* durchläuft.

Diese auffällige Gesetzmäßigkeit in der Entwicklung der Persönlichkeit (bzw. der Ich-Identität) muß irgendwie mit dem organischen Wachstum des Menschen zusammenhängen, das überall in der Welt denselben Wachstumsplan aufzuweisen scheint. Was ein Individuum in einer Kultur erlebt, welche Werte es vermittelt bekommt, wie es sein Weltbild aufbaut, hängt nicht ausschließlich von dieser Kultur ab, sondern vom universellen Gang des natürlichen Wachstums unter dem spezifischen Einfluß dieser Kultur. Mit anderen Worten: Alle Menschen durchlaufen etwa die Wachstumsphase der Pubertät; doch in welcher Weise die Kultur, in der die Pubertierenden aufwachsen, auf diese Entwicklungsstufe reagiert und wie der oder die Betroffene mit dieser Reaktion umgeht, das eben beeinflußt die Her-

13 Erikson: Identität und Lebenszyklus …, S. 57.

ausbildung der Ich-Identität. Die *Art und Weise* also, wie wir unser Wachstum sozusagen psychosozial bewältigen, prägt unsere Persönlichkeit.

Nach der Geburt, so bemerkt Erikson in seinem Alterswerk, reift der Organismus, „indem er planmäßig weiterwächst und seine vorgeschriebene Aufeinanderfolge körperlicher, kognitiver und sozialer Fähigkeiten entwickelt".[14] Der epigenetische Ansatz versucht, eben diesen universal gesetzmäßigen Entwicklungsverlauf systematisch zu untersuchen, wobei zwischen dem organischen Wachstum und den Reaktionen der kulturellen Umwelt eine Wechselwirkung (Interaktion) herrscht. Die Kultur (Elternhaus, Gemeinde, Freunde, Schule usw.) kann die individuellen Wachstumsphasen ebenso fördern wie beeinträchtigen.

Eriksons zentraler Gedanke lautet: Jede neue Entwicklungsphase bringt neue Konflikte und Krisen mit sich, weil jede neue Entwicklung den Menschen für neue Krisen empfänglich macht. „Jedes Stadium" der Entwicklung, so Erikson wörtlich, „wird zu einer Krise, weil das einsetzende Wachstum und Bewußtwerden einer wichtigen Teilfunktion Hand in Hand geht mit einer Verschiebung der Triebenergie und zugleich das Individuum in diesem Teil besonders verletzlich macht."[15]

Das ist so zu verstehen: Wer noch nicht in die Entwicklungsphase der Pubertät gekommen ist, kann überhaupt nicht wissen und erlebt haben, welche Krisen da auf ihn warten. Allgemein ausgedrückt: Entwicklungen machen Krisen möglich und erlebbar. Das Leben des Menschen weist insgesamt acht solche entscheidenden Entwicklungsschübe und – damit einhergehend – natür-

14 Erik H. Erikson: Der vollständige Lebenszyklus. Frankfurt a.M. 1988, S. 31.

15 Erikson: Identität und Lebenszyklus ..., S. 61.

lich auch acht Krisenphasen aus. Eine davon wurde bereits erwähnt, nämlich die Pubertät. Welche gibt es noch? Erikson kommt das Verdienst zu, diese Frage im Anschluß an Sigmund Freud erforscht und entfaltet zu haben.

Schon jetzt deutet sich die Kontur unserer durchgehenden These an, daß Krise und Entwicklung zwei Seiten derselben Medaille sind und daß unser Leben in allen Bereichen eine polare Struktur aufweist. Offenbar schenkt uns die Natur niemals nur die Hälfte einer Polarität. *Entwicklung* bedeutet niemals nur eine positive *Chance*, sondern zugleich auch eine *Gefahr*. Aber umgekehrt gilt es auch: *Krise* bedeutet niemals nur etwas Negatives, sondern zugleich auch eine Gelegenheit zum Reifen. Der Aufbau einer ausgeglichenen Ich-Identität hängt Erikson zufolge davon ab, ob es dem Individuum gelingt, zwischen *Krise* und *Entwicklung* ein Gleichgewicht, d.h. eine positive Balance, herzustellen, und so aus jeder Wachstumsphase reifer in die nächste hinaufzusteigen. *Die epigenetische Erforschung des Problems der Ich-Identität zielt also darauf, das Reifen des Ich zu begreifen.*

Die folgende Übersicht zeigt die acht Phasen der Epigenese des Menschen im Überblick. Auf der linken Seite stehen die Entwicklungsphasen und auf der rechten die ihnen korrespondierenden Polaritäten.

Phase		*Polarität*
1. Säuglingsalter	→	Urvertrauen/Urmißtrauen
2. Frühe Kindheit	→	Autonomie/Scham und Zweifel
3. Spielalter	→	Initiative/Schuldgefühl
4. Schulalter	→	Fleiß/Minderwertigkeit
5. Adoleszenz	→	Identität/Identitätskonfusion

Phase		*Polarität*
6. Frühes Erwachsenenalter	→	Intimität/Isolation
7. Erwachsenenalter	→	Generativität/Stagnation
8. Alter	→	Integrität/Verzweiflung, Hochmut[16]

Die acht Zeilen stellen eine sehr vereinfachte Darstellungsform von Eriksons Theorie dar. Sie sind etwa so zu lesen, daß es beispielsweise in der ersten Phase der epigenetischen Entwicklung (Säuglingsalter) eine Polarität von Entwicklung und Krise gibt. Sie heißt *Urvertrauen* bzw. *Urmißtrauen*. Für die Persönlichkeitsentwicklung ist es außerordentlich bedeutsam, daß der Säugling mit einem gesunden Urvertrauen aufwächst. Doch diese Chance birgt in sich immer die Gefahr, daß durch irgendein Ereignis sich ein Urmißtrauen bildet, das die Ich-Identität entscheidend negativ beeinflußt.

Wir wollen nun nicht alle acht Phasen vollständig und detailliert behandeln. Denn es geht uns nicht in erster Linie um die Darstellung der Epigenese der menschlichen Entwicklung von der Geburt bis zum Tode, sondern um den exemplarischen Aufweis des polaren Zusammenhangs von Entwicklung und Krise am Beispiel der ersten drei Phasen dieser berühmten Theorie.

16 Vgl. Erik H. Erikson: Der vollständige Lebenszyklus ..., S. 36f. und 72f. Die acht Phasen sind auch in früheren Schriften Eriksons mit geringfügiger terminologischer Variation enthalten, so etwa in: Erik H. Erikson: Kindheit und Gesellschaft ..., S. 268;oder in: Erik H. Erikson: Identität und Lebenszyklus ..., S. 150f.

a) Die erste Phase: Oralphase

Das erste Stadium der Persönlichkeitsentwicklung (Ich-Identität) ist in den polaren Zusammenhang von „Ur- bzw. Grundvertrauen versus Grundmißtrauen“ eingespannt. Ur- oder Grundvertrauen bezeichnet eine Vertrauensbasis, die jeder Mensch nach seiner Geburt zum Überleben braucht. Hat der Säugling Hunger und schreit, muß sich in ihm durch tagtägliche Wiederholung und Bestätigung ein bestimmtes Interaktionsmuster festigen, nämlich die Erfahrung, daß in diesem Fall immer und immer wieder eine Bezugsperson sofort oder bald kommt und sich liebevoll um ihn kümmert. Nur so entsteht beim Säugling ein stabiles Gefühl des Grundvertrauens, ein zuverlässiges psychisches Polster sozusagen, das dem Neugeborenen das Erlebnis vermittelt, in dieser Welt werde er nie *alleingelassen* oder *verlassen* sein. Von der Stärke und Stabilität dieses Gefühls hängt die weitere Entwicklung seiner Ich-Identität entscheidend ab. Wenn das Gleichgewicht in dieser Phase nicht in positiver Weise hergestellt wird, kann dieses Individuum während seines ganzen Lebens unter einer Reihe von auffälligen Störungen in der Persönlichkeit leiden (näheres dazu s. unten).

Dem Urvertrauen kommt eine so fundamentale Funktion und Bedeutung zu, daß Erikson in ihm den „Eckpfeiler der gesunden Persönlichkeit“[17] sieht. Im Säuglingsalter lebt, leibt und liebt das Kind fast ausschließlich durch den *Mund*, daher nennt die Psychoanalyse diesen Entwicklungsabschnitt die *Oralphase*. Durch den Mund erfährt und erlebt das Kind, was Vertrauen oder Verläßlichkeit bedeutet. Es lernt, daß ihm in zuverlässiger Weise *gegeben* wird, was es braucht, und daß es dieses Geben selbst *veranlassen, herbeiführen und bewirken* kann.

17 Erikson: Identität und Lebenszyklus ..., S. 63.

Die Art und Weise nun, *wie* das Kind innerhalb dieser ersten und entscheidenden Phase die Polarität *Urvertrauen/Urmißtrauen* erlebt, fundiert sein *Weltbild.* Und dieses Weltbild wird vom Erwachsenen in alle späteren Lebenssituationen projiziert. Ein Mensch mit einem gesunden Urvertrauen wird seiner Umwelt, zu der auch seine Mitmenschen gehören, mit einem Vertrauensvorschuß begegnen. Entsprechend wird er Reaktionen auf dieses Verhalten erleben. Sein in der Kindheit einmal geprägtes Grundmuster von der Welt wird sich in täglichen Interaktionsprozessen stabilisieren. Umgekehrt wird ein Mensch mit einem ausgeprägten Urmißtrauen ein mißtrauisches Weltbild haben und es in unzähligen Interaktionsprozessen verfestigen.

Die Psychoanalyse stellt nun fest, daß der letztere Typ Persönlichkeitsmerkmale hat, die mit jenem *Geben* oder *Gebenlassen* im Säuglingsalter in Verbindung stehen. Die Bezeichnung für einen solchen Charaktertyp lautet: *Oralcharakter.* Der orale Charaktertyp fühlt sich übertrieben, ja in geradezu krankhafter Weise *verlassen* oder auch *leergelassen.* Es handelt sich natürlich um unbewußte Reaktionen eines Erwachsenen, der als Säugling erleben mußte, daß seine Schreie und Hilferufe einfach ignoriert wurden. *Orale Störungen* im psychoanalytischen Sinne können sich sogar bis zu neurotischen Erscheinungen steigern. Der *orale Sadismus* etwa zeigt das Symptom, daß der Mensch das grausame Bedürfnis hat, sich das Wünschenswerte in einer Art und Weise zu beschaffen, die einem anderen Menschen Schaden, Ärger oder Schmerz bereitet.

Der mißlungene Balanceakt Urvertrauen/Urmißtrauen läßt den Menschen sozusagen sein ganzes Leben nicht in *Ruhe*, so daß im Falle des oralen Charakters von einer gesunden Ich-Identität wohl kaum die Rede sein kann. Generell gilt für alle acht Phasen: „In der ‚normalen‘ Entwicklung wird das erstere [das Urvertrauen,

B. A.-A.] dauerhaft überwiegen, wenn auch nie ganz das zweite verdrängen. Die Folge der acht Stadien ist zugleich auch die Entwicklungslinie" der Persönlichkeit.[18]

b) Die zweite Phase: Analphase

In der zweiten Phase, die etwa mit dem zweiten Lebensjahr beginnt, lernt das Kind, seine Schließmuskeln zu beherrschen. In der Selbstregulierung der eigenen Ausscheidungen (Urin und Kot) erlebt das Kind erstmals das Gefühl der *Autonomie*, denn es ist jetzt nicht mehr darauf angewiesen, gereinigt und gewickelt zu werden. Allmählich probiert das Kind, den Anforderungen der Situation (z.B. im Spiel oder Schlaf) zu genügen, seine Ausscheidungen immer länger zurückzuhalten und den Zeitpunkt des *Loslassens* zunehmend *autonom* zu bestimmen und zu steuern. In dem Maße, in dem ihm dieses Vorhaben gelingt oder mißlingt, stärkt oder schwächt sich sein *Gefühl von Autonomie*. Darin liegt die Chance dieser Entwicklungsphase, und ihr entspricht auf der anderen Seite natürlich auch eine Gefahr. Wenn ein Kind immer wieder erleben muß, daß es ihm beim besten Willen und Vorsatz nicht gelingt, seine eigenen Ausscheidungen nach eigener Entscheidung freizugeben, bekommt es mit der Zeit ein *Gefühl des dominierenden Zweifels*. Das Gefühl kann durch die auf strenge Sauberkeit bedachte kulturelle Umwelt interaktiv noch zusätzlich belastet werden. In diesem Fall entwickelt sich die Ich-Identität nicht *normal*, sondern wird negativ beeinflußt.

Die Psychoanalyse nennt diese neue Entwicklungssituation und die damit einhergehende Krise die *Analphase*. Sie ist polar eingespannt zwischen *Gelingen* und *Mißlingen* des Willens, das eigene Muskelsystem

18 Erikson: Identität und Lebenszyklus ..., S. 149.

endlich zu beherrschen, statt täglich und nächtlich unter dessen Herrschaft zu stehen. Das von Erikson geprägte Begriffspaar lautet in diesem Zusammenhang: „Autonomie versus Scham und Zweifel".

Scham deshalb, weil das Mißlingen der Selbstregulierung des eigenen Muskelsystems Reaktionen der Bloßstellung hervorrufen kann, die sich nachhaltig und zutiefst verletzend auswirken und das zarte Autonomiegefühl zerbrechen können. Man denke etwa an die Auswirkungen eines blamablen Ausrufs wie „Hosenscheißer!"

Und *Zweifel* deshalb, weil ein Kind, das bei festem Vorsatz und maximaler Anstrengung immer wieder seine Ohnmacht gegenüber dem eigenen Muskelsystem erleben muß, allmählich den Glauben daran verliert, diese Selbstregulierung jemals beherrschen zu können. Den Vertrauensverlust in bezug auf das selbstbestimmte *Loslassen* der eigenen Fäkalien wird das Kind noch als Erwachsener unbewußt auf viele spätere Lebenssituationen, in denen es um eine Art *Loslassen* geht, projizieren. Die Entwicklungschance, ein stabiles Gefühl von Selbstvertrauen und Autonomie aufzubauen, geht mit dem Risiko einher, ein Leben lang an seiner eigenen Autonomiefähigkeit zu zweifeln.

Auf der Grundlage der psychoanalytischen Entwicklungstheorie ist es möglich, die Persönlichkeit eines Menschen zu analysieren und aus bestimmten typischen Verhaltensweisen Rückschlüsse auf Fehlentwicklungen in den entsprechenden Phasen zu ziehen. Der *krankhafte Geiz* beispielsweise stellt sich als eine typische Handlung heraus, bei der ein Mensch nicht *geben* oder *loslassen* kann; der *Waschzwang* ist eine typische Folge übertriebener Reinlichkeitserziehung. *Geiz*, *Waschzwang* oder ähnliche Persönlichkeitszüge stellen gleichsam Ersatzhandlungen für den mißlungenen Durchgang durch die Analphase dar. Erich Fromm hat in seinem Buch „Psychoanalyse und Ethik“[19] eine Reihe von solchen typischen Persönlichkeitsmerkmalen aufgestellt und sie den Konflikten in den entsprechenden Entwicklungsphasen zugeordnet.

c) Die dritte Phase: Ödipalphase

Wir beginnen die Darstellung der dritten Phase mit einem aufschlußreichen Zitat:

> „Wenn das Kind mit vier oder fünf Jahren eine bleibende Lösung seiner Autonomieprobleme gefunden hat, steht es vor der nächsten Entwicklungsstufe und damit selbstredend vor der nächsten Krise.“[20]

Mit dieser Feststellung charakterisiert Erikson den Eintritt in die dritte Phase. Natürlich gilt diese Aussage nicht speziell nur für die dritte Phase, sondern „selbstredend“ für alle acht. Welches Entwicklungsabenteuer wartet nun auf das Kind und welche Krisen öffnen sich ihm jetzt?

Sprache und Bewegung sind in diesem Alter (4–5 Jahre) so weit entwickelt, daß das Kind sich ein breites Tätigkeitsfeld erschließen kann. Sein Handlungsradius hat sich erweitert, seine Vorstellungen und Phantasien übersteigen bisweilen seine tatsächlichen Fähigkeiten und Möglichkeiten. So will es sich gelegentlich mit dem großen und starken Papa messen. In diesem Stadium ergreift das Kind viele *Initiativen*, erfährt aber auch zugleich viele Male seine Grenzen, sei es dadurch, daß es feststellt, doch nicht so stark zu sein wie sein Papa, sei es dadurch, daß es im Spiel mit den Gleichaltrigen seine Unterlegenheit zu spüren bekommt.

19 Erich Fromm: Psychoanalyse und Ethik. Bausteine zu einer humanistischen Charakterologie. Stuttgart 1982, S. 56–112.
20 Erikson: Identität und Lebenszyklus..., S. 87.

Aus diesen oder ähnlichen Situationen muß das Kind am Ende mit einem Gefühl der *ungebrochenen Initiative* hervorwachsen. Bemerkenswert ist nun – und das ist eine der wichtigsten Entdeckungen Sigmund Freuds –, daß das Kind in seiner *Initiative* immer so weit geht, sich auf eine Dreierbeziehung zu den Eltern einzulassen, wobei der Sohn eine erotische Anziehung zur Mutter, die Tochter eine entsprechende zum Vater verspürt. In dieser *gewagten Initiative* entstehen unbewußt Wünsche, die weder erlaubt noch realisierbar sind und deshalb zu *Schuldgefühlen* führen müssen. Dem Entwicklungspol *Initiative* steht so der Krisenpol *Schuldgefühle* gegenüber.

Zur Verdeutlichung der Ödipalphase ein Beispiel:
Die Mutter von drei Söhnen im Alter von 4, 7 und 11 Jahren erzählte mir, ihr jüngster Sohn Jens (4 Jahre) habe sie mehrfach gefragt, ob er sie heiraten dürfe. Nachdem alle scherzhaften Antworten für den Sohn unbefriedigend ausgefallen seien, habe sie schließlich geantwortet, das ginge nicht, denn sie sei bereits mit dem Papa verheiratet und zwei Männer dürfe sie nicht heiraten. Der Sohn sei indessen hartnäckig geblieben. Immer wieder habe er sie in eine Diskussion über dieses Thema verwickelt. Eine dieser Diskussionen sei folgendermaßen verlaufen:

Jens. „Mama, woher bin ich denn eigentlich gekommen?"
Mama. „Aus meinem Bauch, woher sonst? Genau wie Thomas und Horst."
Jens. „Ist der Papa auch aus deinem Bauch gekommen?"
Mama. „Nein, der ist nicht aus meinem Bauch gekommen."
Jens. Nach einer Weile: „Dann gehört er ja gar nicht zur Familie! Also muß er weg, und dann kannst du mich doch heiraten."

Eine solche oder ähnliche Geschichte kennt wohl jede Mutter oder jeder Vater. Sie ist keineswegs einmalig. Wir können sie belächeln oder psychoanalytisch deuten. In Anlehnung an die griechische Sage des *König Ödipus*, der seinen Vater tötet und seine eigene Mutter heiratet, nennt die Psychoanalyse diese universale Phase der menschlichen Entwicklung die *Ödipalphase*. Freud interpretiert die Sage so, daß Ödipus sich einen unbewußten Kindheitswunsch erfüllt hat.

Die *Ödipalphase* ist die Phase der Beschäftigung mit sexuellen Dingen. Noch ist zwar die Genitalität des Kindes nur rudimentär entwickelt, aber seinen Genitalien gewinnt das Kind bereits Lust ab, daher die Wißbegierde etwa bei Doktorspielen, die wir bei allen Kindern dieser Entwicklungsphase beobachten können. Schmerzlich ist und bleibt aber das unanfechtbare Vorrecht der Eltern, so daß alle *Initiativen* letztendlich in Schuldgefühle einmünden müssen. Solche *Initiativen* werden dann in den Träumen oder Allmachtsphantasien fortgesetzt und auf diese Weise zum Teil ventiliert. Gleichwohl werden die Schuldgefühle keineswegs herabgesetzt. Der neue Entwicklungsschub eröffnet, wie wir sehen, wiederum neue Möglichkeiten und Fähigkeiten, aber er macht auch empfänglich für neue Krisen.

Die Darstellung des Zusammenhangs von Krise und Entwicklung aus psychoanalytischer Sicht der menschlichen Entwicklung kann an dieser Stelle abgebrochen werden.[21] Es ging dabei, wie gesagt, nicht um Vollständigkeit, sondern um die Beleuchtung des Ansatzes und

21 Es sei angemerkt, daß es in der klassischen Psychoanalyse bei Sigmund Freud noch eine vierte, nämlich die *Latenzphase* und eine fünfte, die *Genitalphase* gibt. Vgl. den zusammenfassenden Artikel von Peter Ziese: Die Triebtheorie der Psychoanalyse. In: Kindlers „Psychologie des 20. Jahrhunderts“. Tiefenpsychologie Band 1, hrsg. von D. Eicke. Weinheim 1982, S. 337–356.

seiner Kernidee. An der Epigenese der menschlichen Entwicklung haben wir unsere These vom polaren Zusammenhang von Entwicklung und Krise erhärten können. Nicht nur in der Sache, sondern bis in die Terminologie hinein (z.B. am Terminus *Entwicklungskrisen*) bietet Eriksons Theorie eine Bestätigung für unsere These. Wir meinen deshalb, auf die Darstellung der restlichen Phasen Verzicht leisten zu können.

3. Krise und Entwicklung in der genetischen Epistemologie

Das Wort *Epistemologie* bedeutet Erkenntnistheorie. *Genetische Epistemologie* bezeichnet eine Theorie des Erkennens, die die historische Entwicklung nicht nur der geistigen Prozesse, sondern auch der organischen und psychischen einschließt.

Diese Theorie geht von der Annahme aus, daß im organischen, psychischen und geistigen Bereich dieselben universalen Entwicklungsgesetze herrschen. Sie ist eine ganzheitliche und universale Sichtweise, die inzwischen Weltruhm genießt. Ihr Begründer, Jean Piaget (1896–1980), hat ein außerordentlich umfangreiches Werk hinterlassen.

Wenn man Piagets großangelegte Theorie verstehen will, muß man sich die Frage vorlegen: Beruht die menschliche Entwicklung auf *Erbgut* oder auf *Erziehung* und damit auf Lernen? Sind wir sozusagen erblich vorprogrammiert oder kann unsere physische, psychische und geistige Konstitution durch die Umwelt beeinflußt werden? Diese Frage markiert die zwei entgegengesetzten Positionen in der Entwicklungspsychologie.

Die *erste* heißt *Nativismus* oder Reifungstheorie. Sie betrachtet die Entwicklung des Menschen als eine durch die Natur (*nativ* = natürlich) gesteuerte Angelegenheit.

Diese Steuerung ist ausschließlich als eine Sache der *endogenen (inneren) Faktoren* zu betrachten, die letztlich auf Erbgut beruhen.

Die *zweite* hingegen heißt *Milieutheorie.* Sie geht davon aus, daß alle Entwicklung von der Umwelt, also von *exogenen (äußeren) Faktoren* abhängt (z.B. Elternhaus, Gemeinschaft, Schule, Freundeskreis, Beruf usw.). Die *Entwicklung* des Menschen beruht demnach nicht auf dem Erbgut, sondern auf dem Erwerb von Fähigkeiten, Fertigkeiten, Kenntnissen usw. Die Kontroverse zwischen Nativismus und Milieutheorie ist unter der Bezeichnung *Anlage-Umwelt-Kontroverse* bekannt.[22]

Zwischen diesen beiden Positionen *vermittelt* nun Piaget derart, daß er behauptet, es gehe hier nicht um ein Entweder-Oder, auch nicht um ein einseitiges, lineares Verhältnis (A beeinflußt B oder umgekehrt), sondern vielmehr um eine wechselseitige Beeinflussung, um *Interaktion.* Damit Entwicklungsprozesse (etwa ein *Kognitionsprozeß* wie Lernen, Gedächtnis, Spracherwerb, Intelligenz) stattfinden können, ist das Vorhandensein bestimmter endogener Strukturen (Erbanlagen) unerläßlich. Aber das bedeutet nicht, daß ihr Vorhandensein allein genügt. Vielmehr müssen auch exogene Reize (Lernangebote) aus der Umwelt hinzukommen. Fehlen solche *exogenen Prozesse,* so können sich, wie die Evolution zeigt, die *endogenen Strukturen* sogar zurückbilden und verkümmern. Wir können das andeutungsweise erleben, wenn unser Bein für sechs Wochen eingegipst war. Die Muskeln bilden sich zurück und das Knie will sich kaum noch beugen. Es bedarf krankengymna-

22 Vgl. Helmut Skowronek: Das Anlage-Umwelt-Problem. In: Gerhard Steiner (Hrsg.): Entwicklungspsychologie Band 2. Zürich 1978, Weinheim 1984 (Kindlers „Psychologie des 20. Jahrhunderts“), S. 646–670. Vgl. auch das Buch von August Flammer: Entwicklungstheorien. Bern 1988.

stischer Übungen (Prozesse), wenn sich die verkümmerte Struktur regenerieren soll.

Fazit: Entwicklungsprozesse nehmen zwar ihren Ausgang von der vorhandenen Struktur, aber für ihre Entwicklung sind sie auf die äußeren Reize angewiesen. Innen und Außen, Reifung und Lernen, Struktur und Prozeß stehen in ständiger Interaktion.

Eine *Struktur* (z.B. ein Erbgut) ist also nicht von vornherein vorhanden. Sie ist nichts absolut Festes und Unveränderliches. Sie entsteht und entwickelt sich vielmehr erst durch Umweltprozesse. Dasselbe gilt von *Umweltprozessen*, auch sie könnten ohne *Strukturen* überhaupt nicht zustande kommen. Fragt man nun, was zuerst da war, der Prozeß oder die Struktur, so unterstellt man in der Frage eine Linearität, die zu falschen Schlußfolgerungen führen muß. *Piaget löst das Problem, indem er die unterstellte Linearität in eine historisch und genetisch begründete Zirkularität auflöst*: Prozeß und Struktur bedingen sich wechselseitig.

Piagets Theorie ist somit weder nur eine Strukturtheorie noch nur eine Prozeßtheorie, sondern eine *strukturgenetische Erkenntnistheorie.* Faszinierend an ihr ist der Globalanspruch. Die Analyse der Strukturgenese beschränkt sich nicht nur auf das Erkennen der Struktur und der Genese einer Zelle oder eines Organismus, sondern sie erstreckt sich – wie bereits erwähnt – auch auf andere Systeme, z.B. auf die Psyche oder auf den Geist. Wir haben es hier nicht mit einer nur fachspezifischen Erkenntnistheorie zu tun, sondern mit einer allgemeinen, d.h. *universalen Erkenntnistheorie der Entwicklung.*

Wie sieht das Phänomen *Krise* nun in dieser Entwicklungstheorie aus? Wir verfolgen diese Frage, indem wir uns mit der Architektonik der *genetischen Epistemologie* ein wenig vertraut machen, insbesondere mit ihren drei Eckpfeilern, nämlich den Begriffen *Assimilation, Akkommodation* und *Äquilibration.*

Assimilation meint einen Vorgang, durch den eine fremde Struktur verändert und dem Organismus angepaßt wird. Ein Beispiel dafür ist unsere Verdauung, die aufgrund einer vorhandenen Struktur funktioniert. Wenn wir nun Nahrung aufnehmen, muß unser Verdauungssystem die Nahrungsmittel so verändern, daß sie vom Organismus aufgenommen und verwertet werden können. Das Fremde wird hier also der Organstruktur angeglichen und angepaßt (assimiliert). Würden wir Brot, Fleisch oder andere Nahrungsmittel direkt in die Blutbahn leiten, so würde der Körper ihnen keine Energie abgewinnen können. Damit der Körper diese Stoffe in Energie verwandeln kann, muß ihre Struktur verändert und der Struktur unseres Körpers angepaßt (assimiliert) werden. *Assimilation* heißt also die Anpassung von etwas Äußerem an die inneren Strukturen.

Akkommodation bezeichnet den umgekehrten bzw. komplementären Vorgang zur Assimilation. Bei der Akkommodation verändert sich der Organismus so, daß seine innere Struktur sich den äußeren Anforderungen der Umwelt anpaßt (akkommodiert). Ein deutliches Beispiel dafür ist die Pupille des Auges, die sich je nach Helligkeit öffnet oder schließt. Hier paßt sich der Organismus den äußeren Lichtverhältnissen (somit der Umwelt) an. Auch dieser Begriff gilt in universaler Weise, also von der Zelle über den Organismus bis hin zu physischen, psychischen und geistigen Systemen. *Akkommodation* heißt also die Anpassung einer inneren Struktur an die äußeren Prozesse.

Wichtig ist, daß *Assimilation* und *Akkommodation* nicht voneinander getrennt betrachtet werden. Denn im Grunde handelt es sich nicht um *zwei* Prozesse, sondern eigentlich um *einen Doppelprozeß*. Der eine kann nicht stattfinden ohne den anderen. „Es kann deshalb“, schreibt Piaget, „keine Assimilation ohne Akkommodation und umgekehrt keine Akkommodation ohne Assimilation geben, was die unauflösliche Einheit"[23] zweier Teilprozesse beweist, die zusammengehören. Wir haben es hier unverkennbar mit einer polaren Struktur zu tun.

Ein Beispiel:
Wir können den Doppelprozeß an einem Beispiel veranschaulichen. Wer zuviel Alkohol trinkt, assimiliert zwar den Alkohol, aber die Assimilation des Alkohols geht auch immer mit einer Akkommodation seines Organismus einher. Das bedeutet, daß auch der Alkohol den Körper, die Psyche und den Geist auf seine Weise verändert.

Kommen wir nun zum dritten tragenden Begriff in Piagets genetischer Epistemologie, zur *Äquilibration*, die *Gleichgewicht* bedeutet. *Äquilibration* bezeichnet einen zeitweiligen Zustand, in dem ein Ausgleich bzw. *Gleichgewicht* zwischen *Assimilation* und *Akkommodation* herrscht. Es ist klar, daß in der Polaritätsspannung zwischen Assimilation und Akkommodation mal die eine, mal die andere Kraft überwiegt. Und das ist eigentlich der Normalfall. Aber irgendwann stellt sich ein Gleichgewicht ein, das weder dauerhaft noch statisch ist. Es handelt sich dabei um einen vorübergehenden Ausgleich beider Prozesse, der alsbald wieder nach der einen oder anderen Seite hin gestört wird. Das polare Zusammenspiel zwischen Assimilation und Akkommodation duldet keinen längeren Stillstand. „Jedes System kann äußeren Störungen ausgesetzt sein, die dahin tendieren, es zu verändern."[24] Und das verursacht ein neues

23 Jean Piaget/Bärbel Inhelder: Gedächtnis und Intelligenz. Olten 1974, S. 38.

24 Jean Piaget: Genese und Struktur in der Psychologie. In: Dieter Lenzen (Hrsg.): Die Struktur der Erziehung und des Unterrichts. Kronberg 1976, S. 41–52; Zitat, S. 47.

Ungleichgewicht zwischen Assimilation und Akkommodation.

„Gleichgewicht ist nichts Passives, sondern im Gegenteil etwas wesentlich Aktives. Je größer das Gleichgewicht, desto größer muß die Aktivität sein. Es ist sehr schwierig, ein Gleichgewicht vom seelischen Gesichtspunkt aus zu wahren."[25]

Mit diesen wenigen Strichen haben wir in aller Kürze die Ausgangsposition und die tragenden Termini einer Theorie umrissen, die wohl zu den bedeutsamsten wissenschaftlichen Errungenschaften des 20. Jahrhunderts gehört. Dem Wechselspiel von Assimilation und Akkommodation lassen sich erhellende Einsichten für den Zusammenhang von Krise und Entwicklung abgewinnen. Das wird vor allem dann augenfällig, wenn wir uns vergegenwärtigen, was Piaget unter *Entwicklung* versteht. Der Begriff *Entwicklung* markiert in dieser Theorie die Zustände des Gleichgewichts, die *Stadien der Äquilibration und Reäquilibration*. Jedes Gleichgewicht kommt aufgrund einer *Störung* zustande – man darf statt *Störung* wohl auch das Wort *Krise* verwenden. *So ist jede Entwicklung dazu bestimmt, wieder in eine Störung bzw. Krise einzumünden.*

Zu den wohl wertvollsten Einsichten Piagets gehört nun die Entdeckung, daß diese Gleichgewichtszustände von sich aus eine *innere Tendenz* aufweisen, nämlich eine *Tendenz zur qualitativen Verbesserung und Steigerung*. Jedes neue Gleichgewicht übertrifft das alte, jedes neu hergestellte ist qualitativ höher als das vorausgehende. *Gleichgewicht* markiert somit eine dynamische Bewegung zum Höheren und Besseren. *Entwicklung* bedeutet also eine aufsteigende Linie, die alle zeitweiligen Gleichgewichtszustände miteinander verbindet. Piaget nennt dieses Universalgesetz „majorierende Äquilibra-

25 Piaget: Genese und Struktur …, S. 47.

tion"[26], was soviel heißt wie *sich überbietendes Gleichgewicht.*

Wir haben bereits auf dieses Gesetz hingewiesen und erinnern an dieser Stelle lediglich an unser Beispiel vom Schwimmen oder vom Erlernen einer Fremdsprache. Sofern wir eine Fremdsprache erlernt haben, können wir nicht mehr hinter dieses erreichte Gleichgewicht zurückfallen und so tun, als verstünden wir sie nicht. Das gleiche gilt vom Schwimmen. Kein Schwimmer kann absichtlich ertrinken.

In solchen Fällen, aber auch ganz allgemein, zeigt sich die innere Sinnrichtung der Entwicklung als ein universales Gesetz des sich überbietenden Gleichgewichts. Es ist, als würden wir in unserem Leben eine Reihe von Leitern benutzen, die jeweils dazu da sind, uns auf eine höhere Ebene zu führen. Kaum, daß wir auf der nächst höheren Ebene angekommen sind, bietet sich schon eine neue Leiter an, so daß wir nicht zum Rasten kommen. Das Leben duldet keinen Stillstand. Unfälle und Stürze sind dabei möglich, aber sie bedeuten lediglich, daß wir an einer anderen Stelle des Plateaus die nächste Leiter suchen müssen.

Welche Schlußfolgerungen lassen sich aus diesem universalen Gesetz der Äquilibration für das Verstehen und Bestehen von Lebenskrisen ziehen?

Die Polarität *Assimilation/Akkommodation* führt zu einer Reihe von Gleichgewichtszuständen, die entweder eine Bestätigung oder eine Widerlegung erfahren. Im Falle der Bestätigung stabilisiert sich das vorhandene Gleichgewicht. Im Falle der Widerlegung hingegen entsteht ein Ungleichgewicht. Die „Störung" des Gleichgewichts, wie Piaget zu sagen pflegt, deuten wir als *Krise* und *Bruch.* Der gestörte Gleichgewichtszustand muß

26 Jean Piaget: Die Äquilibration der kognitiven Strukturen. Stuttgart 1976, S. 11.

überwunden werden, und das kann nur durch ein höheres Gleichgewichtsniveau (sprich: durch Entwicklung) geschehen. Es scheint somit, daß jede Krise *als* ein notwendiges Moment eines kontinuierlichen Entwicklungsprozesses fungiert. Welcher Sinn, so fragen wir, könnte in dieser inneren Tendenz zum Aufstieg liegen?

Wichtig ist die Sinnrichtung der Entwicklung. Sie zeigt nicht nur die Aufwärtstendenz an, in der Entwicklungsprozesse ablaufen, sondern verweist zugleich auch auf den Richtungs*sinn* dieser Tendenz. Es ist, als würde die Krise uns förmlich dazu auffordern, uns auf eine höhere Entwicklungsstufe zu begeben. Die Krise selbst wäre dann nur ein *Bote*, der die Nachricht zum Aufbruch überbringt, obwohl man gern verweilen würde. Die Nachricht dient dem Zweck, den Menschen auf seinem Entwicklungsweg nicht allzu lang auf einem erreichten Gleichgewichtsniveau ruhen oder gar erstarren zu lassen. In Piagets Worten:

„Die für die Entwicklung grundlegendsten Reäquilibrationen bestehen jedoch in der Ausformung nicht nur eines neuen, sondern im allgemeinen auch eines besseren Gleichgewichts.“[27]

Jeder gestörte oder zerstörte Gleichgewichtszustand bekommt durch die zuversichtliche Aussicht auf die Herstellung eines höheren und qualitativ noch besseren Gleichgewichts *Sinn*. So bleibt die Form der Bewegung in der Entwicklung konstant, gleichwohl verbessert sich ihr Inhalt und Niveau von Gleichgewichtszustand zu Gleichgewichtszustand. *Die Sinnrichtung der Entwicklung demonstriert gleichsam von sich aus den (Richtungs-) Sinn des Entwicklungsstrebens.*

Inwieweit kann in der genetischen Epistemologie ein möglicher Weg zum geistigen Sinnverstehen der Krise gesehen werden? Piaget gibt darauf eine klare Antwort:

27 Piaget: Die Äquilibration …, S. 11.

„Die psychische Entwicklung, die mit der Geburt einsetzt und im Erwachsenenalter ausklingt, ist dem organischen Wachstum vergleichbar: Wie dieses besteht sie wesentlich in einer fortschreitenden Zunahme an Gleichgewicht. Wie nämlich der Körper bis zu einem relativ stabilen Niveau – das durch das Aufhören des Wachstums und die Reife der Organe gekennzeichnet ist – sich entwickelt, so kann man auch vom Geist sagen, daß er sich in Richtung auf ein endgültiges, vom erwachsenen Verstand repräsentiertes Gleichgewicht hin bewegt. Entwicklung ist also in bestimmtem Sinn ein ständiger Übergang von einem Zustand geringeren Gleichgewichts zu einem Zustand höheren Gleichgewichts."[28]

Dem dialektischen Denken in der genetischen Epistemologie ist es damit gelungen, Form und Inhalt – und damit Richtung und Sinn – der Entwicklung zusammenzubringen. Mehr noch: Indem *Entwicklung* als ein fortlaufender Prozeß majorierender Reäquilibration verstanden wird, schließt sie ihren Gegenpol *Krise* nicht aus sich aus, sondern ganzheitlich in sich ein.

Einmal sinniert Piaget darüber, ob die *Ungleichgewichte*, die für die Höherentwicklung nötig sind, als *Zufall* oder als *Notwendigkeit* aufzufassen seien. Und seine Antwort lautet: Ob Zufall oder Plan:

„In beiden Fällen bilden nämlich die Ungleichgewichte den Antrieb für das Forschen, denn ohne sie würde die Erkenntnis statisch bleiben. In beiden Fällen spielen aber die Ungleichgewichte auch nur eine Rolle als Auslöser, denn ihre Fruchtbarkeit ist proportional zu der Möglichkeit, sie zu überwinden, mit anderen Worten: aus ihnen herauszukommen."[29]

Für das Krisenverstehen und die Krisenbewältigung ist dieser Hinweis aufschlußreich. Wir können sagen: Die Fruchtbarkeit oder der Sinn einer Krise steigt mit der Möglichkeit, sie zu überwinden. Und jede Über-

28 Jean Piaget: Theorien und Methoden der modernen Erziehung. Wien, o. J., S. 187.

29 Piaget: Die Äquilibration ..., S. 20.

windung einer Krise setzt ein höheres Gleichgewicht in der Entwicklung voraus. Würde das aber nicht bedeuten, daß Entwicklung auf Kosten der Krise stattfinden muß?

Piaget verneint diese Frage. Entwicklung finde nicht „auf Kosten des Begriffes des Ungleichgewichts" statt, sondern das Ungleichgewicht enthalte in sich vielmehr die „volle Bedeutung als formender Faktor der Entwicklung".[30] Hier zeigt sich der polare Zusammenhang von Entwicklung und Krise besonders eindrucksvoll. *Entwicklung* schließt in ihrer vollen Bedeutung *Krise* in sich ein. „Jede Erkenntnis", so Piaget, „wirft in dem Maße, wie sie frühere Probleme löst, neue Probleme auf."[31] Wenn wir dies auf die Dynamik des Äquilibrationsprozesses anwenden, so wird klar, daß die Krise nicht als irgendein Faktor für die Entwicklung aufgefaßt werden darf, sondern in Wahrheit den entscheidenden Antrieb für die Entwicklung zum Höheren und Besseren ausmachen kann.

Faßt man den Kern von Piagets Theorie in einem Satz zusammen, so könnte er lauten: Entwicklung ist die unvermeidliche Bewegung auf ein höheres Gleichgewicht. Motor dieser Bewegung sind paradoxerweise die Ungleichgewichte, also die Krisen. Wären diese nicht, würde die Entwicklung auf einem bestimmten Gleichgewichtszustand erstarren und damit aufhören.

Entwicklung bedeutet ein Gleichgewicht, in dem Vorankommen und Höhersteigen ebenso angelegt sind wie Bruch und Störung. Piagets Begriff des *Gleichgewichts führt somit seine eigene bewegte Strukturgenese in sich. Gleichgewicht ist die Synthese von Entwicklung und Krise.*

30 Piaget: Die Äquilibration ..., S. 20.
31 Piaget: Die Äquilibration ..., S. 37.

Literatur

„Manche Bücher scheinen geschrieben zu sein, nicht daß man daraus etwas lerne, sondern, daß man wisse, daß der Verfasser etwas gewußt hat."

(Goethe)

Adl-Amini, Bijan: Innere Harmonie. Körper, Seele und Geist im Gleichgewicht. Reinbek 1990.

Adl-Amini, Bijan: Basic Need „Love". In: Gerhard Schaefer (Ed.): Biological Education for Future Needs. Münster 1992.

Adorno, Theodor W.: Negative Dialektik. Frankfurt a.M. 1966.

Battegay, Raymond: Grenzsituationen. Bern 1981.

Bibel, Die: Nach der Übersetzung Martin Luthers, herausgegeben von der Evangelischen Kirche in Deutschland und vom Bund der Evangelischen Kirchen in der DDR, revidierte Fassung von 1984. Stuttgart 1985.

Böckmann, Walter: Sinn und Selbst. Wege zur Selbst-Erkenntnis. Weinheim 1989.

Bohr, Niels: Atomphysik und menschliche Erkenntnis. Braunschweig, Bd. I 1958, Bd. II 1966.

Bollnow, Otto Friedrich: Krise und neuer Anfang. Beiträge zur pädagogischen Anthropologie. Heidelberg 1966.

Boslough, John: Jenseits des Ereignishorizonts. Stephen Hawking's Universum. Reinbek 1985.

Bowlby, John: Attachment and Loss. New York 1980.

Bühler, Walther: Anthroposophie als Forderung unserer Zeit. Eine Einführung auf der Grundlage einer spirituellen Naturanschauung. Schaffhausen 1987.

Chaplin, Charles: Die Geschichte meines Lebens. Frankfurt a.M. 1964.

Diemer, A.: Bewußtsein. In: Ritter, Joachim (Hrsg.): Historisches Wörterbuch der Philosophie. Band 1. Basel 1971, Spalte 888–896.

Dilthey, Wilhelm: Gesammelte Schriften. Band 1: Einleitung in die Geisteswissenschaften. Versuch einer Grundlegung für das Studium der Gesellschaft und der Geschichte. Leipzig und Berlin 1922.

Dilthey, Wilhelm: Gesammelte Schriften. Band 7: Der Aufbau der geschichtlichen Welt in den Geisteswissenschaften. Leipzig und Berlin 1927.
Eersel, Patrice von: Sterben. Der Weg in ein neues Leben. München 1987
Elias, Norbert: Mozart. Zur Soziologie eines Genies. Frankfurt a.M. 1991.
Erikson, Erik H.: Identität und Lebenszyklus. Drei Aufsätze. Frankfurt a.M. 1966.
Erikson, Erik H.: Kindheit und Gesellschaft. Stuttgart, 4. Auflage 1971.
Erikson, Erik H.: Der vollständige Lebenszyklus. Frankfurt a.M. 1988.
Evans-Wentz, W.Y. (Hrsg.): Das Tibetanische Totenbuch, mit einem Geleitwort und einem psychologischen Kommentar von C.G. Jung. Olten 1971, 13. Auflage, 1990.
Everstine, Diana/*Everstine*, Louis: Krisentherapie. Stuttgart 1985
Filipp, Sigrun-Heide: Ein allgemeines Modell für die Analyse kritischer Lebensereignisse. In: Filipp, Sigrun-Heide (Hrsg.): Kritische Lebensereignisse. München 1981, S. 3–52.
Filipp, Sigrund-Heide/*Aymanns*, P./*Klauer*, T. (Hrsg.): Formen der Auseinandersetzung mit schweren körperlichen Erkrankungen als Prototyp kritischer Lebensereignisse. Trier 1983.
Flammer, August: Entwicklungstheorien. Bern 1988.
Frankl, Viktor E.: Der Wille zum Sinn. Ausgewählte Vorträge über Logotherapie. Bern 1972, 3., erw. und ergänzte Auflage, 1978.
Frankl, Viktor E.: Der Mensch vor der Frage nach dem Sinn. München 1979, 2. Auflage, 1980.
Frankl, Viktor E.: ...trotzdem Ja zum Leben sagen. Ein Psychologe erlebt das Konzentrationslager. München 1982.
Frankl, Viktor E.: Das Leiden am sinnlosen Leben. Psychotherapie für heute. Freiburg 1977, 7. Auflage, 1983.
Frankl, Viktor E.: Ärztliche Seelsorge. Grundlagen der Logotherapie und Existenzanalyse. Frankfurt a.M. 1983.
Frankl, Viktor E.: Die Psychotherapie in der Praxis. Eine kasuistische Einführung für Ärzte. Wien, 4., erw. und neubearb. Auflage, 1982.
Frankl, Viktor E.: Kollektiv und Person. Toncassette, Produktion Mäser Studios in Zusammenarbeit mit dem ORF-Landesstudio Vorarlberg 1987.
Freud, Sigmund: Das Unbewußte. In: Gesammelte Werke. Band X. Frankfurt a.M. 1946, S. 264–303.
Freud, Sigmund: Die Traumdeutung. Gesammelte Werke Band II/III. Frankfurt a.M. 1942.
Fromm, Erich: Psychoanalyse und Ethik. Bausteine zu einer humanistischen Charakterologie. Stuttgart 1982.
Fuhrmann, Manfred/*Jauß*, Hans Robert/*Pannenberg*, Wolfahrt (Hrsg.):

Text und Applikation (Poetik und Hermeneutik IX). München 1981.
Gallup, Jr. George/*Proctor*, William: Adventure in Immortality (1982). deutsch: Begegnungen mit der Unsterblichkeit. Erlebnisse im Grenzbereich zwischen Leben und Tod. München 1983 und Frankfurt a.M. 1990.
Geller, Rolf-Hermann: Zur Vermittlung von Anschaulichkeit. Eine erotische Zeichnung Picassos. In: BDK-Mitteilungen, Heft 2, 1989, S. 4–8.
Gesenius, Wilhelm: Hebräisches und aramäisches Handwörterbuch über das Alte Testament. Berlin, 17. Auflage, 1962.
Goethe, Johann Wolfgang von: Werke. Hamburger Ausgabe in 14 Bänden. Hamburg 1949ff.
- Band 1: Gedichte und Epen, 8. Auflage, 1966.
- Band 3: Dramatische Dichtungen, 8. Auflage, 1967.
- Band 13: Naturwissenschaftliche Schriften, 5. Auflage, 1966.
Grof, Stanislav: Geburt, Tod und Transzendenz. Neue Dimensionen in der Psychologie. München 1985.
Hawking, Stephen W.: Eine kurze Geschichte der Zeit. Die Suche nach der Urkraft des Universums. Reinbek 1988.
Hegel, Georg Wilhelm Friedrich: Werke in 20 Bänden. Frankfurt a.M. 1986.
- Band 1: Frühe Schriften
- Band 3: Phänomenologie des Geistes
- Band 5: Wissenschaft der Logik I
- Band 8: Enzyklopädie der philosophischen Wissenschaften I
- Band 10: Enzyklopädie der philosophischen Wissenschaften III
- Band 18: Vorlesungen über die Geschichte der Philosophie I
Heraklit: Fragmente. In: *Diels*, Hermann/ *Kranz*, Walther: Die Fragmente der Vorsokratiker. 3 Bände. Berlin, 6. Auflage, 1951.
Hübner, Kurt: Die Wahrheit des Mythos. München 1985.
Husserl, Edmund: Ideen zu einer reinen Phänomenologie und phänomenologischen Philosophie. Erstes Buch: Allgemeine Einführung in die reine Phänomenologie. Husserliana Band III, 1, hrsg. von Walter Biemel. Den Haag 1950.
I Ging: Das Buch der Wandlungen. Aus dem Chinesischen übertragen und herausgegeben von Richard Wilhelm. Düsseldorf 1956.
Jankovich, Stefan von: Ich war klinisch tot. Der Tod: Mein schönstes Erlebnis. München 1984, 2. Auflage, 1985.
Jaspers, Karl: Psychologie der Weltanschauungen. Berlin 1919, 4. Auflage, 1954.
Jaspers, Karl: Philosophie. 3 Bde. Berlin 1932, 4., unveränderte Auflage, 1973.
Kast, Verena: Der schöpferische Sprung. Olten 1987.
Kegan, Robert: Die Entwicklungsstufen des Selbst. Fortschritte und Krisen im menschlichen Leben. München 1986.

Kierkegaard, Sören: Die Krankheit zum Tode. Übersetzt und herausgegeben von Liselotte Richter. Frankfurt a.M. 1984.

Koselleck, Reinhart: Krise. In: Brunner, Otto/Conze, Werner/Koselleck, Reinhart (Hrsg.): Geschichtliche Grundbegriffe. Band 3, Stuttgart 1982, S. 617–650.

Koselleck, Reinhart: Einige Fragen an die Begriffsgeschichte von „Krise". In: Michalski, Krzysztof (Hrsg.): Über die Krise. Castelgondolfo-Gespräche 1985. Stuttgart 1986, S. 64–77.

Kübler-Ross, Elisabeth: Interviews mit Sterbenden. Stuttgart 1969, gekürzte Taschenbuchausgabe, Gütersloh, 15. Auflage, 1990.

Kükelhaus, Hugo: Unmenschliche Architektur. Von der Tierfabrik zur Lernanstalt. Köln 1973, 4. Auflage, 1978.

Kükelhaus, Hugo: Organismus und Technik. Gegen die Zerstörung der menschlichen Wahrnehmung. Mit einem Vorwort von Frederic Vester. Frankfurt a.M. 1979.

Kuhn, Thomas S.: Die Struktur wissenschaftlicher Revolutionen. Frankfurt a.M., 2. Auflage, 1976.

Längle, Alfried: Sinnvoll leben. Sankt Pölten, 2. Auflage, 1988.

Längle, Alfried (Hrsg.): Entscheidung zum Sein. Viktor E. Frankls Logotherapie in der Praxis. München 1988.

Längle, Alfried (Hrsg.): Wege zum Sinn. Logotherapie als Orientierungshilfe. München 1985.

Lessing, Gotthold Ephraim: Werke in 3 Bänden. München o.J.

Lievegoed, Bernard: Lebenskrisen – Lebenschancen. Die Entwicklung des Menschen zwischen Kindheit und Alter. München 1979.

Lindemann, Erich: Jenseits von Trauer. Beiträge zur Krisenbewältigung und Krisenvorbeugung. Göttingen 1985.

Luhmann, Niklas: Die Autopoiesis des Bewußtseins. In: Hahn, Alois/Kapp, Volker (Hrsg.): Selbstthematisierung und Selbstzeugnis: Bekenntnis und Gedächtnis. Frankfurt a.M. 1987, S. 25–94.

Lukas, Elisabeth: Logotherapie. Auf der Suche nach Sinn. In: Petzold, Hilarion (Hrsg.): Wege zum Menschen. Paderborn, 3. Auflage, 1985, Band I, S. 451–522.

Lukas, Elisabeth: Die magische Frage „Wozu". Freiburg 1991.

Lorenz, Konrad: Er redete mit dem Vieh, den Vögeln und den Fischen. München 1964, 9. Auflage, 1967.

Mann, Thomas: Joseph und seine Brüder. Jubiläum-Ausgabe. Frankfurt a.M. 1986.

Mansfeld, Jaap (Hrsg.): Die Vorsokratiker. Stuttgart 1987.

Maslow, Abraham H. : Motivation und Persönlichkeit. Reinbek 1981.

Maturana, Humberto/Varela, Francisco: Der Baum der Erkenntnis. Die biologischen Wurzeln des menschlichen Erkennens. Bern 1987.

Mead, Georg Herbert: Geist, Identität und Gesellschaft. Frankfurt a.M. 1968.

Meueler, Erhard: Wie aus Schwäche Stärke wird. Vom Umgang mit Lebenskrisen. Reinbek 1987.

Moody, Raymond A.: Leben nach dem Tod. Reinbek 1977.
Piaget, Jean: Genese und Struktur in der Psychologie. In: Lenzen, Dieter (Hrsg.): Die Struktur der Erziehung und des Unterrichts. Kronberg 1976, S. 41–52.
Piaget, Jean: Theorien und Methoden der modernen Erziehung. Wien, o.J.
Piaget, Jean/ *Inhelder*, Bärbel: Gedächtnis und Intelligenz. Olten 1974.
Piaget, Jean: Die Äquilibration der kognitiven Strukturen. Stuttgart 1976.
Picasso, Pablo: Le dernier Picasso 1953–1973. Éditions du Centre Pompidou. Paris 1988, Abb. 109 (Ausstellungskatalog).
Plato: Sämtliche Werke in drei Bänden, hrsg. von Erich Loewenthal, Heidelberg, 8. Auflage, 1982.
Plotin: Seele – Geist – Eines. Hamburg 1990.
Prange, Klaus: Erziehung zur Anthroposophie. Darstellung und Kritik der Waldorfpädagogik. Bad Heilbrunn 1985.
Prigogine, Ilya: Vom Sein zum Werden. Zeit und Komplexität in den Naturwissenschaften. München 1979, 5. Auflage, 1988.
Rilke, Rainer Maria: Sämtliche Werke. Frankfurt a.M. 1975.
Ring, Kenneth: Den Tod erfahren – das Leben gewinnen. Bern 1985.
Rosch Inglehart, Marita: Kritische Lebensereignisse – Eine sozialpsychologische Analyse. Stuttgart 1988.
Sabom, Michael B.: Erinnerungen an den Tod. Gütersloh 1982.
Scheler, Max: Die Form des Wissens und die Bildung. In: Späte Schriften. Bern 1976.
Scheuerl, Hans: „Anthroposophie". In: Religion in Geschichte und Gegenwart. Handwörterbuch für Theologie und Religionswissenschaft, herausgegeben von Kurt Galling. Band 1, Tübingen, 3. Auflage, 1957, Sp. 425–431.
Schönpflug, U.: Krise. In: Ritter, Joachim/Gründer, Karlfried (Hrsg.): Historisches Wörterbuch der Philosophie. Basel und Stuttgart 1976, Band 4, Spalte 1240–1245.
Schuchardt, Erika: Soziale Integration Behinderter. Band 1: Biographische Erfahrung und wissenschaftliche Theorie. Band 2: Weiterbildung als Krisenverarbeitung. Braunschweig 1980.
Schuchardt, Erika: Warum gerade ich…? Behinderung und Glaube. Gelnhausen 1981, 2., erweiterte Auflage, 1984.
Schuchardt, Erika (Hrsg.): Jede Krise ist ein neuer Anfang. Aus Lebensgeschichten lernen. Düsseldorf 1984, 3. Auflage, 1987.
Seneca, L. Annaeus: Von der Gemütsruhe. In: Seneca: Vom glückseligen Leben und andere Schriften. Stuttgart 1984, S. 30–63.
Skowronek, Helmut: Das Anlage-Umwelt-Problem. In: Steiner, Gerhard (Hrsg.): Entwicklungspsychologie Band 2. Zürich 1978, Weinheim 1984 (Kindlers „Psychologie des 20. Jahrhunderts"), S. 646–670.

Spiegelberg, Herbert: Die Rolle der Phänomenologie in Viktor Frankls Logotherapie und Existenzanalyse. In: Alfried Längle (Hrsg.): Wege zum Sinn. Logotherapie als Orientierungshilfe. München 1985, S. 55–70.

Steiner, Rudolf: Ausgewählte Werke. Frankfurt a.M. 1985.

Steiner, Rudolf: Die Geheimwissenschaft im Umriß. Ausgewählte Werke, Band 3. Frankfurt a.M. 1985.

Steiner, Rudolf: Die Erziehung des Kindes vom Gesichtspunkte der Geisteswissenschaften. Dornach 1969.

Steiner, Rudolf: Die gesunde Entwickelung des Leiblich-Physischen als Grundlage der freien Entfaltung des Seelisch-Geistigen. Dornach 1978.

Stevenson, Ian: Reinkarnation. Der Mensch im Wandel von Tod und Wiedergeburt. Freiburg 1976, 5. Auflage, 1986.

Teichler, Rudolph: Die Entwicklung der Seele im Lebenslauf. Stufen, Störungen und Erkrankungen des Seelenlebens. Frankfurt 1984.

Tschuang-Tse: Reden und Gleichnisse. Übersetzt von Martin Buber. Zürich 1951, 6. Auflage, 1987.

Theunissen, Michael: Krise der Macht. In: Hegel-Jahrbuch 1974, hrsg. von Wilhelm R. Beyer. Köln 1975, S. 318–329.

Ulich, Dieter: Krise und Entwicklung. Zur Psychologie der seelischen Gesundheit. Weinheim und München 1987.

Watzlawick, Paul/*Beavin*, Janet H./*Jackson*, Don D.: Menschliche Kommunikation. Formen, Störungen, Paradoxien. Bern 1969.

Watzlawick, Paul/*Weakland*, John H./*Fisch*, Richard: Lösungen. Zur Theorie und Praxis menschlichen Wandels. Bern 1974.

Watzlawick, Paul: Anleitung zum Unglücklichsein. München 1983.

Westermann, Claus: Genesis. Neukirchen-Vluyn 1974.

Ziese, Peter: Die Triebtheorie der Psychoanalyse. In: „Kindlers Psychologie des 20. Jahrhunderts". Tiefenpsychologie Band 1, Hrsg. von D. Eicke. Weinheim 1982, S. 337–356.

Zwingmann, Charles: Zur Psychologie der Lebenskrisen. Frankfurt a.M. 1962.

Bücher für eine bewußte Lebensgestaltung

Erwin Ringel
Fliehen hilft nicht
Vom richtigen Umgang mit Problemen
128 Seiten, Paperback. ISBN 3-451-22573-5

Erwin Ringel zeigt, wie man Fehleinschätzungen des eigenen Ichs erkennen und zu einer positiveren Einstellung sich selbst gegenüber finden kann.

Peter K. Fischhof
Verborgene Kräfte aktivieren
Vom Umgang mit dem Unterbewußtsein
128 Seiten, Paperback. ISBN 3-451-22574-3

Entdecken sie das Kraftzentrum ihres Unterbewußtseins: der Schlüssel zu schlummernden Energiequellen und einer dynamischeren Lebensart.

Peter K. Fischhof
Jetzt oder nie!
Im richtigen Augenblick das Richtige tun
128 Seiten, Paperback. ISBN 3-451-22572-7

Ein ungewöhnlicher Ratgeber, der hilft, die Gunst der Stunde zu erkennen und zu nutzen.

Alfons Rosenberg
Ursymbole und ihre Wandlung
Einführung in das Symbolverständnis
144 Seiten mit 25 Symbolbildern, Paperback. ISBN 3-451-22529-8

Alfons Rosenberg erschließt die uralte, heilende Sprache beinahe vergessener Zeichen. Ein Buch, das die Weltwahrnehmung wesentlich weitet.

Verlag Herder Freiburg · Basel · Wien